周易全书

郑红峰 主编

〔第四卷〕

光明日报出版社

☲ 艮上
离下 贲之第二十二

仁政不暴，凤凰来舍。四时顺节，民安其居。

震仁坎和，故曰"不暴"。离为凤凰，艮为舍。震春，离夏，坎冬，伏兑为秋，故曰"四时顺节"。艮为节。坎为民，艮为安，为居。

之乾 八口九头，长舌破家。帝辛沈湎，商灭其墟。

此用贲卦象。震为口，艮数八，故曰"八口"。乾为首，数九，故曰"九头"。帝辛，纣也。震为帝，伏兑为秋。《月令》：秋，其味辛，其音商。故曰"帝辛"。互坎，故曰"沉湎"。艮为虚，坎伏，故曰"灭"。长舌，指《贲》下震。兑为舌，震形长于兑，故曰"长舌"。谓妲己也。艮为家，坎为破，故曰"破家"。

坤 鬼守我门，呼伯入山。去其室家，舍其兆墓。

此亦用贲象。坎为鬼，艮为门。震为伯，为呼。艮为山，为墓，为舍。坎为室。

屯 日出阜东，山蔽其明。章甫荐屦，箕子徉狂。

艮为山阜，震为东。离伏，故明蔽。艮为冠，为章甫；震为屦，为草。荐，草也。震为箕，为子，为狂。上朝服，下草屦，不类，故曰"狂"。

蒙 戴盆望天，不见星辰。顾小失大，福逃墙外。

震为盆。艮为戴，为天，为望，为星辰。坎隐，故不见。艮为小，震为大；坎失，故曰"失大"。震为福，艮为墙。

需 两轮并转，南山大阪。四马共辕，无有重难，与语笑言。

坎为轮，兑卦数二，故曰"两轮"。离为南。乾为山，为阪，为马。兑数四，故曰"四马"。兑为笑言。辕象似指坎。坎为栋，故为辕。古牛车两辕，马车一辕。辕左右各两马，辕居正中，正坎象也。

讼 羊惊狼虎，耸耳群聚。行旅稽难，流连愁苦。

此用贲象。震为羊，艮为狼虎，震为惊，故曰"羊惊狼虎"。坎为耳，为众，故曰"群聚"。震为行旅，艮止，故曰"稽难"。坎陷，故曰"流连"，曰愁苦。全用遇卦象。

师 梗生荆山，命制轮班。袍衣剥脱，夏热冬寒。饥饿枯槁，众人莫怜。

详《大有之未济》。

比 鸟飞无翼，兔走折足。不常其德，自为羞辱。

艮为鸟。震为兔，为翼，为足。震覆，故无翼，故折足。又震为德，震覆，故曰"不

焦氏易林注

常其德"。坤为羞辱。

小畜 条风制气，万物出生。明庶长养，花叶茂荣。

巽为风，为气；巽木，故曰"条风"。乾为生，伏坤为万物。兑为花。《史记·律书》：条风居东北，主生万物。故曰"长养"。

履 坤厚地德，庶物蕃息。平康正直，以绥大福。

通谦。坤为厚，为庶物。震为蕃息。坎为平正。乾为直，为大福。

泰 昴毕附耳，将军乘怒。径路隔塞，燕雀惊骇。

伏艮为星，故曰"昴毕附耳"。皆星名也。震为武人，故为将军；为怒，为径路。坤闭，故曰"隔塞"。兑为燕雀，震为惊骇。翟云升云：《天官书》，昴主旄头，毕主边兵。其大星旁有小星，曰附耳。附耳动摇，主有谗乱臣在侧。

否 东风启户，黔啄翻舞。各乐其类，咸得生处。

巽风艮户，艮为黔啄，为翻舞。六爻皆有应与，故曰"各乐其类"。

同人 两足四翼，飞入家国。宁我伯姊，与母相得。

通师。震为足，坤数二，故曰"两足"。震为翼，卦数四，故曰"四翼"。坤为我，为国。震为伯，巽为姊，故曰"伯姊"。坤为母。

大有 岁暮花落，阳入阴室。万物伏匿，藏不可得。

通比。坤为岁，为暮。兑为花，兑毁，故落。坎为室，九五居群阴之中，故曰"阳入阴室"。坤为万物，坎为伏，故曰"匿"，曰"藏"。

谦 释然远咎，避患高阜。田获三狐，以贝为宝。

坤为咎，在外，故曰"远"。坤为患害，在外，故曰"避"。艮山，故曰"高阜"。震为田，艮为狐；震数三，故曰"三狐"。艮为贝，震为宝。

豫 迁延却缩，不见头目。日以困急，不能自复。

艮止，故迁延却缩。乾为头，离为目；乾离皆伏，故不见。坎为困急。地雷复，今雷在上，故不能复。

随 秋隼冬翔，数被严霜。鸡犬夜鸣，家扰不宁。

兑秋，艮隼。互大坎，故曰"冬"，曰"霜"。巽为鸡，艮为犬，震为鸣，兑为夜，故曰"鸡犬夜鸣"。艮为家，震为惊扰。

蛊 班马还师，以息劳疲。役夫嘉喜，入户见妻。

此用贲象。震为马，为反，故曰"班马"，曰"还师"。坎为劳，艮止，故曰"以息劳疲"。震为夫，为喜。艮为户，巽为入。震巽为夫妇，故人户见妻。

临　老杨日衰，条多枯枝。爵级不进，逐下摧隤。

震为杨，坤敝，故曰"老杨"。伏巽，故曰"枯"。震为爵。《左传》：不行之谓临。故曰"不进"。坤丧兑毁，故曰"摧隤"。震为逐，坤为下。"逐下"者，言渐流而下也。

观　顺风吹火，牵骑骥尾。易为功力，因惧受福。

噬嗑　六人俱行，各遗其囊。黄鹄失珠，无以为明。

详《临之师》。

剥　依叔墙隅，志下心劳。楚亭晨食，韩子低头。

详《同人之震》。

复　三牛生狗，以戌为母。荆夷上侵，姬伯出走。

详《坤之震》。

无妄　鹤盗我珠，逃于东都。鹊怒追求，郭氏之墟。不见踪迹，反为祸灾。

详《豫之明夷》。

大畜　升舆中退，举事不遂。鯆糜毁齿，失其道理。

震为车，为升。上艮为反震。故曰"中退"，曰"举事不遂"。兑口为鯆，为齿，震为糜。糜，至烂之食，乃鯆之而齿毁，故曰"失道"。艮为道，兑毁。

颐　鸿鹄高飞，鸣求其雌。雌来在户，雄哺嘻嘻。甚独劳苦，炰鳖脍鲤。

艮为鸿鹄，为高飞。震为鸣，艮为求。坤为雌，为户。震为雄，为哺，为嘻嘻。坤役万物，故曰"劳苦"。艮为鳖，坤为鲤。

大过　褰衣涉河，水深渍罢。幸赖舟子，济脱无他。

详《剥之贲》。罢音婆，同疲。

坎　虎啮龙指，泰山之崖。天命不佑，不见其雌。

互艮为虎，震为龙，为啮。艮为指，故曰"虎啮龙指"。艮为山崖，为天。巽为命，巽伏，故曰"天命不佑"，故曰"不见其雌"。

离　明不处暗，智不履危。终日卒岁，乐以笑歌。

离为明智，伏坎为暗，为危。离为日，伏震为岁，艮为卒。震为笑乐。

咸　三足俱行，倾危善僵。六指不便，恩累弟兄。树柱阂车，失其正当。

通损。震为足，为行，数三，故曰"三足"。兑为倾危，艮止为僵，为指。乾后天数六，故曰"六指"。足、指，原恃以行动。乃三足，行宜速而善僵；六指，宜便利而为累，皆以有余而不利。坤为车，艮木在上而止，故曰"树柱阁车"。坤为失，为恩累。《左传·昭六年》：生不恩宾。注：恩，犹患也。

恒 舍车而徒，亡其驳牛。虽丧白头，酒以疗忧。

震为徒行，为驳。坤为车，为牛。坤伏，故曰"舍车"，曰亡牛。乾为头，巽白，故曰"白头"。互大坎为酒，为忧。

遁 析薪炽酒，使媒求妇。和合齐宋，姜子悦喜。

详《噬嗑之家人》。

大壮 夜视无明，不利贾商。子反笑欢，与市为仇。

通观。坤为夜，艮为视；坤黑，故无明。震为商贾，兑折，故不利。震为子，为归，故曰"子反"。震为笑欢，伏巽为市。

晋 徒行离车，冒厌泥涂，利以休居。

震为车，为行。震覆，故曰"徒行"，曰"离车"。震为冒。上坎，故曰"泥涂"。艮止，故休。

明夷 作室山根，人以为安。一夕崩颠，破我壶飧。

坎为室，艮为山；艮覆，故曰"崩"。震为人，坎为夕；数一，故曰"一夕"。坎为破，震为壶。

家人 东山西山，各自言安。虽相登望，竟未同堂。

此似用贲象。艮山，震东坎西。三至上正反震艮，故曰"相登望"。震为登，艮为望，为堂。正反艮相背，故未同堂。

睽 君子在朝，凶言去消。惊骇逐狼，不见雄英。

此亦用遇卦贲象。艮为君子，为朝。震为言，坎险，故曰"凶言"。《左传》：艮为坏言。故曰"凶言去消"。震为惊骇。艮为狼，震为行，故曰"逐狼"。

蹇 辚辚填填，火烧山根。不润我邻，独不蒙恩。

辚辚，车声。填填，厚重貌。《庄子·马蹄篇》，至德之世，其行填填是也。此亦用遇卦贲象。火在山下，故曰"火烧山根"。震为邻，火在坎下，水涸，故不润我邻。

解 南山之蹊，真人所在。德配唐虞，天命为子。保佑歆享，身受大庆。

详《否之豫》。

损 龙蛇所聚，大水来处。决决霈霈，漾漾磕磕，使我无赖。

详《泰之丰》。

益 旌裘苫盖，慕德献服。边鄙不耸，以安王国。

坤为裘，为服，为边鄙，为国。震为毛羽，为旌，为草，为苫。艮为盖，为献。"不耸"者，言夷狄来服，而边鄙不震耸也。

夬 光祀春成，陈宝鸡鸣。阳明失道，不能自守，消亡为咎。

详《大有之井》。

姤 下泉苞稂，十年无王。荀伯遇时，忧念周京。

详《蛊之归妹》。

萃 仁德不暴，五精就舍。四序允釐，民安其居。

升 隋和重宝，众所贪有。相如睨柱，赵王危殆。

震为珠玉，故曰"隋和重宝"。隋珠、和璧也。坤为众，为多。震为柱，为王。坤为危殆。

困 凤生五雏，长于南城。君子康宁，悦乐身荣。

互离为凤，巽卦数五，故曰"五雏"。兑为雏。伏震为长，为南。艮为郭，为君子，为身。震为康乐。

井 二人为旅，俱归北海。入门上堂，拜谒王母。劳赐我酒，女功悦喜。

通噬嗑。震为人；正覆艮，故曰"二人"。坎为北，为海，震为归，故俱归北海。艮为门，为堂，巽入。震为王，巽为母，艮为拜，故曰"拜谒王母"。坎为酒。兑为女，为悦喜。

革 逐忧去殃，洿泥生梁，下田为王。

通蒙。震为逐，坤为忧，为殃。坤坎皆为水，故曰"洿泥"。震为生，为梁。坤为下，为田，震为王。

鼎 东门之坛，茹芦在阪。礼义不行，与我心反。

通屯。震东，互艮为门，为坛。震为茹芦。《毛传》：茹芦，茅也。艮为阪。坤为礼义，坤闭，故不行。坤为我，为心。《鼎》巽为心，初至五正反巽，故曰"心反"。黄丕烈云：《正义》云，偏检诸本皆作坛，今定本作墠。《释文》云坛音善，依字当作墠云云。今《易林》正作坛，可见作《易林》时仍是坛字，与孔疏合。今作墠，似是实非。是《易林》可证经误字。

震 兔遇稻芦，甘乐犷鳍，虽驱不去。

艮为兔，震为芦稻，为犷。犷，《广韵》、《集韵》皆音矿。《玉篇》：大麦也。伏巽为鱼，为鳅。震归，故不去。

艮 清人高子，久屯外野。逍遥不归，思我君母。

详《师之睽》。

渐 谗佞所言，语不成全。虎狼之患，不为我残。

伏震为言，伏兑亦为言，故曰"谗佞"。坎破，故语不成全。艮为虎狼。坎为患，为残；巽顺，故不残。

归妹 张罗捕鸠，兔丽其灾。雌雄俱得，为网所贼。

互离为罗网，为鸠。震为兔，坎为灾。丽，《左传·宣十二年》：射麋丽龟。注：丽，著也。言张罗本以捕鸠，不意兔当其灾，而被捕也。卦震兔居离网中，而兑为毁折，故有此象。坎雄离雌。坎为贼。

丰 安仁尚德，东邻慕义，来安吾国。

震为仁德。离为东邻。伏艮为国，为安。

旅 猾丑假诚，前后相违。言如鳖咳，语不可知。

艮为鳖。兑为言，为咳，为语。巽伏，故不可知。又离为恶人，为猾丑。坎为信，为诚。"假诚"者，言心本猾，而托为诚实，故前后相违。因二至五，正反兑相背，故语不信实。困有言不信，义同也。

巽 怀璧越乡，不可远行。蔡侯两裘，久苦流离。

伏震为璧，艮为乡。震为行，为蔡，为诸侯，为裘。重震，故曰"两裘"。《左传·定三年》：蔡侯如楚，有两裘，一献楚王，一自御。子常求之，不与，留之三年。

兑 伯氏归国，多所恨惑。车倾盖亡，身常惊惶。乃得其愿，雌雄相从。

详《乾之屯》。伏震为伯。

涣 火石相得，干无润泽。利少囊缩，祇益促迫。

互艮为火，为石，石皆干燥无润泽，故曰"相得"。巽为利，坤为囊；中祇二阴爻，故曰"囊缩"，曰"促迫"。

节 君明圣哲，鸣呼其友。显德之徒，可以礼仕。

震为君，艮为明，坎为圣哲。震为鸣，艮为友，为显，为仕。

中孚 骑豚逐羊，不见所望。径涉虎庐，亡豚失羊。

详《乾之蹇》。

小过 玄黄瘣隤，行者劳疲。役夫憔悴，处于畏哀。

震为玄黄，为行。兑折，故曰"瘣隤"。瘣隤，病也。互大坎为劳，为役。震为夫，巽为震妻而伏，故曰"处子"。坎为畏哀也。

既济 右手掩目，不见长叔。失其所得，悔吝相仍。

此用贲象。艮手离目。震长艮叔，坎隐，故不见。

未济 免冠进贤，步出朝门。仪体不正，贼孽为患。

详《否之兑》。

䷖ 艮上 坤下 剥之第二十三

行触大讳，与司命忤。执囚束缚，拘制于吏，幽人有喜。

坤死，故曰"大讳"。坤恶，故曰"忤"。艮为官，故"司命"。《天文志》：斗魁六星，五日司命，主寿。艮为吏，为手，故曰"执"。为拘囚，为束缚。为高尚，故曰"幽人"。

之乾 穿胸狗邦，僵离旁春。天地易纪，日月更始。

详《师之谦》。

坤 从风纵火，荻芝俱死。三害集房，十子中伤。

《剥》艮为火。坤为荻芝，为死，为害。艮数三，故曰"三害"。艮为房，坤为集。数十，故曰"十子"。《左传·昭十四年》：三言而除三恶。注：三恶，暴、虐、颇也。三恶，即三害。《论衡》：已用也，身蒙三害。《书》：胤征辰，弗集于房。

屯 北山有枣，橘袖所聚。荷囊载担，香盈筐筥。

坎北。艮为山，为枣，为橘柚。坤为聚。艮为负荷，为担。坤为囊，为载。震为筐筥，伏巽为香。

蒙 赍金赎狸，不听我辞。系于虎须，牵不得来。

详《否之革》。

需 上下惟邪，寡妇无夫。欢心隔塞，君子离居。

惟邪，叹息声也。坎上下皆兑口，二至四互兑，故曰"上下惟邪"。离为妇，伏坤为寡，故曰"寡妇"。坎隐伏，故无夫。坎为塞，为心；为忧，故不欢。伏艮为君子。

讼 二人辇车，徙去其家。井沸釜鸣，不可安居。

伏明夷。震为人，坤数二，坎为车，故曰"二人辇车"。坎为室家，震出，故徙去其家。坎为井，坤水在井上，故曰"井沸"。坤为釜，震鸣，故釜鸣。坎险，故不安。《水经注》：曲阿季子庙前，井及潭皆沸。《楚辞》：瓦釜雷鸣。然此似另有故实，为今所不解。

师 蹇驴不才，俊骥失时。筋力劳尽，疲于沙丘。

详《履之巽》。

比 明夷兆初，为穆出郊。以谗复归，名曰竖牛。剥乱叔孙，馁于虚丘。

坎隐伏，故"明夷"。初动，故曰"兆初"。坤为伤，坎上下兑口相背，故曰"谗"。艮为竖，坤为牛，为馁。艮为叔孙，为沙丘。《左传·昭公四年》：叔孙穆子出亡，及庚宗，遇妇人，宿焉，生竖牛。及自齐归，遂使为竖。后叔孙田于丘蕕，遇疾。竖牛遂为乱，穆子馁死。又五年云：初叔孙穆子之生也，庄叔以《周易》筮之，遇明夷之谦。故曰"明夷兆初"。《林》全用此事。惟沙丘，传作丘蕕。而李善文选《连命论》注引作蒲丘。据此则虚丘应作蒲丘。

小畜 天火大起，飞鸟惊骇。作事不时，自为身咎。

乾天离火。伏艮为鸟，震为惊骇。艮为时，艮伏，故不时。伏坤为自，为身。

履 土与山连，共保岁寒。终无灾患，万世长安。

通谦。坤土，艮山，故曰"土与山连"。坤为岁，坎为寒，为灾患。坤为万，为世，艮为安。

泰 日出阜东，山蔽其明。章甫荐履，箕子佯狂。

详《贲之屯》。

否 龙马上山，绝无水泉。喉焦唇干，口不能言。

详《乾之讼》。

同人 雄处弱水，雌在海滨。将别持食，悲哀于心。

通师。坤为水，为柔，故曰"弱水"。九二居坤中，故曰"雄处弱水"。同人乾为海，六二居海中，故曰"雌在海滨"。坎为心，为悲哀。

大有 庭燎夜明，追古伤今。阳弱不制，阴雄坐庨。

通比。艮为庭，为燎，为明。坎为夜。比只九五一阳，故曰"阳弱"，曰"阴雄"。陈朴园云：宣王中年怠政，而《庭燎》诗作。后脱簪珥谏曰，妾不才，使君王宴朝，请待罪永巷。宣王悟。林曰追古伤今，指其事也。义与《毛》异。

谦 三妇同夫，忽不相思。志恒悲愁，颜色不怡。

震为夫，数三，坤为妇；坤震连，故三妇同夫。坎为思，为志，为悲愁。艮为颜色，坤为恶，故相恶而不思。

豫 鹊盗我珠，逃于东都。鹊怒追求，郭氏之墟。不见武迹，反为患灾。

详《豫之明夷》。

随 狝猴冠带，盗载非位。众犬共吠，狂走蹷足。

艮为狝猴，为冠。巽为带，为盗。震为载，艮为位。"冠带"者，有位之服，今狝猴冠带，乃盗用耳，故曰"非位"。艮犬震吠，正反艮，故曰"众"。震为狂，为走，为足。兑折，故蹷足。

蛊 黍稷禾稻，垂亩方好。中旱不雨，伤风病槁。

详《乾之蹇》。

临 雄圣伏，名人匿。麟远走，凤飞北。乱祸未息。

详《否之大过》。

观 王母多福，天禄所伏。居之宠光，君子有福。

坤为母，伏乾，故曰"王母"，曰"福"，曰"天禄"。巽为伏。艮为居，为光，为君子。

噬嗑 被服文德，升入大麓。四门雍肃，登受大福。

详《随之大壮》。离为文。互艮为山麓，为门；震卦数四，故曰"四门"。震为登，为福。

贲 褰衣涉河，水深渍罢。幸赖舟子，济脱无他。

复 班马还师，以息劳疲。役夫嘉喜，入户见妻。

详《观之既济》。

无妄 东邻嫁女，为王妃后。庄公筑馆，以尊王母。归于京师，季姜悦喜。

详《屯之观》。庄当为桓。

大畜 百足俱行，相辅为强。三圣翼事，王室宠光。

详《屯之履》。

颐 危坐至暮，请求不得。膏泽不降，政戾民忒。

详《泰之离》。

大过 百川朝海，泛流不止。路虽辽远，无不到者。

兑为海，乾亦为河海；重乾，故曰"百川"。而海为水王，故曰"朝海"，故曰"泛流"。伏震为路，坤为远。艮止，故曰"到"。

坎 乘骝驾骊，东至于齐。遭遇仁友，送我以资，厚得利归。

互震为马，为乘，为驾，为东。伏巽为齐，为利，为资。艮为友。

离 礼坏乐崩，成子傲慢。欲求致理，力疲心烂。阴请不当，为简生殃。

通坎。坤为礼，坎阳居坤中，故礼坏。震为乐，三至五震覆，故乐崩。艮为成，震为子，为傲。艮为求。理，法也。欲求致理，言欲致之于法也。坎为法。为劳，故曰"力疲"。坎为心，离中虚，故曰"心烂"。震为请，为简。坎为殃。《论语》：陈成子弑简公，孔子沐浴而朝……请讨之。林词全指此事。

咸 三人辇车，乘入虎家。王母贪叨，盗我犁牛。

通损。震为人，数三，故曰"三人"。坤为车，故曰"辇车"。辇车，以人力行也。艮为虎，为家；艮在上，故入虎家。坤为母，对乾，故曰"王母"。兑食，故曰"贪叨"。坤为牛，震为耕，故曰"犁牛"。犁，耕也。咸互巽为盗。

恒 羊头兔足，少肉不饱。漏囊败粟，利无所得。

乾首兑羊，故曰"羊头"。震为兔，为足，故曰"兔足"。坎为肉，伏坤中虚，故曰"少肉"，曰"不饱"。坤为囊，巽下断，故曰"漏囊"。震为粟，兑毁，故败。巽为利，兑折，故无得。

遁 新田宜粟，上农得谷。君子唯好，以纡百福。

通临。坤为田。《尔雅》：二岁曰新田。震为粟，为农人，为谷。本卦艮为君子。乾为百，为福。

大壮 夷羿所射，发辄有获。双兔俱得，利以伐国。

夷羿，即后羿。《左传·襄四年》：塞浞，伯明氏之谗子弟也。伯明后寒弃之，夷羿收之。夷羿善射，篡夏，故云发辄有获。震为射，兑为刚鲁，故曰"夷羿"。震为发，为兔。兑卦数二，故曰"双兔"。震为征伐，坤为国。卦阳长阴消，故曰"利以伐国"。

晋 兔舞鼓翼，嘉乐尧德。虞夏美功，要荒宾服。

象多未详。

明夷 登丘上山，对酒道欢。终年卒岁，优福无患。

震为登，为上；为陵，故曰"丘山"。坎为酒。震为乐，震言，故曰"道欢"。坤为年岁，坎为冬，故曰"终年卒岁"。坎为患，震为福，故无患。

家人 岁暮花落，阳入阴室。万物伏匿，藏不可得。

详《贲之大有》。惟此词兼用对象解。

睽 螟虫为贼，害我禾谷。簟瓶空虚，饥无所食。

详《同人之节》。

蹇 阳虎胁主，使德不通。炎离为殃，年谷病伤。

艮为虎，纳丙，故曰"阳虎"。震为主，震覆，故曰"胁主"。坎塞，故不通。离火，故曰"炎"，曰"殃"。震为年谷，震覆，故伤。丁云：《定二年》，雉门及两观灾，正阳虎胁主之时。

解 四马共辕，东上泰山。骈骊同力，无有重难，与君笑言。

震为东，为马，卦数四，坎为辕，故曰"四马共辕"。震为马，故骈骊。震为君，为笑言。

损 牧羊稻园，闻虎喧讙。畏惧悚息，终无祸患。

详《随之渐》。

益 扬花不时，冬实生危。忧多横贼，生不能服。昆仑之玉，所求不得。

震为华，艮为时；《坤》履霜为冬，故不时。艮为果实，坤为危为忧。巽为盗贼，故曰"忧多横贼"。艮为山，震为玉，故曰"昆仑之玉"。互艮为求，坤丧，故所求不得。

夬 高阜所在，阴气不临。洪水不处，为家利宝。

通剥。艮为山，故曰"高阜"。坤为阴，一阳居众阴之上，故曰"阴气不临"。坤为水，山高，故曰"洪水不处"。艮为家；为贝，为金，故曰"宝"。

姤 释然远咎，避患高阜。田获三狐，以贝为宝。君子所在，安宁不殆。

详《贲之谦》。

萃 两目失明，日夺无光。胫足跛曳，不可以行。顿于丘旁，亡妾莫逐，㷱然独宿。

兑半离，数二，故曰"两目失明"。离为日，牛离，故曰无光。震为胫足，兑半震，故跛不能行。《履·象》云：眇能视，不足以有明；跛能履，不足以有行。林所本也。艮为丘，艮止，故曰"顿于丘旁"。兑为妾，在外，故曰"亡妾"。震为逐，震覆，故曰"莫逐"。坤为宿，巽为寡，故曰"㷱然独宿"。

升 鸿飞遵陆，公归不复，伯氏客宿。

震为鸿，坤为陆，在上，故曰"鸿飞遵陆"。震为公，为归；坤亡，故曰"不复"。震为伯，为客，坤为宿。首二句《豳风》诗。

困　佩玉累藥，无以系之。孤怨独处，愁哀相忧。

伏震为玉。累藥，垂貌。巽为绳，为系。巽为寡，故曰"孤独"。坎为忧愁。

井　载船渡海，虽深何咎。孙子俱在，不失其所。

伏震为船，兑为海，坎为深。艮为孙，震为子。

革　鹄求鱼食，道遇射弋。缯加我颈，缴缚两翼。欲飞不能，为羿所得。

通蒙。震为鹄，坤为鱼，艮为求。震口，故曰"食"。艮为道路，震为射，巽为弋。弋，系矢射也。为缯缴。艮为颈，震为翼，为飞。艮止，故不能飞。坤为恶，故曰"羿"。

鼎　泥面乱头，忍耻少羞，日以削消。

通屯。坤为泥，艮为面，坤为乱，坎为首，故曰"泥面乱头"。坤为羞耻；坤亡，故曰"削消"。

震　桑之将落，陨其黄叶。失势倾倒，如无所立。

详《履之噬嗑》。

艮　巨蛇大鳝，战于国郊。上下隔塞，主君走逃。

详《噬嗑之讼》。

渐　已动死，连商子。扬砂石，狐狢扰。军鼓振，吏士苦。

艮者，震之反，故曰"已动"。互坎为棺椁，为死。巽为商贾，伏震为子。艮为砂石，巽风，故扬。艮为狐狢。伏震为军鼓。为士，坎为恐。

归妹　张罗搏鸠，兔丽其灾。雌雄俱得，为网所贼。

详《贲之归妹》。

丰　三圣相辅，鸟兽喜舞，安乐富有。

通涣。坎为望，震数三，故曰"三圣"。艮为鸟，为兽。震为喜舞。巽利三倍，故曰"富有"。

旅　三奇六偶，相随俱市。王孙善贾，先得利宝。居止不安，大盗为咎。

三奇，乾也；六偶，坤也。旅三阳三阴，而一阴随一阳，二阴随二阳，故曰"相随"。巽为市。艮为王孙，为贝。巽为利，故曰"利宝"。艮为居止，兑折，故不安。巽伏为盗。

巽　三人俱行，一人言北。伯仲欲南，少叔不得。中路分道，争斗相贼。

通震为人，为行。上下震，二至四覆震，故曰"三人"。震为南，震覆即北，故曰"言北”。震为伯，互坎为仲，艮为少叔。“不得”者，言不随伯仲，独北行也。震为道路，为争斗。坎为贼。全用对象。

兑　播天舞，光地乳。神所守，乐无咎。言不信误。

通艮为天。“天舞”者，天之乐舞也。《史记·赵世家》：简子寤……曰我之帝所甚乐，与百神游于钧天，广乐九奏万舞，不类三代之乐，其声动人心。林词似指其事。艮为乳。地乳，山也。《洛书甄耀度》：政山，在昆仑东南，为地乳。王勃《九成宫颂》：峰横地乳。艮为光，互震为舞。《易林》既以阳在上为天阳，在下必为地也，谓震也。震为神，为乐，艮为守。“信”者，宿也。《左传·庄三年》：一宿为舍，再宿为信。《诗·豳风》：于汝信宿。《周颂》：有客信信。注：四宿也。言不言误，即言不迟误也。艮三至上正反震，言下言如何，上即如言而反，故不信误也。

涣　坐争立讼，纷纷汹汹。卒成祸乱，灾及家公。

艮坐震立，三至上正反震言，故曰“争讼”。坎为祸灾，艮为家，震为公。

节　蛇行蜿蜒，不能上阪。履节安居，可以无忧。

伏巽为蛇，艮为阪。震为履，艮为安，为居。坎为忧，震乐，故无忧。上坎为陷，故不能上阪。

中孚　隙大墙坏，蠹众木折。虎狼为政，天降罪伐。高杀望夷，胡亥以毙。

详《乾之大壮》。

小过　阳不违德，高山多泽。颜子逐兔，未有所得。

艮为高山，互兑为泽。艮为颜，震为子；为兔，为逐。在外，故无得。

既济　心多畏恶，时愁日惧。虽有小咎，终无大悔。

坎为心，为畏，为愁，为惧。离为日。

未济　众神集聚，相与议语。南国虐乱，百姓愁苦。兴师征伐，更立贤主。

半震为神，坎为众，故曰“众神”。坎为集聚，离正反兑口相对，故曰“议语”。离为南，为虐乱。坎为众，为忧，故曰“百姓愁苦”。震为征伐，为主。除坎离外，皆用半象。

坤上
震下　复之第二十四

周师伐纣，克于牧野。甲子平旦，天下悦喜。

震为周，为伐。坤为师；为恶，故为纣。坤为野，为养，故曰“牧野”。“牧”者，养也。乾初爻正值甲子，震为晨，故曰“甲子平旦”。坤为天下，震为悦喜。

之乾 任武负力，东征不伏。蹈泥履涂，雄师败覆。

此用遇卦复象。震为武，为东征，为蹈履。坤为水，为泥涂，为师。坤丧，故败覆。

坤 义不胜情，以欲自营。觊利危躬，折角摧颈。

坤为义，为情欲，为躬。坤互，故危躬。艮为角，为颈。复下震为覆艮，艮覆，故曰"折角摧颈"。此亦全用遇卦象。

屯 悬貆素飡，食非其任。失舆剥庐，休坐徒居，室家何忧。

艮为貆，艮阳在上，故曰"悬貆"。震为口，为白，故曰"素食"。《诗·魏风》：胡瞻尔庭，有悬貆兮，彼君子兮，不素餐兮。飡即餐也。震为食，为舆；坤丧，故失舆。艮为庐，坎为破，故剥庐。艮为坐，为居；震行，故徙居。艮为室家，坎为忧；震乐，故无忧。

蒙 鹳鸼娶妇，深目窈身。折腰不媚，与伯相背。

艮为鹳鸼，震为娶，坤为妇。互大离，故曰"深目"。坤为身，为黑，故曰"窈身"。坎为腰，为折。震为武，为健，故曰"不媚"。震为伯，艮为背。

需 东风解冻，河川流通。西门子产，升擢有功。

坎为冻，离为东，故曰"东风解冻"。坎为河川；位西，乾为门，故曰"西门"。魏西门豹、郑子产，皆循吏。乾为贵，故曰"升擢有功"。

讼 三足俱行，倾危善僵。六指不便，愿累弟兄。树柱阁车，失其正当。

详《贲之咸》。

师 京庾积仓，黍稷以兴。极行疾至，以厌饱食。

坤为仓庾，为积。震为黍稷，为行，为亟，为疾，为食。坎为饱。

比 南山之蹊，真人所在。德配唐虞，天命为子。保佑歆享，身受大庆。

详《贲之解》。

小畜 车驰人趋，卷甲相仇。齐鲁寇战，败于犬丘。

详《坤之兑》。

履 十五许室，柔顺有德。霜降既嫁，文以为合。先王日至，不利出域。

兑数十，巽卦数五，故曰"十五"。伏坎为室，震为言，故曰"许室"。言以女字人也。坤为柔顺。坎为霜，震为嫁。坤为文，坎为合。《诗》，文定厥祥是也。震为王。谦三至上复，为日至。丁晏云：《周礼·媒氏》疏，王肃引《韩诗传》，古者霜降逆女，冰泮杀止。《荀子·大略篇》说同。又引《家语》云：霜降而妇功成，嫁娶者行焉。冰泮而农业起，昏礼杀于此。兹云"霜降既嫁"，是《焦氏》说与《荀子》、《韩诗》说合。由是证

《诗》迨冰未泮，言及冰未泮而归妻，若已泮则杀止。《郑笺》谓，正月中冰未浮，至二月可以昏者，非也。

泰 任力劣薄，远托邦国。辅车不强，为痈所伤。

震健，故曰"任力"。坤为邦国，为车；坤柔，故曰"不强"。伏艮为节，为痈，兑为伤。

否 千岁旧室，将有困急。荷粮负囊，出门直北。

坤为千岁，乾为旧，艮为室。巽为陨落，故曰"困急"。艮为荷，为负，巽为粮。坤为囊；为门，为北，故曰"出门直北"。

同人 凶忧灾殃，日益章明。祸不可救，三郤夷伤。

详《噬嗑之剥》。

大有 冠危戴患，身惊不安。与福驰逐，凶来入门。

通比。坎为危患。艮为冠戴，为身。坎陷，故不安。艮为门，坤为凶。

谦 虎狼并处，不可以仕。忠谋辅政，祸必及己。退隐深山，身乃不殆。

艮为虎狼，正覆艮，故曰"并处"。艮为仕，坎险，故不可仕。坎为忠，为谋。坤为祸，为己。艮为山，坎为隐。坤为身，为殆。震乐，故不殆。

豫 卵与石斗，糜碎无处。挈瓶之使，不为忧惧。

震为卵，艮为石；震艮相反，故曰"斗"。坤为浆，为糜。震为瓶，艮手为挈。坎为忧惧。《左传》：虽有挈瓶之知。注：汲者，喻小知。按，汲古用瓶。

随 五心六意，歧道多怪。非君本志，生我恨悔。

巽卦数五，互大坎为心意，数六。震为道路，为君。

蛊 雨雪载涂，东行破车，旅人无家。

震为大涂，为东，为车。互大坎为雨雪。兑折，故曰"破车"。震为商旅，为人。艮为家，在外，故曰"无家"。

临 尚利坏义，月出平地。国乱天常，咎征灭亡。

伏巽为利，坤为义。兑毁，故曰"坏义"。兑为月。坤为平地，为国，为灭亡。月出平地，用象神妙。

观 东行破车，步入危家。衡门穿射，无以为主。卖袍续食，糟糠不饱。

此用复象。震为东，为车；坤丧，故曰"破车"。震为步，为射，为主，为袍，为糟糠。坤为门，坤虚，故无以为主，故不饱。

噬嗑 逐禽出门，并失玉丸。往来井井，破甑缺盆。

震为逐，为出；艮为禽，为门。坎为失，为弹丸。震为玉，故曰"玉丸"。兑为井，初四伏正反兑，故曰"往来井井"。震为甑，为盆；坎为破，为缺。

贲 孟春醴酒，使君寿考。南山多福，宜行贾市。稻粱雌雉，所至利喜。

震为春，为长，故曰"孟春"。坎为酒，震为君，艮为寿考，为南山。伏巽为贾市，为稻粱，离为雉。

剥 持刃操肉，对酒不食。夫亡从军，少子入狱，抱膝独宿。

艮手为持，为操，为刃。坤为军，艮为夫；在上，故曰"夫亡从军"。亡，往也。艮为少子，坤为宿。酒肉象，均不详。狱象，膝象，疑皆指艮。

无妄 踦牛伤暑，不能成亩。草莱不垦，年岁无有。

京房以无妄为大旱之卦。艮为火，故曰"暑"；为牛，巽下断，故曰"踦牛"。坤为亩，二阴，故不成亩。巽为草莱，乾为年岁。巽陨落，故无年。

大畜 南邦大国，鬼魅满室。欢声相逐，为我行贼。

乾为南，艮为邦国。伏巽为鬼魅，艮为室。震为乐，为声，为逐。伏巽为贼。《杂卦》：巽，伏也。伏，故为鬼，为盗贼。

颐 噂噂所言，莫如我垣。欢乐坚固，可以长安。

《毛传》：噂，对语也。震为言，正覆震相对，故曰"噂噂"。艮为垣，正覆艮相对，而艮为止，故曰"莫如"。如，往也。震为欢喜，艮为坚固，为安。

大过 尧舜禹汤，四圣敦仁。允施德音，民安无穷。旅人相望，未同朝乡。

乾为帝王，为圣，为仁。巽数四，故曰"四圣"。乾为德，兑为口，故曰"德音"。伏坤为民，艮为安，为望。震为商旅，为向；正反震相对，故曰"旅人相望"，曰"未同朝乡"。乡，向也。

坎 桎梏拘获，身入牢狱。髡刑受法，终不得释。耳闭道塞，求事不得。

坎为桎梏，为牢狱。伏巽为髡。坎陷，故不得释。坎为耳，为闭塞。艮为道路，为求。

离 跖桀并处，民困愁苦。行旅迟迟，留连齐鲁。

离为恶人，故曰"桀"。巽为盗，故曰"跖"。伏坎为众，为民，为愁苦。伏震为行旅，艮止，故曰"迟"，曰"留连"。巽为齐，兑为鲁。

咸 求鸡获雉，买鳖失鱼。出入钧敌，利得无余。齐姜宋子，婚姻孔喜。

艮为求，巽为鸡，为鱼。伏坤为文，为雌，艮为鳖。鸡雌、鱼鳖相等，故曰"均敌"。巽为利，为齐姜。艮为宋。少男少女相遇，故曰"婚姻"。兑为悦，故曰"孔喜"。

恒 雨师驾驷，风伯吹云。秦楚争强，施不得行。

互兑为雨，伏坤为师，震为马，故曰"雨师驾驷"。巽为风，震为伯。伏坤为云，兑口，故曰"吹云"。兑为秦，震为楚，为争；乾健，故曰"争强"。独断云：雨师，毕星；风伯，箕星也。

遁 仲冬无秋，鸟鹊饥忧。困于米食，数惊鹢雕。

通临。复居子，故曰"仲冬"。兑为秋，坤虚，故无秋。言仲冬之时，百物凋落也。艮为鸟鹊，坤为饥，为忧困。震为米，兑为食。艮为鹢雕。

大壮 三羝上山，俱至阴安。遂到南阳，见其芝香。两崖相望，未同枕床。

兑为羊，震数三，故曰"三羝"。艮为山，艮反，故曰"阴"。言至山北也。乾为南，为阳。兑为见，伏巽为芝，为香。伏艮为崖，兑卦数二，故曰"两崖"。大壮上形似之。艮为枕，为床；艮伏，故曰"未同枕床"。

晋 飞之日南，还归辽东。雌雄相从，和鸣雍雍，解我胸春。

离为日，为南，为飞。艮东北，故曰"辽东"。坎雄离雌，坎为和。艮为胸，艮手为春。"胸春"者，言胸臆上下不定，如春米于胸中也。

明夷 尧饮舜舞，禹拜上酒。礼乐所丰，可以安处，保我淑女。

震为帝，故曰"尧舜禹"。震为饮，为舞，坎为酒。坤为礼，震为乐。

家人 大一置酒，乐正起舞。万福攸同，可以安处，绥我觊齿。

大一，即北辰。《史记·天官书》：中宫天极星，其一明者，大一常居也。注：天神之最尊贵者也。离为星，故曰"大一"。坎为酒。伏震为乐，为舞，为万福。兑为齿，卦有两半兑形，故曰"觊齿"。《尔雅》：黄发觊齿。注：齿堕更生，细者古单作儿。按今诗正作儿齿。

睽 白马驷骊，生乳不休。富我商人，得利饶优。

坎为马，兑西方，色白，故曰"白马"。伏艮为乳。马乳可为酒。《汉书·礼乐志》注：以马乳为酒，撞挏乃成。卦有两半艮，故曰"生乳不休"。三四句，疑亦用半象。

蹇 宛马疾步，盲师坐御。目不见路，中止不到。

宛，踠之省。《后汉书·班固传》：马踠余足。注：踠，屈也。又《说文》：宛，屈草自覆也。是宛亦有屈意。"宛马疾步"者，言马足既屈，而使之速行也。互坎为马，坎为屈，故曰"踠马"。坎为众，为师；艮离目不全，故曰"盲师"。艮为坐。御，本立为今，以盲师而坐御，故不见路而不到也。艮为路，为止。

解 春桃萌生，万物华荣。邦君所居，国乐无忧。

震为桃，为春，为萌，为生；为花叶，为君，为乐。

损 把珠入口，蓄为玉宝。得吾所有，欣然嘉喜。

震为珠玉，兑为口。坤为吾，震为喜。艮手，为把。

益 襦烧裤燔，赢剥饥寒，病虐冻挛。

震为襦，巽为裤；艮为火，故曰"烧燔"。坤为赢，艮手为剥。坤为饥寒，为病虐，为冻。挛，系也。《说文》：凡拘牵连系者，皆曰挛。

夬 水沫沉浮，沮湿不居，为心疾忧。

通剥。坤为水，一阳在上，故曰"水沫沉浮"，曰"沮湿"。坤为心，为疾忧。

姤 行如桀纣，虽祷不祐。命衰绝周，文君乏祀。

通复。坤为恶，故曰"桀纣"。震为行；为言，故曰"祷"。震为周，为君。巽为命，坤丧，故命绝。坤为文，故曰"文君"。谓文王也。

萃 蟑蜉戴盆，不能上山。脚摧跛蹶，损伤其颜。

巽为虫，故曰"蟑蜉"。艮形似覆盆。故曰"戴盆"。艮为山。震为足，震覆，故曰"脚摧"，曰"跛蹶"。兑为损，艮为颜。

升 长子入狱，妇馈母哭。霜降愈甚，向晦伏法。

震为长子，互大坎为狱。巽为妇，坤为母，兑口为哭。坤为霜，为晦。坤死，故曰"伏法"。

困 求犬得兔，请新遇故。虽不当路，逾吾旧舍。

通贲。艮为犬，为求，震为兔。离为新，坎为故。艮为路，为舍。

井 鸟鸣葭端，一呼三颠。动摇东西，危而不安。灵祝祷祉，疾病无患。

对噬嗑。震为葭，为鸣呼。艮为鸟。坎数一，震数三。离为东，坎为西。坎险，故危。震为言，故曰"祝祷"。坎为疾病，震喜，故无患。全用对象。只颠字用本卦巽。

革 天厌禹德，命兴汤国。被社衅鼓，以除民疾。

通蒙。艮为天。震为王，故曰"禹"。坤为国，为水，故曰"汤国"。坤为社，震为鼓。坤为民，坎为疾。震乐，故除疾。

鼎 阴雾作慝，不见白日。邪径迷道，使君乱惑。

通屯。坤为雾，为阴。坎为匿，故不见。离日，震为白，故曰"白日"。艮为径，为道。坤为迷，为乱。震为君。

震 猿堕高木，不踒手足。握珠怀玉，还归我室。

艮为猿。震为木，为足。艮为手。踒，折也。艮在震上，故猿堕高木。震为珠玉，为归。艮为握，为室。

艮 三骊负衡，南取芝香。秋兰芬馥，盈满筐筥，利我少姜。

互震为马，数三。艮为负，为衡。震为南。伏巽为芝，为香，为兰，为芬馥。伏兑为秋。震为筐。巽为利，为姜。

渐 春生夏乳，羽毛成就。举不失宜，君臣相好。盗走奔北，终无有悔。

离为夏，艮为乳。伏震为春，为生，为羽毛，为君。艮为臣。坎为盗，为北。艮为终。

归妹 东行破车，远反失家。天命讫终，无所祷凶。

震为东，为行，为车；兑毁，故破车。震为反，艮为家；艮伏，故失家。伏巽为命，艮为天，为终。兑口为祷。

丰 九雁列阵，雌独不群。为罾所牵，死于庖人。

震为雁，数九，故曰"九雁"。震为阵。巽为雌，在后，故曰"不群"。离为罾。兑折，故死。震为人。

旅 二人辇车，徙去其家。井沸釜鸣，不可以居。

详《剥之讼》。

巽 闭塞复通，与善相逢。甘棠之人，解我忧凶。

通震。互坎为闭塞。震为通，为棠，为人。坎为忧，震通，故解。《诗·召南·甘棠篇》：鲁、韩《诗》说，皆谓召公听讼棠下，兹曰"解我忧凶"，是齐说谓召公平反冤狱于其下也。

兑 赋敛重数，政为民贼。杼轴空虚，去其家室。

详《否之丰》。第四句，汲古作家去其室。依宋、元本。

涣 怒非其愿，贪妬腐鼠。而呼鹊鸥，自令失饵，致被殃患。

震为怒，坎为妬。艮为鼠，巽腐，故曰"腐鼠"。震为呼，艮为鹊鸥。坎为失，为殃患，震为饵。

节 簪短带长，幽思苦穷。瘠蟊小疲，以病之瘗。

艮为簪，兑折，故簪短。伏巽为带，为长。坎为幽思，为瘠瘦。瘦音陶，病也。

中孚 三人俱行，各别采桑。蕴其筐筥，留我嘉旅。得归无咎，四月来处。

震为人，为行，数三，故曰"三人俱行"。艮手为采，巽为桑。震为筐筥，为行旅，为归。兑为月，数四，故曰"四月"。艮为处。

小过 逐鸠南飞，与喜相随。并获鹿子，多得利归，虽忧不危。

震为逐，艮为鸠。震为南，为飞，为喜，为子，为鹿，为归，为利。

既济 驱羊南行，与祸相逢。狼惊吾马，虎盗我子，悲恨自咎。

此用复象。震为羊，为驱，为南，为行。坤为祸，为狼虎。震为马，为惊，为子。伏巽为盗。坤为悲恨。

未济 东邻西国，福喜同乐。出得隋珠，留获和玉，俱利有息。

离为东邻，坎为西国。既济·九五爻词正如此也。徒以先天象失传，致解者皆误。《复》震为福喜，为乐，为珠玉，为出。坤闭，故曰"留"。

震数三，坤数十；艮为室，坤寡，故曰"三十无室"。坎为和，为媒。震为伯，坎为劳苦。

随 破亡之国，天所不福，难以止息。

兑毁折，故曰"破亡"。艮为国，为天，为止息。

蛊 骖驾蹇驴，日暮失时。居者无忧，保我乐娱。

震为骖驾，为马。艮小，故曰"驴"。兑折，故曰"蹇驴"。艮为日，兑为昧，为暮。艮为时，兑折，故曰"失时"。艮为居，为保，震为乐。

临 蝘蛛充侧，佞幸倾惑。女谒横行，正道壅塞。

详《蛊之复》。

观 三羖五羘，相随并行，迷入空泽，循谷直北。径涉六驳，为所伤贼。

通大壮。兑为羊，故曰"羖"，曰"羘"。艮数三，巽卦数五，故曰"三羖五羘"。震为行，坤为迷。兑为泽，坤虚，故曰"空泽"。艮为谷，坤为北。艮为驳，伏乾数六，故曰"六驳"。《诗·秦风》：隰有六驳。《疏》：陆机云，驳马，梓榆也。其树皮青白驳荦，遥视似驳马。据是，是六驳为木。"径涉六驳"者，言循谷走，经历林，为杂树所伤也。若作兽诂，则径涉不合矣。然则《焦诂》六驳，正与陆合，与毛、郑异也。巽伏为贼。

噬嗑 戴喜抱子，与利为友。天之所命，不忧危殆。荀伯劳苦，西来王母。

震为喜，为子。艮为戴，为抱，为友。伏巽为利，震巽同声，故曰"与利为友"。艮为天，巽为命。坎为忧，为危殆。震喜，故不忧殆。荀伯，晋荀跞也，城成，周定王室，故《诗》美之曰，郇伯劳之。荀，即郇国后也。与毛郑说异。震为伯。坎为劳，为西。震为王，伏巽为母。

贲 织缕未就，针折不复。女工多能，乱我政事。

伏巽为缕，艮手为织。坎为针，为折。巽为女工，离为乱。

剥 行露之讼，贞女不行。君子无食，使道壅塞。

行露，《召南》篇名。美女能以礼自守也。坤为霜，为露。震为言，艮为反。震，《左传》谓为败言，故曰"讼"。艮为贞，坤女；艮止，故不行。艮为君子，坤饥，故无食。艮为道。坤为积聚，故曰"壅塞"。

复 羿张乌号，彀射天狼。钟鼓不鸣，将军振旅。赵国雄勇，斗死荥阳。

详《噬嗑之旅》。此多二三两句。震为钟鼓，为鸣。坤闭，故不鸣。坤为师，为军，震为振。

大畜 延颈望酒，不入我口。商人劳苦，利得无有。夏台羑里，虽危复喜。

艮为颈，为望。坎为酒，此无坎象，疑以兑泽为酒也。兑为口，震为商人。伏巽为利。艮为台，纳丙，故曰"夏台"。艮为里。兑折为危，震为喜。汤囚夏台，文囚羑里。

颐　冠带南游，与喜相期。邀于嘉国，拜位逢时。

艮为冠，伏巽为带。震为南，为游，为喜，为嘉。坤为国。艮为拜，为位，为时。

大过　东西触垣，不利出门。鱼藏深水，无以乐宾。爵级摧颓，光威减衰。

伏震为东，兑西。艮为垣，震为触。颐正反艮，故曰"东西触垣"。巽为利，艮为门。巽为鱼，坤为深水。震为宾，为乐。言鱼藏水底难得，不能飨宾，故曰"无以乐宾"。震为爵。坤丧，故曰"摧颓"，曰"灭衰"。艮为光，震为威，故曰"光威减衰"。

坎　两母十子，转息无已。五乳百雏，骍驳骊驹。

通离。互巽为母，兑数二，故曰"两母"。震为子，兑数十，故曰"十子"。震为生，正反震，故曰"转息无已"。艮为乳，坎数五，故曰"五乳"。震为百，为雏；为马，故曰"骊驹"。震为玄黄，故曰"骍驳"。骍，马色赤黄。驳，马色不纯也。

离　重黎祖后，司马太史。阳氏之灾，雕宫悲苦。

丁云：《太史公自序》，昔在颛顼，命南正重以司天，北正黎以司地……当周宣王时，失其守而为司马氏。首二句，言重祖黎祖之后，为司马氏，为太史公也。离南坎北，故曰"重黎"。伏艮为祖。震为马，为言，为太史。太史，纪言之官也。

咸　内执柔德，止讼以嘿。宗邑赖福，祸灾不作。

通损。伏坤为柔。二至上正覆震，故曰"讼"。艮止，故嘿。乾为宗。坤为邑，为祸灾。震福，故不灾。

恒　采唐沫乡，邀期桑中。失信不会，忧思约带。

详《师之噬嗑》。

遁　官成立政，衣就缺袂。恭谦为卫，终无祸尤。

艮为官，为成。乾为衣。震为袂，震伏，故缺。艮为恭俭，为终。坤为祸尤，坤伏，故无。

大壮　麒麟凤凰，子孙盛昌。少齐在门，利以合婚。振衣弹冠，贵人大欢。

对观。坤为文，故曰"麒麟凤凰"。艮为子孙，震为盛昌。巽为齐，艮少，故曰"少齐"。《左传·昭二年》：韩须如齐逆女。……致少姜。少姜宠，晋人谓之少齐是也。艮为门。巽为利。坤为衣。艮为冠，为振，为弹，为贵人。震为欢。

晋　乱危之国，不可涉域。机发身顿，遂至僵覆。

离为乱，坎为危，坤为国，为域。震为涉，震覆艮止，故不可涉。坎为机。坤为身，为死，故曰"顿"。《释名》：顿，僵也。

明夷 千雀万鸠，与鹞为仇。威势不敌，虽众无益，为鹰所击。

坤为千万，离为雀鸠。反艮为鹰鹞，坎为仇。震为威，坎为众。反艮首向下，故曰"为鹰所击"。

家人 众神集聚，相与议语。南国虐乱，百姓愁苦。兴师征讨，更立圣主。

详《屯之节》。

睽 颜渊闵骞，以礼自闲。君子所居，祸灾不存。

通蹇。艮为颜，坎为渊，为悲闵。艮手为骞，故曰"颜渊闵骞"。艮为闲，为君子，为居。坎为祸，在外，故曰"不存"。

蹇 三桓子孙，世秉国权。爵世上卿，富于周公。

桓，木名。艮为木，离卦数三，故曰"三桓"。艮为子孙，艮手为秉。秉，持也。艮为国，为爵，为上卿。遇卦无妄震为周，为公；乾为富。鲁季孙、孟孙、叔孙，皆桓公后，故曰"三桓"，与鲁相终始也。

解 鹤鸣九皋，处子失时。载土贩盐，难为功巧。

震为鹤，为鸣。数九，故曰"九皋"。鹤鸣，《小雅》篇名。《毛》谓教宣王求贤。兹曰"处子失时"，义与《毛》异。巽为伏，故为处子。震为载，为商贩。坎为土。坎土象，后只邵子与《易林》同，他未见也。盐象，《说文》：古宿沙煮海水为盐。盐，咸也。又按，《洪范》：水曰润下……作咸。疑仍坎水象。卦有重坎，故既曰土，又曰盐。

损 方轴圆轮，车行不前。组囊以锥，失其事便。还师振旅，兵革休止。

坤为方，为轴。伏乾为圆，故曰"方轴圆轮"。震为车，为行；艮止，故不前。坤为帛，为囊，故曰"组囊"。艮为刀刃，为锥轴。方车不行，以囊盛锥必脱颖，二者皆不便也。坤为师旅，震为反，故曰"还师"。艮为兵革，艮止，故休。

益 鱼扰水浊，桀乱我国。驾龙出游，东之乐邑。天赐我禄，与生为福。

坤为鱼，为水，为浊。震为扰，故曰"鱼扰水浊"。坤为恶，故曰"桀"。坤为乱，为国。震为龙，为出游；为东，为乐。坤为邑，故曰"乐邑"。伏乾为天，为禄，为福。

夬 白虎黑狼，伏伺山阳。遮遏牛羊，病我商人。

伏艮为虎狼。兑西方金，故曰"白虎"。坤色黑，故曰"黑狼"。艮止，故"伏伺"，曰"遮遏"。艮为山阳。坤为牛，兑为羊，坤为病，为我。巽为商旅。

姤 履危不安，跌顿我颜，伤肿为癓。

伏震为履。巽殒落，故曰"不安"，曰"跌顿"。我颜、肿、癓，疑用无妄艮象。

萃 三人辇车，东入旁家。王母贪叨，盗我资财，亡失犁牛。

对大畜。震为人，为车。震数三，故曰"三人辇车"。震为东，艮为家，巽为入。坤为母，对乾，故曰"王母"。兑食，故曰"贪叨"。互巽为盗。坤为资财，为亡失，为牛。

升 三雁南飞，俱就塘池。虾鳝饶有，利得过倍。

震为雁，为南，数三，故曰"三雁南飞"。兑为塘池。坤巽皆为鱼，故曰"虾鳝饶有"。巽为倍利。

困 鹰栖茂树，候雀来往。一击获两，利在枝柯。

对贲。艮为鹰，震为茂树，艮在震上，故曰"鹰栖茂树"。离为雀，巽为进退，为往来。艮为击，坎数一，故曰"一击"。坎为获，兑卦数二，故曰"获两"。巽为利，为枝柯。利在枝柯，言以枝柯为隐蔽也。

井 尧舜钦明，禹稷股肱。伊尹往来，进履登堂。显德之徒，可以辅王。

对噬嗑。震为帝，故曰"尧舜"。离为明。艮为臣，故曰"禹稷"，曰"伊尹"。巽为往来，为股肱。震为履，为进，为登，艮为堂，故进履登堂。艮贵为显，震为王。

革 枯旱三年，草莱不生。粢盛空乏，无以供灵。

详需林。

鼎 方口缓唇，为知枢门。解释钩带，商旅以欢。

兑为口，伏坤，故曰"方口"。兑又为唇，坤柔，故曰"缓唇"。伏坎为枢，为智，坤为门。言口舌为智慧之枢机也。震为解释。巽为带，为商旅。兑悦，故欢。坎为矫輮，或为钩。

震 凫池水溢，高陆为海。江河横流，鱼鳖成市。千里无墙，鸳凤游行。

震为凫，坎为池，为水。艮为陆，四爻艮覆成坎，故高陆为海。又，四爻上下皆重阴，而坤为河海，故曰"横流"。伏巽为鱼，为市。艮为鳖，为墙。震为千里，艮覆，故无墙。伏离为鸳凤，震为游行。

艮 烹鱼失刀，驾车马亡。锡刃不入，鲂鲤腥臊。

伏巽为鱼。艮为刀，坎为失，故曰"失刀"。震为车，为马；坎隐，故马亡。艮为刃，下柔，故曰"锡刃"。伏巽为鲂鲤，为臭，故曰"腥臊"。又巽为入，巽伏，故不入。

渐 戎狄蹲踞，无礼贪叨。非吾族类，君子攸去。

此用遇卦象。无妄伏坤为戎狄，震为箕，故曰"蹲踞"。蹲踞，即箕踞也。伏震兑皆为口，故曰"贪叨"。坤为礼，为族类。坤伏，故曰"无礼"，曰"非吾族类"。艮为君子。

归妹 渡河逾水，狐濡其尾，不为祸忧。捕鱼遇蟹，利得无几。

坎为河，为水，为狐，为濡。伏艮为尾。坎为祸忧，震乐，故不忧。伏巽为鱼，为利。艮为蟹。言占得此者，虽无忧患，而利得甚少也。

丰 河出小鱼，不宜劳烦。苛政害民，君受其患。

伏坎为河。巽为鱼，兑小，故曰"小鱼"。坎为劳，为民，为患。震为君。言政苛害民，而卒受患者仍在君也。

旅 偃武修文，兵革休安。清人遥逍，未归空闲。

震为武，震伏，故曰"偃武"。离在上，故曰"修文"。艮为兵，为革；艮止，故休。

巽 九疑郁林，沮湿不中。鸾鸟所去，君子不安。

伏震数九，坎为疑，震为丛木，故曰"九疑郁林"。皆南方郡，震为南也。互坎，故沮湿。震为鸾鸟，震往，故曰"去"。艮为君子，为安。坎险，故不安。

兑 搏猯逢虎，患厌不起。遂至欢国，与福笑语，君子乐喜。

通艮为虎，为搏。互坎为猯，为患。猯能伏虎，故患厌不起。艮为国，互震为欢，为笑语。艮为君子。

涣 狗生龙马，公劳妪苦。家无善驹，折悔为吝。

艮为狗，震为龙马，为生。震为公，巽为妪，坎为劳苦，故曰"公劳妪苦"。艮为家，震为驹。坎为折。

节 婴孩求乳，慈母归子。黄麂悦喜，得其甘饵。

震为婴孩，艮为乳，为求，故曰"婴孩求乳"。伏巽为慈母，震为子，为归，故曰"慈母归子"。震为玄黄，为鹿，故曰"黄麂"。又为喜，为饵。

中孚 有两赤鹬，从五隼噪。操矢无笴，趣释尔射。扶伏听命，不敢动摇。

艮为鹬，为隼。正覆艮，兑卦数二，故曰"两鹬"。巽卦数五，故曰"五隼"。兑纳丁，故曰"赤"。艮为矢，为操。笴，箭末受弦处也，兑象也。艮矢在上卦，上卦兑覆，故无笴。震为射，矢无笴则不能射，故释不射也。艮为扶，巽为伏，为命。扶伏，即匍匐，伏地以手行也。艮震象也。动摇，应作摇动，与命协。

小过 伊尹智士，去桀耕野。执顺以强，天佑无咎。

震为士，为耕。兑刚卤，故曰"桀"。艮手为执，巽顺，故曰"执顺"。震为强健，艮为天。

既济 逐鹿西山，利入我门。阴阳和调，国无灾殃。

无妄艮为鹿，为山，为门。震为逐。巽为利，为入。既济阴阳平均，六爻当位，故曰"阴阳和调"。

未济 龙兴之德，周武受福。长女宜家，与君相保。长股远行，狸且善藏。

无妄震为龙，为德，为周，为武，为君。巽为长女，为长股，为藏。艮为家，为狸。

䷙ 艮上 乾下 大畜之第二十六

朝鲜之地，箕伯所保。宜人宜家，业处子孙，求事大吉。

震为朝，艮在东北，故曰"朝鲜"。伏坤为地。震为箕，为伯，为人。艮为家，为子孙，为求。《后汉书》：箕子封朝鲜，教以礼义，其人终不相盗，无门户之闭。

之乾 金柱铁关，坚固卫灾。君子居之，安无忧危。

此全用大畜象。艮为金铁，震为柱。艮为关，为坚固，为君子，为居。

坤 转祸为福，喜来入屋。春城夏国，可以饮食，保全家室。

大畜震喜，艮屋，兑悦，故喜来入屋。艮为城，为国。震为春，故曰"春城"。艮纳丙，故曰"夏国"。兑为饮食。艮为室家，艮为守，故室家可保。

屯 水暴横行，浮屋坏墙。泱泱溢溢，市师惊惶。居止不殆，与母相保。

坎坤皆为水，故曰"横行"。艮为屋，为墙。艮在上，故曰"浮屋"。坎破，故曰"坏墙"。坤为师，震为惊惶，伏巽为市。艮为居止，坤为母。

蒙 虎豹熊罴，游戏山隅。得其所欲，君子无忧。

艮为虎豹熊罴。震为游戏，在艮下，故曰"山隅"。艮为君子，坎为忧；震解，故无忧。

需 躬礼履仁，尚德止讼。宗邑以安，三百无患。

乾为仁，伏坤为躬，为礼。天水讼。需坎水下降，乾阳上升，阴阳交，故止讼。乾为百，离卦数三，故曰"三百"。坎为患。丁云：齐管仲夺伯氏骈邑三百，没齿无怨。《林》或指此。

讼 江淮易服，玄黄朱饰。灵公夏微，衰祖无极。高位崩颠，失其宠室。

对明夷。坤坎皆为水，故曰"江淮"。震为玄黄，坎为赤，故曰"朱饰"。震为公，为神，故曰"灵公"。离为夏。震为衣，坎伏，故曰"衰祖"。祖，褒衣。衰，怀也。艮为位，为室；艮覆，故曰"崩"，曰"失"。

师 不虞之患，祸至无门。奄忽暴卒，痛伤我心。

详《蒙之明夷》。

比 三涂五岳，去危入室。凶祸不作，桀盗尧服。失其宠福，贵人有疾。

艮山，故曰"三涂五岳"。艮数三，坎数五也。坎危在外，故曰"去危"。艮为室。坤为凶祸；为恶，故"桀"。坎为盗；为圣，故曰"尧"。坤为服也。乾为宠福，乾伏，故失。艮为贵，坎为疾，故曰"贵人有疾"。

小畜 配合相迎，利之四乡。昏以为期，明星煌煌。欣喜奭怿，所言得当。

巽为利，正反巽相合，故曰"相迎"。巽数四，故曰"四乡"。伏坤为乡，为昏，艮为时，故曰"昏以为期"。离为星，为明，故曰"明星煌煌"。兑悦，故欣喜。奭，盛也。怿，悦也。奭怿，犹大悦也。兑口为言，正反兑，故曰"得当"。

履 三手六身，莫适所闲。更相摇动，失事便安。箕子佯狂，国乃不昌。

伏谦。艮为手，数三，故曰"三手"。坤为身，坎数六，故曰"六身"。艮为闲，正反艮，故曰"莫适所闲"。正反震，故曰"更相摇动"。坤为事，坎为失。"失事便安"者，言事不得安也。震为箕子，为狂。坤为国，坤丧，故不昌。全用旁通。

泰 虎卧山隅，鹿过后胸。弓矢设张，汇为功曹。伏不敢起，遂全其躯，得我美草。

详《大有之讼》。

否 麟凤执获，英雄失职。自卫反鲁，猥昧不起，禄福讫已。

坤为文，故曰"麟凤"。艮为拘，故曰"执获"。乾为英雄，巽陨落，故失职。伏震为卫，为反。兑为鲁，又为昧。猥，曲也。坤死，故曰"不起"，曰"讫已"。乾为禄福。《公羊传·哀十四年》：获麟，孔子观之，反袂掩泣，自伤将死。

同人 栾子作殃，伯氏诛伤。州犁奔楚，失其宠光。

《左传·成十五年》：晋三郤害伯宗，谮而杀之，及栾弗忌，伯州犁奔楚。卦通师。震为木，为子，故曰"栾子"。为伯，为楚，为奔。坤死，故曰"殃"，曰"诛"，曰"失"。

大有 黄帝出游，驾龙乘马。东至泰山，南过齐鲁。王良御右，文武何咎？不利市贾。

此用大畜象。震为黄，乾为帝；为行，故曰"出游"。乾为龙马。震为东，艮为山，故东至泰山。乾为南，兑为鲁，伏巽为齐，故南过齐鲁。乾为王，兑为右。伏坤为文。巽为市贾，巽伏，故不利。

谦 齐鲁争言，战于龙门。遘怨致祸，三世不安。

详《坤之离》。齐鲁用伏象。

豫 道礼和德，仁不相贼。君子往之，乐有其利。

震为道，坤为礼。坎为和，为贼。震为仁，故不相贼。震为乐，艮为君子。

随 **妪妬公妮，毁益乱类。使我家愦，利得不遂。**

巽为妪，震为公。兑为毁。艮为家，巽为利。“妮”者，泥也，滞也。《论语》：致远恐泥。“公泥”者，公怠于事也。有此二因，致家事毁乱，利得不遂也。

蛊 **一巢九子，同公共母。柔顺利贞，出入不殆，福禄所在。**

艮为巢，坎数一，故曰“一巢”。震为子，数九，故曰“九子”。震为公，巽为母；为柔顺，为利，为入。震为福禄，为出。

临 **崔嵬北岳，天神贵客。温仁正直，主布恩德。闵哀不已，蒙受大福。**

详《师之丰》。

观 **三蛆逐蝇，陷堕釜中。灌沸淹殪，与母长诀。**

巽为蛆蝇，艮数三，故曰“三蛆”。巽为堕。坤为釜，为母；为死，故淹殪。

噬嗑 **东山西陵，高峻难升。灭夷掘垒，使道不通。商旅无功，复反其邦。**

艮为山陵，离东坎西，故曰“东山西陵”。艮为高峻，坎险，故难升。坎为平，故曰“灭夷”。艮为垒，艮手为掘；为道，为邦。震为商旅，为反。坎陷，坎险，居中爻，故道不通而商旅困也。

贲 **常德自如，不逢祸灾。乐只君子，福禄自来。**

坎为祸灾，震出，故不逢。艮为君子，震为乐，为福禄。

剥 **范子妙材，戮辱伤肤。后相秦国，封为应侯。**

详《师之井》。

复 **虎狼结集，相聚为保。伺啮牛羊，道绝不通，病我商人。**

此用大畜象。艮为虎狼，正反艮，艮止，故曰“虎狼结集，相聚为保”。伏坤为牛，兑为羊，为口，艮止，故曰“伺啮牛羊”。艮为道，震为商人，艮止，故道不通而商旅困也。

无妄 **不直杜公，与我争讼。媒伯无礼，自令塞壅。**

震为杜，为公。杜公，未详所指。初至四正反震，故曰“争讼”。震为伯。

颐 **上天楼台，登拜受福，喜庆大来。**

艮为天，坤为楼台。艮为拜。震为登，为喜。

大过 **三羊上山，东至平原。黄龙服箱，南至鲁阳。完其珮囊，执绥车中，行人有庆。**

伏颐。震为羊，艮为山，数三，故曰“三羊上山”。震为东，坤为平原。震为黄龙，为箱，为南。兑为鲁。鲁阳，在南阳郡。坤为囊，为车，巽为绥。震为行人。

坎 天地闭塞，仁智隐伏。商旅不行，利深难得。

艮为天，坎为闭塞。震为仁，坎为智，为隐伏，故曰"仁智隐伏"。震为商旅，为行。巽为利，巽伏，故曰"难得"。

离 延陵适鲁，观乐太史。车辚白颠，知秦兴起。卒兼其国，一统为主。

兼用对象。坎艮为少男，故曰"延陵"。"延陵"，季子也。兑为鲁。震为乐，离为观。"太史"者，掌乐之官。"观乐太史"，言观乐于太史也。震马车；为的颡，故曰"白颠"。兑为秦，震为兴起。艮为国，正覆艮，故兼其国。震为主，坎数一。言秦兼并六国，一统天下也。辚与《毛诗》异。全用吴季札在鲁观乐事。

咸 囊戢甲兵，归放马牛。径路开通，国无凶忧。

艮为甲兵，艮止，故曰"囊戢"。互乾为马。艮为牛，为径路。艮为国，震乐，故无忧。

恒 牛骥同槽，郭氏以亡。国破为墟，主君走逃。

兑为羊，象形，故亦为牛。震为马，故曰"牛骥同槽"。槽亦震象。震为主君，在外，故曰"走逃"。

遁 大尾小腰，重不可摇。栋挠榱坏，臣为君忧。汤火之言，消不为患，使我复安。

乾为大。艮为尾，为栋榱。巽陨，故榱坏。艮为臣，乾为君。遁阳消卦，故臣为君忧。乾为言，艮火在下，故曰"汤火之言"。"汤"者，九家、荀爽皆以乾为河，疑乾有水象。有水，故不畏火，故曰"消不为患"。艮止，故安。

大壮 太一置酒，乐正起舞。万福攸同，可以安处，绥我龀齿。

详《复之家人》。

晋 饮酒醉酗，跳起争斗。伯伤叔僵，东家治丧。

坎为酒，坤迷，故醉。大畜正反艮震，故曰"争斗"。震为伯，兑伤，故曰"伯伤"。艮为叔，艮止，故曰"叔僵"。震东，艮家。皆用遇卦象。

明夷 山险难登，涧中多石。车驰觑击，重载伤轴。担负善踬，跌蹉右足。

详《乾之谦》。

家人 争讼不已，更相击诟。张季弱口，被发北走。

详《讼之损》。顾千里云：《明夷之临》作击诟，与下走韵，当从。各本皆作咨询。询即诟之讹字。按顾说是也，今从之。

睽 心志无良，伤破妄行。触墙抵壁，不见户房。先王闭关，商旅委弃。

坎为心志，兑为伤破。伏艮为墙壁户房。坎隐，故不见。艮为关，坎闭。

蹇 鸧鸪鸥鸮，治成御灾。绥德安家，周公勤劳。

详《噬嗑之渐》。

解 清人高子，久屯外野。逍遥不归，思我慈母。

详《贲之艮》。

损 两虎争斗，股创无处。不成仇雠，行解却去。

艮为虎，正反艮，故曰"两虎争斗"。伏巽为股，兑为创。巽伏，故曰"无处"。

益 天女踞床，不成文章。南箕无舌，饭多沙糠。虐众盗名，雄鸡折颈。

巽为女，艮为天。天女，织女星也。艮为床，坤为文章。震为南，为箕，艮为星。箕，二十八宿星名。艮为沙，巽为糠。《诗·小雅》：跂彼织女，终日七襄。虽则七襄，不成报章。又，维南有箕，不可以簸扬。不簸扬，故饭多沙糠。坤为众。巽为盗，为鸡。震为雄。艮为颈，巽陨，故折。

夬 太子扶苏，出于远郊。佞幸成邪，改命生忧。慈母之恩，无路致之。

通剥。艮在上，故曰"太子"。艮手为扶，坤为扶苏，为郊。乾为言，兑口亦为言，故曰"佞"。巽为命，兑为反巽，故曰"改命"。言太子扶苏远出备边，李斯、赵高竟改始皇玺书，杀扶苏也。《革·九四》云"改命吉"，即谓巽覆也。坤为忧，为母。

姤 寒暑相推，一明一微。赫赫宗周，荣光灭衰。

姤夏至一阴生，消阳，故曰"寒暑相推"。乾为宗，震为周。震伏，故光灭。

萃 鸡狗相望，仁道笃行。不吠昏明，各安其乡。周鼎和饵，国富民有，八极蒙祐。

巽鸡，艮狗，艮望。兑为吠。坤为乡，为安。

升 窗牖户房，通利明光。贤智辅圣，仁施大行。家给人足，海内殷昌。

伏无妄。艮为窗牖户房，震为通利，艮为明光。乾为圣，为仁。艮为家，坤为海。

困 雨雪三日，鸟兽饥乏。旅人失宜，利不可得。几言解患，以疗纷难，危者复安。

坎为雨雪，离卦数三，故曰"三日"。伏艮为鸟兽，离虚，故饥。巽为旅人，为利。伏震为言，为解。坎为患，为危，艮为安。多用伏象。

井 白鹄衔珠，夜食为明。膏润优渥，国岁年丰。中子来同，见恶不凶。

伏震为白鹄，为珠，兑为卫，故曰"白鹄衔珠"。坎为夜，离为明。坎为膏润。艮为国，震为年岁。坎为中男，故曰"仲子"。

革 从豕牵羊，与虎相逢，虽惊不凶。

兑为羊，巽为豕，互乾为虎。言有羊豕，虎即不咥人。

鼎 凫雁哑哑，以水为宅。雌雄相和，心志娱乐，得其所欲。

详《大有之归妹》。

震 逐狐平原，水遏我前。深不可涉，暮无所得。

艮为狐，为震，为逐。坎水，艮止，故曰"水遏我前"。坎为暮，为失，故无得。

艮 窟室蓬户，寒贱所处。千里望烟，散涣四方，形体灭亡。下入深渊，终不见君。

艮为窟室，为户；互震，故曰"蓬户"。坎为寒，为烟。震为千里。坎为深渊。震为君，坎隐，故不见。

渐 桀纣之主，悖不堪辅。贪荣为人，必定其咎。聚敛积实，野在鄙邑，未得入室。

离为恶人，故曰"桀纣"。伏震为主，坎为悖。艮为荣，为邑，为室。坎为聚敛。巽为人。

归妹 仓库盈亿，年岁有息。商人留连，虽久有得。阴多阳少，因地就力。

伏艮为仓库，坎众，故盈亿。震为年岁，为生，为息，为商人。坎陷，故流连。

丰 火山不燃，钓鲤失纶。鱼不可得，利去我北。

离火，伏艮，故曰"火山"。兑水在上，故"不燃"。巽为系，故为钓；为鱼，为纶。兑折，故失纶。巽陨落，故鱼不得而失利也。

旅 童女无媒，不宜动摇。安其室庐，傅母何忧？

兑少，故曰"童女"。坎为媒，坎伏，故无媒。无媒，故不宜动。艮为安，为室。巽为母。

巽 载风云母，游观东海。鼓翼千里，见吾爱子。

巽为风，为母。此句疑有讹字，或为载风乘云也。兑为海，伏震，故曰"游观东海"。离为观也。震为翼，为鼓，为千里。兑悦，震子，故曰"爱子"。

兑 鸿盗我襦，逃于山隅。不见武迹，使伯心忧。

伏艮。互震为鹤，为衣。坎为盗，艮为山，故逃于山隅。震为武迹。《诗·大雅》：履帝武敏。歆传：武，迹也。震为伯，坎为心，为忧。坎为隐伏，故不见武迹。

涣 夜视无明，不利远乡。闭门塞牖，福为我母。

坎为夜，故不明。艮为视，为乡，为门户。坎为闭塞。震为福，巽为母。言夜黯不明，不宜远行，杜门不出，或致福也。

节 三狗逐兔，于东北路。利以进取，商人有得。

艮为狗，数三，故曰"三狗"。震为兔，为逐。艮居东北，为路，故曰"于东北路"。震为进，为商人。

中孚 武王不豫，周公祷谢。载璧秉圭，安宁如故。

《书·金滕》：武王不豫，周公册祝，植璧秉圭，请以身代，翌曰王瘳。震为武，为王；为周，为公。为言，故曰"祷"；为玉，故为圭璧。艮手为秉。

小过 同载共车，中道别去。爵级不进，君子下舆。

震为车，为载。艮为道，为反震，故曰"别去"。言背震别行也。震为樽爵，艮为君子。艮止，故不进。古君子方得乘舆，下舆言不仕也。

既济 六雁俱飞，游戏稻池。大饮多食，食饱无患。

坎数六，震为雁，为飞。卦有三半震，故曰"俱飞"。震为逝，为稻。坎为池。兑为饮食。

未济 符左契右，相与合齿。乾坤利贞，出生六子。长大成就，风言如母。

卦一阴一阳相间皆相交，故曰"符契"，曰"合齿"。震左，兑右。兑齿，坎为合也。卦气至亥，阴凝于阳，故曰"利贞"。《未济》，亥月之卦也。至子则震出矣，故出生六子。

☶艮上 ☳震下 颐之第二十七

家给人足，颂声并作。四夷宾服，干戈卷阁。

艮为家，震为人；坤多，故给足。震为声。坤阴，故为夷狄。震卦数四，故曰"四夷"。震为宾，艮为干戈。艮止，故卷阁。

之乾 思初道古，哀吟无辅。阳明不制，上失其所。

乾为初，为古。颐互坤为思，为哀。震为道，为吟。一阳在上，故曰"失所"。"阳明不制"者，言阳不能制阴也。全用遇卦象。

坤 江河淮海，天之奥府。众利所聚，可以饶有，乐我君子。

详《乾之观》。

屯 三雁俱行，避暑就凉。适与矰遇，为缴所伤。

震为雁，数三，故曰"三雁"。坎为寒，离伏，故曰"避暑就凉"。伏巽为矰缴，兑为伤。

蒙 秋南春北，随时休息。处和履中，安无忧凶。

伏兑为秋，艮纳丙，故曰"秋南"。震为春，坤为北，故曰"春北"。艮为鸿雁，雁随阳转，故曰"随时"。艮为时，为休息。坎为中和，震为履。艮为安。

需 履危无患，跳脱独全。不利出门，伤我左膝。疾病不食，鬼哭其室。

坎为危，为患；跳脱在外，故无患。乾为门户，出门遇险，故不利。兑为伤。膝象疑为坎。股之屈信，全在膝，而坎为矫輮，又为美脊，以义以形，皆有膝象。互离为东，故曰"伤我左膝"。坎为疾病，兑为食；坎忧，故云不食。坎为鬼，为室；兑为口，故曰"鬼哭其室"也。

讼 东家凶妇，怨其公姥。毁柈破盆，弃其饭飧，使吾困贫。

巽为妇，坎凶。伏震为东，为公，巽为姥。姥，母也。伏震为柈，为盆，坎为破。巽为饭飧，风散，故曰"弃"。伏坤为吾，为贫。

师 泥滓汙辱，弃捐沟渎。众所笑哭，终不显禄。

坤土，坎水，故曰"泥汙污"。坎为沟渎，为众。震为笑哭。坤贱，坎隐，故曰"终不显禄"。

比 旦往暮还，各与相存，身无凶患。

颐震为旦，为往。坤为暮。艮者，震之反，故曰"暮还"。坤为身，坎为患。

小畜 六翮长翼，夜过射国。高飞冥冥，羿氏无得。

伏豫。震为翮，为翼，坎数六，故曰"六翮长翼"。坤为夜，为国，震为射，故曰"射国"。震为飞。坤恶，故曰"羿"；坤虚，故无得。

履 蜂虿之门，难以止息。嘉媚之士，为王所食，从去其室。

巽为虫，伏坎为毒，故曰"蜂虿"。乾为门。风散，故难以止息。兑为媚，为食。乾为王，伏坎为室。言王食养嘉士，士皆归王室也。伏震为士。

泰 被狐乘龙，为王道东。过时不返，使我忧聋。

伏艮为狐，震为龙。言被狐裘，乘龙马也。震为道，为东，乾为王。震往，故不返。坤为忧，坤迷，故聋。

否 雹梅零坠，心思愦愦，乱我魂气。

乾、艮皆为果，而乾为冰，故曰"雹梅"。《方言》：大袴谓之倒顿。郭注：即今之雹袴。雹袴、雹梅，皆象形语。巽陨，故曰"坠"。坤为心，坤迷，故"愦愦"。

同人 长女三嫁，进退无羞。牝狐作妖，夜行离忧。

巽为长女；伏震为嫁，数三，故曰"三嫁"。巽为进退；坤为羞，坤伏，故无羞。伏坎为狐，为妖，为夜，为忧。巽为牝。

大有 轰轰辊辊，驰东逐西。盛盈必毁，高位崩颠。

此用遇卦象。震为车，为声，故曰"轰辊"。震为东，为驰逐，兑为西。乾为盛盈，兑为毁，故曰"盛盈必毁"。艮为高位，艮覆为震，故曰"崩颠"。

谦 乘船涉济，载水逢火。赖得无患，蒙我生全。

震为船。坎为水，为济，艮为火，故曰"载水逢火"。坎为患，震为乐，故曰"无患"。

豫 至德之君，政仁且温。伊吕股肱，国富民安。

震为君，为仁。坤为政，艮为火，故曰"政仁且温"。伏巽为股肱。伊吾，语声；曰，从口，皆震象也。又艮为臣，亦或为艮象。坤为国，为民。

随 生不逢时，困且多忧。无有冬夏，心常悲愁。

震为生，艮为时；兑向晦，故生不逢时。艮为困，巽为忧；正反巽，故多忧。震春，兑秋，故曰"无有冬夏"。言无时不悲愁也。

蛊 南历玉山，东入生门。登福上堂，饮万岁浆。

震为南，为玉，艮山，故曰"南历玉山"。艮门，震东，巽入，故东入生门。震为登，为福，艮为堂，故曰"登福上堂"。兑口，为饮。兑泽，故"浆"。震为万岁。

临 大斧斫木，谗人败国。东关二五，祸及三子。晋人乱危，怀公出走。

兑为斧，震为木。兑震为口，为言，故曰"谗人"。坤为国，为关。兑数十，故曰"二五"。《左传·僖二十八年》，姬赂外嬖梁五，与东关嬖五是也。震数三，故曰"三子"。申生、夷吾、重耳也。震为晋，为人，为公。坤为祸乱；为心，故曰"怀公"。

观 一室百孙，公悦妪欢。相与笑言，家乐以安。

艮为室，为孙，坤为百，故曰"一室百孙"。巽为妪，伏震为公，为欢笑。艮为家。

噬嗑 随阳转行，不失其常。君安于乡，国无咎殃。

离为日。震为随，为行，为转运；而离上震下，故曰"随阳转行"。震为君，艮为乡，为国。艮止，故君安而国无殃咎也。

贲 群虎入邑，求索肉食。大人御守，君不失国。

艮为虎，为邑；正覆艮，故曰"群虎"。艮为求，坎为肉，故求索肉食。震为大人，为君。艮为守，为国；能守，故不失也。

剥 弱足刖跟，不利出门。商贾无赢，折崩为患。汤火之忧，转解喜来。

此用颐象。震为足，为跟。艮刀，故曰"刖"。坤柔，故曰"弱"，故出不利。坤为门也。震为商贾，上震覆，故无赢，故崩折。坤为患；为水，艮火，故"汤火"。

复 夏台羑里，汤文厄处。鬼侯饮食，岐人悦喜。

此用遇卦颐象，义详前无妄林。《史记》：西伯昌，九侯鄂侯，为纣三公。纣烹九侯。徐广曰：九一作鬼。

无妄 栋桡榱坏，廊屋大败。宫阙空廓，如冬枯树。

震为榱栋，巽陨落，故桡坏。艮为廊屋，为宫阙。巽陨，故大败。震虚，故空廓。乾为冬，震为树，巽为枯。

大畜 谗以内安，不利其国。室家大惧，幽囚重闭。疾病多求，罪乱愦愦。

三至上正反震，故曰"谗"。艮为国，为室家。伏坤为惧，为幽闭，为重，为疾病，为罪乱。言内有谗人，群臣被谗，幽囚重闭，不利其国也。坤迷，故曰"愦愦"。

大过 六龙俱怒，战于陂下。苍黄不胜，旅人艰苦。

乾数六，故曰"六龙"。震为怒。《颐》正反震，故曰"战"。艮为坂，坤为下。震为苍黄，为旅人。皆用伏象。

坎 天下雷行，尘起不明。市空无羊，疾人忧凶。三木不辜，脱归家邦。

艮为天，震为雷。艮上震下，故曰"天下雷行"。艮为尘，坎黑，故不明。兑为羊，巽为市，兑巽皆伏，故曰"市空无羊"。坎为疾，为忧。震为木，数三，故曰"三木"。三木拳桎梏，亦坎象也。艮为家邦，震为脱。三木不辜，言虽被三木之刑，而非其罪也。

离 一指食肉，口无所得。染其鼎鼐，舌馋于腹。

伏坎。艮为指，坎为肉，兑为口。震为鼎鼐，兑为舌，离为腹。《左传》：子公染指于鼎，尝之而出。林似指其事。一当作以。

咸 喜笑不常，失其福庆。口辟言疥，行者畏忌。

兑为喜笑，正反兑，故曰"不常"。乾为福庆，巽陨落，故曰"失"。兑为口，乾为言。辟，邪也。疥，疮也。言口邪言秽也。伏坤为畏忌。艮为节，故曰"疥"。

恒 毛生豪背，国乐民富，侯王有德。

《山海经》：竹山有兽，状如豚，白毛，名曰豪彘。注：夹髀有粗毫，能以脊上毫射物。故曰"毛生豪背"。震为毛。伏艮为背，为国。坤为民，为富。乾为侯王。

遁 獡豕童牛，害伤不来。三女同堂，生我福仁。

巽为豕，艮为牛；艮少，故曰"獡豕童牛"。象本大畜也。互巽为女，艮数三；艮为堂，故曰"三女同堂"。乾为福仁，伏震为生。

大壮 江海淮济，盈溢为害。邑被其濑，年困无岁。

乾为河，为盈。兑毁，故曰"害"。伏坤为邑。乾为年岁。

晋 两虎争斗，股创无处。不成仇雠，行解却去。

详《大畜之损》。

明夷 五岳四渎，润洽为德。行不失理，民赖恩福。

震为山，坎为五，故曰"五岳"。震卦数四，坤坎皆为水，故曰"四渎"，曰润洽。《淮南子》：河润百里。坤为理，为民。

家人 载车乘马，南逢君子。与我嘉福，虽忧无咎。

此用颐象。震为车，为马，为载，为乘，为南。艮为君子，故曰"南逢君子"。震为嘉福，坤为忧。

睽 缺囊破筐，空无黍粱。不媚如公，弃于粪墙。

此用颐象。坤为囊，震为筐。伏兑毁，故曰"缺"，曰"破"。震为稻粱，为黍稷。坤虚，故曰"空"。震为公，兑为媚。兑伏，故曰"不媚"。艮为墙，坤柔，故曰"粪墙"。

蹇 杀行桃园，见虎东还。螳螂之敌，使我无患。

此用颐象。震为行，为桃。艮为园，为虎。震为东，为反，故曰"东还"。螳螂，疑伏兑象。《左传·宣二年》：赵穿攻灵公于桃园，弑之。《淮南子》：齐庄公出行，有螳螂奋臂当车，回车避之。

解 箕仁入室，政衰弊极。抱其彝器，奔于他国，因祸受福。

此用颐象。震为箕，为仁，艮为室。入室，谓箕子囚于圜室也。坤为政，为弊。艮为抱。震为彝器，为奔，坤为国。抱其彝器，《周本纪》：少师强抱其祭器以奔周宋。《世家》又云：微子持祭器造于军门是也。

损 庭燎夜明，追古伤今。阳弱不制，阴雄坐庆。

详《剥之大有》。

益 悬狟素殡，食非其任。失舆剥庐，休坐徙居。

详《乾之震》。

夬 嘉闻福喜，缯帛盛炽。日就为得，财宝敌国。

乾为门，为福。兑悦，故喜。伏坤为缯帛。乾为盛，为日，为财宝。伏坤为多，故曰"敌国"。言富可敌国也。

姤 执绥登车，骖乘东游。说齐解燕，霸国以安。

《史记·苏秦传》：臣居燕不能使燕重，而在齐则燕重。林用其事。巽为绥。伏震为车，为东，为燕，为解。巽为齐。伏坤为国，乾健，故曰"霸国"。

萃 水深无桴，蹇难何游。商伯失利，庶人愁忧。

坤为水，震为桴。震伏，故无桴。艮止，故蹇。巽为利，坤丧，故失利。坤为庶人，为忧。

升 三鸟鸳鸯，相随俱行。南到饶泽，食鱼与粱。君子长乐，见恶不伤。

震为鸟，数三，故曰"三鸟"。坤文，故曰"鸳鸯"。震为随，为行，为南。兑为泽，坤多，故曰"饶泽"。坤为鱼，震为粱，互兑，故曰食鱼与粱。伏艮为君子。坤为恶，震乐，故见恶不伤。

困 远视目盼，临深苦眩。不离越都，旅人留难。

互离为目，为视。盼，黑白分明也。兑泽，故临深。眩，惑乱也。坎疑，故苦眩。巽东南，故曰"越"。正反巽，故曰"不离"。伏震为旅人。

井 终风东西，涣散四方。终日至暮，不见于欢。

正反巽，故曰"终风"。离东，兑西。巽陨，故曰"涣散"；兑数四，故曰"四方"。离日，坎暮。坎隐，故不见。《诗·邶风》：终风且暴。传：终日风为终风。

革 言无要约，不成券契。殷叔季姬，公孙争之。彊入委禽，不悦于心。

正反兑相背，故曰"言无要约，不成券契"。《左传·昭元年》：郑徐吾犯之妹美，公孙楚聘之矣，公孙黑又强委禽焉。伏震为姬，为公。艮为季、孙。正反艮，故曰"争"。艮为禽。兑悦，伏坎为心。

鼎 牛马聋聩，不知声味。远贤贱仁，自令乱愦。

伏屯。坤牛，震马。坎耳坤迷，故聋聩。震为声，本卦巽为味。震为贤仁，在下，故曰"远贤贱仁"。坤为贱，为乱。

震 从商近游，饱食无忧。囹圄之困，中子见囚。

震为商，为游，为食。坎中满，故饱食。坎为忧，震乐，故无。坎为囹圄，为中男。艮止，故见囚。

艮 据斗运枢，顺天无忧，与乐并居。

艮为星，卦数七，故曰"斗"。互坎为枢。艮为天，坤顺；卦二阴承一阳，故曰"顺天"。坎忧，震乐，故曰"并居"。

渐 姬奭姜望，为武守邦。屏藩燕齐，周室以强，子孙亿昌。

伏震为姬，为奭，巽为姜，离为望，故曰"姬奭姜望"。震为武。艮为守，为邦，为屏藩。艮为燕，巽齐。言姬奭封燕，姜望封齐，屏藩周室，为武王守土也。震周，坎室。震子，艮孙。亿，大也。

归妹　亡羊东泽，循堤直北。子思其母，复返其所。

兑为羊，为泽。震东，故曰"东泽"。震往，故曰"亡羊"。坎为北，震为阪，故曰"循堤直北"。震为子，坎为思，巽为母。巽伏，故思母。震为归，故复返其所。

丰　张目关口，舌直距齿。然诺不行，政乱无绪。

离为目，震为张。兑口，伏艮，故曰"关口"。兑为舌，为齿。二至五，正反兑相背，故曰"距"。距，抗也。相背，故然诺不行。巽为绪。二至五正反巽，故乱而无绪。此皆用覆象。自覆象失传，《困》有言不信等词皆失解。

旅　载船逢火，忧不为祸。家在山东，入门见公。

通节。震为船，艮为火，故曰"载船逢火"。坎为忧，为祸。船近水，故虽逢火不为祸患。艮为家，为山，震为东，故曰"家在山东"。震为公，艮为门，巽入，故曰"入门见公"。

巽　绝国异路，心不相慕。蛇子两角，使我相恶。

通震。艮为国，为路。坎为心，为慕。二至上两震相反，故不相慕。巽为蛇，伏艮为角。兑卦数二，故曰"两角"。《新序》：孙叔敖为儿时，出游见两头蛇，杀而埋之，归而泣。林似指其事。

兑　鼻顶移徙，居不安坐。枯竹复生，失其宠荣。

伏艮为鼻，为顶。互震，故曰"移徙"。艮为居，为坐；震动，故不安坐。震为竹，离科上槁，故曰"枯竹"。震为复，为生。艮阳在上，为宠荣；互坎，故失其宠荣。坎为失也。

涣　火息无光，年岁不长，殷商以亡。

艮火在坎水上，故无光。震为年岁；为子，故曰"殷商"。子，殷姓也。坎失，故曰"亡"。

节　文王四乳，仁爱笃厚。子畜十男，夭折无有。

震为王，伏离，故曰"文王"。艮为乳，震卦数四，故曰"四乳"。震为仁爱，艮为笃厚。震为子，兑数十，故曰"十男"。兑为折，震生，故不折。《帝王世纪》：文王身长十尺，有四乳。《诗》：太姒嗣徽音，则百斯男。《传》：太姒十子。据《史记索隐》注：十子，伯邑考、武王、管、蔡、霍、鲁、卫、毛、聃、曹是也。

中孚　熊罴豺狼，在山阴阳。伺鹿取獐，道侯畏难。

二至五正反艮，故曰"熊罴豺狼"。艮纳丙，故曰"山阳"。艮反则山阴矣，故"山阴"。《易·中孚》：鸣鹤在阴。亦山阴也。解者皆误。艮止，故曰"伺"。艮手，故曰

"取"。震鹿，艮麋。侯，斥侯也。掌检行道路，伺候盗贼。

小过 凋叶被霜，独蔽不伤。驾入喜门，与福为婚。

震为叶，巽落，故曰"凋叶"。艮为门，震为喜福。霜，或用兑泽象，抑或取大坎。

既济 黄离白日，照我四国。元首昭明，民赖恩福。

《离·九二》曰：黄离。离为日，为照。艮为国。震卦数四，故曰"四国"。艮为首，坤为民。《颐》本大离，《林》词全取颐象。

未济 顺风直北，与欢相得。岁熟年丰，邑无盗贼。

似亦取颐象。

兑上
巽下 **大过**之第二十八

典册法书，藏在兰台。虽遭乱溃，独不遇灾。

详《坤之大畜》。

之乾 日在北陆，阴蔽阳目。万物空虚，不见长育。

此用大过象。乾为日，为寒，故曰"日在北陆"。大过本末阴，故曰"阴蔽阳目"。伏坤为万物，为空虚。坤死，故不长。

坤 鬼泣哭社，悲商无后。甲子昧爽，殷人绝祀。

坤为鬼，为社，大过兑为哭泣。坤为伤，为悲。伏震为子，位东，故曰"甲子"。震为晨，兑为昧，故曰"昧爽"。震为子，殷子姓。坤杀，故曰"绝祀"。

屯 涉涂履危，不利有为。安坐垂裳，乃无灾殃。门户自开，君忧不昌。

震为涂，为涉，为履，坎为危，故涉涂履危。险在前，故不利有为。艮止，故宜安坐。坤为裳，为灾殃。安坐垂裳，高拱无为，故无灾殃。坤为门户，震为君，坎为忧。

蒙 阳失其纪，枯木复起。秋华冬实，君不得失。

上阳在上，二阳陷阴中，皆不当位，故曰"失纪"。震为木，为起；坤虚，故曰"枯木"。震为华，艮为实，伏兑为秋，坎为冬，故曰"秋华冬实"。震为君。

需 大树之子，百条共母。当夏六月，枝叶盛茂。鸾凤以庇，召伯避暑。翩翩偃仰，各得其所。

此用大过象。巽为大树，伏震为子，故曰"大树之子"。巽为条，为母，乾为百，故曰"百条共母"。兑为月，乾数六，故曰"六月"。伏坤为文，为鸾凤。巽为枝叶，乾为盛茂。鸾凤居枝叶之中，故曰"鸾凤以庇"。伏震为召伯。坤为暑，一阳潜坤下，故曰"避暑"。正反震，故曰"翩翩偃仰"。用遇卦象，兼及遇卦伏象。《易林》象学之难窥如此。

讼 秉钺执殳，挑战先驱。不从元帅，败破为忧。

《诗》：伯也执殳，为王前驱。《左传》：邲之战，晋军不用命，遂败。言先谷不从元帅荀林父命而挑战也。离为戈兵，故曰"钺"、"殳"。伏震为战，为驱。坎为破败，为忧。

师 启室开关，巡狩释冤。夏台羑里，汤文悦喜。

坎为室，震为启，为开，坤为关，故曰"启户开关"。震为巡狩，为释，坎为冤。坤为台，为里。伏离，故曰"夏台"。震为大涂，故曰"羑里。羑，亦道路也。震为王，坤为文，故曰"汤文"。震为喜。

比 衰灭无成，渊溺在倾。狗吠夜惊，家乃不宁。

坤死，故衰灭。坤为渊，坎陷，故曰"溺倾"。艮为狗，伏兑为吠，坤为夜，故曰"狗吠夜惊"。艮为家，坎险，故不宁。

小畜 西邻少女，未有所许。志如委衣，不出房户。心无所处，傅母何咎。

兑为西，为少女。伏坎为志。坤为衣裳，坤柔，故曰"委衣"。未有所许，谓未字人也。志如委衣，言柔顺也。艮为户房，艮止，故不出。坎为心。坤为母。全用伏象。

履 狗吠夜惊，履鬼头颈。危者弗倾，患者不成。

伏谦。艮为狗，震为吠，为惊。坎为夜，为鬼。震在坎上，故曰"履鬼头颈"。坎为大首，故曰"头"也。坎为危患，震解，故危患皆免也。

泰 当年少寡，独与孤处。鸡鸣犬吠，无敢难者。我生不辰，独婴寒苦。

通否。乾为年，巽为寡。艮少，故曰"少寡"。坤亦为寡，故曰"独与孤处"。巽为鸡，艮为犬。震为鸣吠，为辰，为生。坤丧，故曰"不辰"。乾为寒，坤为独。

否 无道之君，鬼哭其门。命与下国，绝不得食。

乾为君，坤恶，故曰"无道"。坤为鬼，为门，艮为哭。巽为命，坤为国。兑口为食，兑覆，故不得食。《论衡》：纣之时，鬼泣哭社。

同人 乘龙南游，夜过糟丘，脱厄无忧。

伏师。震为龙，为南游，为糟。为陵，故为丘。坤为夜。坎为厄，震出，故脱厄。

大有 马踬车伤，长舌破家。东关二五，晋君出走。

事详《颐之临》。

谦 瓜苽瓠实，百女同室。醯苦不熟，未有妃合。

艮为果蓏，故曰"瓜"，曰"瓠"。震为葩。艮为实，为室。坤为百，为女，故曰"百女同室"。坎为醯，为合。妃，匹也。醯苦不熟，言或酸或苦，尚未成熟，故未有所遇，犹室女之未有妃合也。

豫 晨风文翰，大举就温。昧过我邑，羿无所得。

震为晨，坤为风。晨风，隼也。艮为隼。震为翰，坤文，故曰"文翰"。《逸周书·王会篇》：蜀人以文翰，大翰若皋鸡。而《说文》"翰"下引《逸周书》曰：大翰若翚雉，一名鹛风。然则晨风、文翰为一物。不有《说文》，焉知《易林》以晨风与文翰连文之故哉！坎为昧，坤为邑。为恶，故曰"羿"。坤丧，故无得。《诗·秦风》：鴥彼晨风，郁彼北林。郁，《齐诗》盖作温。详《小畜之革》。

随 浼浼泿泿，涂泥至毂。马泞不进，虎啮我足。

兑泽，互大坎，故曰"浼泿"。浼，水声。泿，濡也。坎为毂，为泥泞。震为马，艮止，故不进。艮马虎，兑口为啮，震为足。

蛊 胶车驾东，与雨相逢。五楘解堕，顿辀独坐，忧为身祸。

震为车，为东。兑为雨，故曰"胶车"，故曰"与雨相逢"。言胶车遇水即解，故五楘解堕也。《诗·秦风》：五楘梁辀。《毛传》：五，五束也。楘，历录也。言以皮五处束辀上，其文历录章美也。巽数五，故曰"五楘"。巽陨落，故曰"解堕"。艮止，故曰"顿"，曰"坐"。

临 六家作权，公室剖分。阴制其阳，唐叔失明。

晋六卿擅权，剖分公室。唐叔，晋始封之君。伏乾数六，艮为家，为室。震为公，兑折，故剖分。临阴多阳少，阳又在下，故为阴制。艮为叔，为明；艮伏，故失明。言失其明祀也。

观 去室离家，来奔大都。火息复明，姬伯以昌，商人失功。

艮为室家，风散，故曰"去"、"离"。坤为大都，伏震，故曰"来奔大都"。艮为火，为明。伏震为姬，为伯，为昌，为商人。

噬嗑 牧羊稻园，逢虎喧欢。危惧喘息，终无祸患。

详《否之节》。

贲 婴儿求乳，母归其子，黄麑悦喜。

详《无妄之节》。

剥 廓落失业，跨祸度福，利无所得。

坤虚，故曰"廓落"。坤丧，故失业。

复　出入无时，忧患为灾。行人失牛，利去不来。老马遗驹，勿与久居。

冬至震出，夏至巽入，震巽相往来，故曰"出入无时"。坤为灾，为忧患，为牛，为失。震为行人，故曰"行人失牛"。巽为利，巽伏，故曰"利去不来"。坤为马，为老。震子为驹。坤上震下，故曰"遗驹"。震出，故不居。

无妄　风怒漂木，女惑生疾。阳失其服，阴孽为贼。

巽风，震巽皆为木，故曰"漂木"。巽为女，为进退，为疾病，故曰"女惑生疾"。《左传·昭公元年》：女，阳物而晦时，淫则生内热惑蛊之疾。乾为阳卦，二至上遁阴销阳，故曰"阳失其服"。服，职也。巽为贼。

大畜　车马病伤，不利越乡。幽人元亨，去晦就明。

震为车马，兑毁，故伤。艮为乡，艮止，故不利。艮为幽人，兑向晦；艮在上，故曰"元亨"，故曰"去晦就明"。

颐　三奇六耦，各有所主。周南召南，圣人所在。德义流行，民悦以喜。

震数三，伏乾数六。乾奇，坤耦。震为主。言阴阳各有所主也。震为周，为召，为南，故曰"周南召南"。伏乾为圣人。坤为民，震悦喜。

坎　坐争立讼，纷纷讻讻。卒成祸乱，灾及家公。

中爻，正反艮震，故曰"争讼"。艮坐，震立。艮家，震公。坎为祸灾。

离　凶忧为残，使我不安。从之南国，以除心疾。

兑折，故曰"凶残"，曰"不安"。离为南，伏艮为国，震为从，为之。言从往南国也。坎为心，为疾；坎伏，故曰"除"。

咸　爱我婴女，牵引不与。冀幸高贵，反得贱下。

详《屯之未济》。

恒　宜行贾市，所聚必倍。载喜抱子，与利为友。

巽为贾市，为近市利三倍。上震为喜，为子。为车，故曰"载喜"。伏艮手，故曰"抱子"。巽为利。震巽同声，又互兑，故曰"友"。

遁　坐席未温，忧来扣门。逾墙北走，兵交我后，脱于虎口。

艮为坐，为火；风散，故未温。巽为忧，乾为门；艮手，故曰"扣门"。艮为墙，为兵戈，为虎。伏震为逾，为走，为脱，为后。兑为口。

大壮　赤帝悬车，废职不朝。叔带之灾，居于汜庐。

乾为赤，为帝。震为车，伏巽为系。车在上，故曰"悬车"。伏艮为叔，巽为带。艮为庐。汜，水名。《左传·僖二十四年》：天王出居于郑。来告难曰，不谷不德，得罪于母弟之宠子带，鄎在郑地汜。首二句义未详。

晋 子畏于匡，厄困陈蔡。明德不危，竟自免害。

详《师之鼎》。

明夷 逐雁南飞，马疾牛罢。不见渔池，失利忧危。牢户之冤，脱免无患。

震为雁，为南，为飞，故曰"逐雁南飞"。震为马，坤为牛；震健坤柔，故马疾牛罢。坎为池，坤为渔；坎隐，故不见。坤为户，坎为狱，故曰"牢户"。坎为忧患，震出，故脱免无患。

家人 推辇上山，高仰重难。终日至暮，不见阜巅。

此用大过伏象。坤为辇。艮为推，为山，为高，为终，为日，为阜颠。坤为暮也。

睽 忧不为患，福在堂门，使吾偃安。

坎为忧患，兑悦，故不患。伏艮为门堂、为安、为吾。

蹇 春桃生华，季女宜家。受福多年，男为邦君。

详《师之坤》。

解 高山之巅，去地亿千。虽有兵寇，足以自守。

此仍用《大过》对象《颐》。《颐》上艮为高山，为颠。坤为地，为亿千；为师旅，故为兵寇。艮为守。

损 过时历月，役夫颠领。处子叹室，思我伯叔。

艮时，兑月，故曰"过时历月"。震夫，坤役，兑折，故役夫颠领。兑为处子，为口，故为叹息。《东山》诗，妇叹于室是也。艮为室，为叔。震为伯。坤为我，为思，故曰"思我伯叔"。

益 太微复明，说升傅岩，乃称高宗。

艮为星，为明，故曰"太微复明"。艮为岩，震为说；又为主，故曰"高宗"。《史记》：殷武丁求得傅说于傅险中，殷道复兴。《晋书·天文志》：太微，天子庭也，五帝之坐也。喻殷道复兴。

夬 旁多小星，三五在东。早夜晨兴，劳苦无功。

通剥。艮为星，艮少，故曰"小星"。《诗·召南》、《毛传》云：三，心星。五，噣星。噣，即柳也。以下用大过象。大过伏震为早，为晨。坤为夜，为劳苦。

姤 东乡烦烦，相与笑言。子般鞭荦，圉人作患。

通复。震为东，为笑言。巽为鞭，坤牛，故曰"鞭莘"。莘，驳牛也。坤为圈，震为人，故曰"圈人"。《周礼·夏官》：圈人掌牧马刍秣之事。坤为患。《左传·庄三十二年》：雩，讲于梁氏，女公子观之。圈人荦自墙外与之戏。子般怒，使鞭之。后圈人荦贼子般于党氏。

萃　鼻移在头，枯苇复生。下朽上荣，家乃不宁，其舍不成。

艮为鼻，又为头，在一处，故曰"鼻移在头"。伏震为苇，为生。巽下断，故曰"下朽"。兑为华，在上，故曰"上荣"。艮为家舍，巽陨，故不宁不成。

升　虾蟆群聚，从天请雨。云雷集聚，应时辄与，得其愿所。

巽为虾蟆，坤为群聚。伏乾为天，兑为雨。坤为云，震为雷。元本注云：《续汉书·礼仪志》，春旱求雨，取虾蟆置社中。

困　大步上车，南到喜家。送我貂裘，与福载来。

伏震，故曰"步"，曰"车"，曰"南"，曰"喜"。艮为家，为貂。震为裘，为福。全用伏象。

井　贼仁伤德，天怒不福。斩刈宗社，失其土宇。

通噬嗑。坎为贼。震为仁，为怒，为福。坎破，故不福。艮为天，为宗社，为土宇。艮为刀兵，故曰"斩刈"。

革　从猬见虎，虽危不殆，终已无咎。

《史记·龟策传》注：猬能伏虎。故不危殆。乾为虎。伏坎为猬，为危殆。

鼎　履素行德，卒蒙佑福。与尧佑食，君子有息。

通屯。震为履，为白，故曰"履素"。震为福佑；为帝，故曰"尧"。兑为口，故曰"食"。艮为君子。

震　利在北陆，寒苦难得。忧危之患，福为道门，商叔生存。

坎为北陆，为寒；震生于子，故曰"利在北陆"。坎为危，震为福。艮为道，为门，为叔。震为商，为生，故曰"商叔生存"。

艮　四塞六盲，足痛难行。终日至暮，不离其乡。

坎为塞，震卦数四，故曰"四塞"。互大离为盲，坎数六，故曰"六盲"。震为足，为行；坎痛，故难行。艮为终日，为乡。坎为暮。坎陷，艮止，故不离其乡。

渐　台骀昧子，明知地理。障泽宣流，封居河涘。

艮为台，坎为昧。《左传·昭元年》：昔金天氏有裔子曰昧，为玄冥师，生允格、台骀，……能业其官。宣汾、洮，障大泽……帝用嘉之，封诸汾水。台骀昧子，言昧子台骀，能治水障，泽宣流也。坎为泽。艮止，为障。坎为流，为河也。

归妹 蓄水待时，以备火灾。柱车绊马，郊行出旅，可以无咎。

通渐。坎水，艮止，故曰"蓄"。艮为时，为待，故蓄水待时。互离为火，艮亦为火，故曰"火灾"。震为车马，坎陷，故曰"柱"，曰"绊"。

丰 岁暮花落，君衰于德。荣宠陨坠，阴夺其室。

互兑为秋，故曰"岁暮"。兑为华，巽陨落，故曰"花落"。震为君，为荣宠，巽为陨坠。

旅 夏败蔡悲，千里为市。黄落澄郁，利得无有。

未详。

巽 仲春巡狩，东见群后。昭德允明，不失其所。

震为春，为巡狩，坎为仲，故曰"仲春巡狩"。震为东，为后。重震，故曰"群后"。震为昭明。全用伏象。《虞书》：岁二月，东巡狩至于岱宗……肆觐东后。

兑 捌洁埲埲，缔结难解。媢母衔嫁，媒不得坐，自为身祸。

详《坤之晋》，《比之大有》。

涣 乌鸣庭中，以戒灾凶。重门击柝，备忧暴客。

艮为鸟，震为鸣，艮为庭，故曰"鸟鸣庭中"。坎为灾。《左传·襄三十年》：或叫于宋太庙，曰嘻嘻出出。未几，果灾。艮为门，正反艮，故曰"重门"。震为鸣，为柝，艮手为击。震为客，震躁而武，故曰"暴客"。坎为忧。

节 朝霁暮露，濊我衣襦，道无行牛。

震为朝，坎为暮，为露。震为衣襦。濊，濡也。艮为道，为牛；坎伏，故无。

中孚 抱璞怀玉，与桀相触。诎坐不申，道无良人。

震为玉，上艮为怀抱。兑刚卤，故曰"桀"。正反兑，故曰"相触"。艮为坐，巽伏，故曰"诎坐"，曰"不申"。诎，屈也，折也。申，舒也。震为道，为人，艮为良。巽伏，故曰"无良人"。

小过 两心相悦，共其茅芦。夙夜在公，不离房中，得君子意。

巽为心，正反巽，故曰"两心"。兑为悦，正反兑，故曰"相悦"。互巽为茅茹，故曰"茅芦"。艮手为共，故曰"共其茅芦"。按《郑风》：东门之埠，茹芦在阪。传：茹芦，茅蒐也。《疏》：茜也，可染赤色。又云：出其东门，缟衣茹芦，聊可与娱。《笺》：茹芦茅，搜染巾也。聊可与娱者，且可留与我为乐。兹云"两心相悦"，正《诗》所谓聊可与娱也。云共其茅芦，正《笺》所谓留与我为乐也。茹与茅义通。然《林》读为茅芦，是《齐诗》与《毛》异读也。夙，早也。震为旦，坎为夜。艮为房，为君子。

既济　载馈茹田，破鉏失餐。苗秽不辟，独饥于年。

未济　甘露醴泉，太平机关。仁德咸应，岁乐民安。

焦氏易林注卷八

䷜ 坎上
坎下　坎之第二十九

有鸟黄足，归呼季玉。从我睢阳，可避刀兵。与福俱行，有命久长。

互艮为鸟。震为足，为黄，故曰"黄足"。震为归，为呼，为玉。艮为季，故曰"季玉"。震为从，艮为我。纳丙，又为视，故曰"睢阳"。艮为刀兵，坎隐，故可避刀兵。

之乾　太王为父，季历孝友。文武圣明，仁德兴起。孔张四国，载福绥厚。

乾为王，为父，为姤，故曰"太王"。下兼用遇卦坎象。互艮为季，为时，为友，故曰"季历孝友"。季历，文王父也。伏离为文，震为武，坎为圣，艮为明，故曰"文武圣明"。震为仁德，为兴起，为孔，为张。艮为国，震卦数四，故曰"四国"。震为福，为车，故曰"载福"也。

坤　猿堕高木，不蹉手足。保我金玉，还归其室。

详《否之临》。惟此全用坎象。艮猿震木，艮手震足，艮金震玉，艮室震归。

屯　重耳恭敏，遇谗出处。北奔戎狄，经涉齐楚。以秦伐怀，诛杀子围，身为伯主。

坎为耳。坤为重，故曰"重耳"。初至五正覆震，故曰"谗"。震为出奔，坤为北，为戎狄，故曰"北奔戎狄"。伏巽为齐，震为楚，为伐，为伯主。坤为诛杀，为围，为身。

蒙　倚锋据戟，伤我胸臆，耗折不息。

艮为锋、戟。坤为胸臆，为伤，为耗。震为息，坤死，故不息。

需　狗冠鸡步，君失其所。出门抵山，行者忧难。水灌我园，高陆为泉。

伏晋。艮为狗，为冠。鸡步，犹鸡祸。凡灾害之神皆曰步。乾为君，坎为失。坤为门，坤上艮，故曰"出门抵山"。震为行，震覆，故难。艮为园，坎水坤水，故曰"水灌我园"。高陆为泉，高陆，艮也。狗冠，《五行志》：昌邑王见大白狗冠方，山冠而无尾，未几废。《周礼·夏官·校人》：冬祭马步。注：马步谓神，为马灾害者。又，《地官》注：凡人物栽害之神，皆曰步。鸡步即《五行志》所谓鸡祸。

讼　众鸟所翔，中有大怪。丈身长头，为我惊忧。

坎众离鸟，故曰"众鸟"。坎为中，为怪，乾为大。伏坤为身，坎为忧。

师 雷行相逐，未有休息。战于平陆，为夷所覆。

详《坤之泰》。

比 禹凿龙门，通利水泉。同注沧海，民得安土。

艮为门，为凿。伏乾为王，故曰"禹"；为龙，故曰"龙门"。坎水坤水，故曰"通利水泉"。坤为海，为民，为安，为土。

小畜 尧舜仁德，养贤致福。众英积聚，国无寇贼。

乾为帝，故曰"尧"、"舜"。乾为仁，为贤，为福。兑为食，故曰"养贤"。伏坤为积聚，为国。坎为贼，坎伏，故无。

履 陆居少泉，山高无云。车行千里，涂不污轮，渴为我怨。

伏震为陆，为居，为山。坤为云，坎为泉。坤、坎皆伏，故曰"少泉"，曰"无云"。震为车，为行，坤为千里。坎为泥涂，为轮，为污。坎下震上，故轮不污。坎为怨，艮火故渴。全用伏象。

泰 朝视不明，夜不见光。暝抵空床，季女奔亡，怆然心伤。

震为朝，坤黑，故不明。坤为夜，为暝，故不见光。伏艮为床，兑为季女。震往，故曰"奔"。坤为亡，为心，为忧。

否 齐鲁永国，仁圣辅德。进礼雅言，定公以安。

巽齐，伏兑为鲁，坤为国，乾为永，故曰"齐鲁永国"。乾为仁圣。坤为礼，乾为言。艮为定，为安，乾为公，故曰"定公以安"。

同人 束帛玄圭，君以布德。伊吕百里，应聘辅国。

互巽为帛，乾为玉，为圭，为玄，故曰"束帛玄圭"。乾为君。伏震为音，故曰"伊"。伊，读书声也。为乐，故曰"吕"。伏坤为百里，为国。言汤、文、秦穆以璧帛聘伊尹、吕望、百里奚为辅也。

大有 棘钩我襦，为绊所拘。灵巫拜祝，祸不成灾。东山之邑，中有土服，可以饶饱。

伏比。坎为棘，坤为襦。艮止，故曰"绊"，曰"拘"。本卦兑为口，故曰"巫祝"。坤为祸灾。艮为山，为邑；离位东，故曰"东山"。艮为果蓏，为土服。服、菔同。《诗·小雅》：象弭鱼服。《周礼》素服。《笺》与注皆作菔，是其证。土服即芦菔。《尔雅·释草》：葵，芦萉。注：萉，宜为菔，芦菔，芜菁属。今俗所谓蔓菁，可食。故下云"可以饶饱"。坎为饱。

谦 门烧屋燔，为下所残。西行出户，顺其道里。虎卧不起，牛羊欢喜。

艮为门屋，为火，故燔烧。坤为下，为残，为户。震为行，坎西，故曰"西行"。艮为道里，为虎。艮止，故不起。坤为牛，伏兑为羊，震为喜。

豫 墙高蔽目，昆仑翳日。远行无明，不见欢叔。

艮为墙，为山。离为目，为日。离伏，故曰"翳蔽"，故曰"无明"。震为行，为欢。艮为叔。

随 天地际会，不见内外。祖辞遣送，与世长诀。

艮阳在上为天，震阳在下为地。艮震相对，故曰"际会"，曰"内外"。震为祖。道祭也。兑毁折，巽陨落，故曰"与世长诀"。

蛊 深水难涉，泥涂至毂。牛罢不进，汙陷为疾。

互大坎，故曰"深水"，曰"泥涂"。坎为毂。艮为牛，艮止，故不进。坎陷，坎疾。

临 羊惊虎狼，耸耳群聚。无益于僵，为齿所伤。

兑为羊，震为惊，伏艮为虎狼。兑为耳，坤为群，为聚。兑为齿，为伤。

观 履蛇蹍虺，与鬼相视。惊恐失气，如骑虎尾。

巽为蛇、虺，伏震在上，故曰"履蛇蹍虺"。坤为鬼，艮为视。震为惊恐。巽为臭，故曰"气"。巽陨，故失气。震为骑，艮为虎，为尾。

噬嗑 车惊人坠，两轮脱去。行者不至，主人忧惧。结缔复解，夜明为喜。

震为车，为惊，为人。在下，故曰"人坠"。坎为轮，伏兑数二，故曰"两轮"。坎破，故脱去。震为行，坎隐伏，故不至。震为主人。坎为忧，为夜。离为明，故曰"夜明"。《礼记》：夜明，祭月也。《左传》：恒星不见，夜明也。又《拾遗记》：炎帝时，有石磷之玉，号曰夜明，以暗投水，浮而不灭。

贲 南贩北贾，与怨为市，利得百倍。

震为商贾，为南，坎为北，故曰"南贩北贾"。坎为怨。《论语》：放于利而行多怨。伏巽为市，为利。震为百，巽为倍。

剥 延陵适鲁，观乐太史。车辚白颠，知秦兴起。卒兼其国，一统为主。

详《大畜之离》。

复 出门逢患，与福为怨。更相击刺，伤我手端。

此用遇卦坎象。互艮为门，震为出，坎为患，故曰"出门逢患"。震为福，坎为怨。艮为击刺，正反艮，故更相击刺。相击，故手受伤。

无妄 獐鹿群走，自然燕喜。公子好游，他人多有。

艮为獐鹿，伏坤为群。震为走，为喜，为公，为子。

大畜　恭宽信敏，履福不殆。从其邦域，与喜相得。

乾为福，上震，故曰"履福"，曰"喜"。艮为邦。

颐　欲飞无翼，鼎重折足。失其福利，苞羞为贼。

震为飞，为翼，坤亡，故无翼。震为鼎，为足。坤为重。为败，故折足。乾为福，巽为利。乾巽皆伏，故曰"失其福利"。坤为羞，在中，故曰"苞羞"。

大过　府藏之富，王以赈贷。捕鱼河海，罟网多得。

伏颐。坤为府藏，为富。震为王，为赈。言王以其富赈民也。坤为鱼，为河海，艮手为捕。互大离，故曰"罟网"。坤为多。

离　阴生麋鹿，鼠舞鬼哭。灵龟陆处，釜甑尘土。仁智盘桓，国乱无绪。

通坎。震为鹿。艮为鼠，坎为鬼。震为哭，为釜甑，为仁。艮为龟，为陆，为尘土，为盘桓，为国。

咸　风尘瞑迷，不见南北。行人失路，复反其室。

伏损。坤为风，为迷，艮为尘。震南坤北，兑昧，故不见。震为行人，为道路。坤迷，故失路。艮为室。震为反。

恒　金革白黄，宜利戎市。嫁娶有息，商人悦喜。

通益。艮为金，为革，巽白震黄，故曰"金革白黄"。坤为戎狄，巽为利市，故曰"宜利戎市"。震为嫁，为商人，为喜。

遁　匏瓜之德，宜系不食。君子失舆，官政怀忧。

艮为匏瓜，巽为系。兑口为食，兑覆，故不食。《论语》：吾岂匏瓜也哉！焉能系而不食？艮为君子，震为舆；震覆，故失舆。艮为官。

大壮　乘船渡济，载水逢火。赖得免患，我有所恃。

震为船，乾为江河，故曰"渡济"。伏坤为水，艮为火，故曰"载水逢火"。坤为患，为我。

晋　道险多石，伤车折轴。与市为仇，不利客宿。

艮为道，为石，坎险，故曰"道险多石"。坎为车，为轴，为多眚，故伤车折轴。艮为宿，震为客；震覆，故不利。

明夷　托寄之徒，不利请求。结衿无言，乃有悔患。

艮为请求，艮覆，故不利。震为襟，坤闭，故曰"结衿"。震为言，坤括囊，故无言。坎为患。结衿乃罪人就刑时束之状，坤为死，坎为刑，故有此象。

家人 三羊争雌，相逐奔驰。终日不食，精气竭罢。

详《乾之大畜》。

睽 退恶防患，见在心苗。日中之恩，解释倒悬。

蹇 两足四翼，飞入嘉国。宁我伯姊，与母相得。

详《贲之同人》。

解 寒露所凌，渐至坚冰。草木疮痬，花落叶亡。

坎为寒，为露；为冰，艮为坚，故渐至坚冰。震为草木，坎为破，故为疮。震为花叶，伏巽为落，故叶落花亡。

损 后稷农功，富利我国。南亩治理，一室百子。

震为稷。坤为富利，为国，为亩。震为南，故曰"南亩"。艮为治理，为室。震为子，坤为百，故曰"百子"。室，实也。言农家治理果蓏，一实之中有百子也。

益 设网张罗，捕鱼园池。网罟自决，虽得复失。危诉之患，受其忻欢。

上巽为绳，坤中虚，艮手，故曰"设网张罗"。巽为鱼，坤为园池，艮击，故捕鱼园池。巽为敝漏，故网决。决，绝也。网决，故得而复失。坤为失，为患。末二句有讹字，义未详。

夬 路舆县休，侯伯恣骄。上失其威，周室衰微。

夬伏剥。坤为大舆，故曰"路舆"。艮一阳止于上，故曰"县休"。震为诸侯，为威，为周。震反于上，故曰"骄恣"。震覆，故失其威，故周室衰微。坤为失。艮为室也。

姤 逐走追亡，相及扶桑。复见其乡，使我悔丧。

伏复。震为逐，为走，坤为亡。震为桑，又为东，故及于扶桑。坤为乡，为我，为悔，为丧。《山海经》：日浴扶桑。

萃 履禄绥厚，载福受祉。衰微复起，继世长久。疾病献麦，晋人赴告。

通大畜。震为履。乾为禄，为厚，为福，为祉。巽陨落，故曰"衰微"。震为起，故曰"衰微复起"。坤为世，巽为长。坤为疾病。震为麦，为晋，为人，为告。《左传·成十年》：晋侯疾，欲麦，使甸人献麦……将食……而卒。"赴告"者，赴君丧于各国也。

升 鳏寡孤独，禄命苦薄。入宫无妻，武子哀悲。

坤巽皆为寡，故曰"孤独"。震为禄，巽为命；巽寡，故苦薄。伏艮为宫，巽为妻，为入。坤丧，故曰"无妻"。震为武，为子，坤为哀悲。武子，崔杼。抒将娶棠姜，筮得困三爻曰，入其宫，不见其妻。后果得祸。

困 山没丘浮，陆为水鱼。燕雀无巢，民无室庐。

详《观之大有》。

井 冠带南游，与福喜期。微于嘉国，拜位逢时。

伏噬嗑。艮为冠，巽为带，离为南，故冠带南游。伏震为福喜。艮为国，为位，为时。

革 东行亡羊，失其羝牂。少女无夫，独坐空庐。

通蒙。震为东，兑为羊；坤丧，故亡羊。兑为少女，震为夫；坤丧，故无夫。艮为坐，为庐；坤虚，故曰"空庐"。

鼎 探雀捕鱼，耕田捕鳝。费日无功，右手空虚。

通屯。艮为雀，艮手，故曰"探"，曰"捕"。坤为鱼，为田，震为耕。夫探雀得鱼，耕田得鳝，二者皆必无之事，故曰"无功"。艮为日。兑右坤虚。

震 东行饮酒，与喜相抱。福为吾家，利来从父。水泽之徒，望邑而处。

震为东，坎为酒；震口，故曰"饮酒"。震为喜，艮手为抱；正反艮，故曰"相抱"。艮为家。震为父，伏巽为利。坎为水。艮为望，为邑。

艮 妄怒失精，自令畏悔。忪忪之惧，君子无咎。

震为怒。坎为畏惧。艮为君子。

渐 白云如带，往往来处。飞风送迎，大雹将下。击我禾稼，僵死不起。

巽为白，为带，坎为云。巽进退，故曰"往来"，曰"送迎"。艮为雹，为击。巽为禾稼。坎陷，故曰"僵"。

归妹 南至之日，阳消不息。北风烈寒，万物藏伏。

离为南，为日。日南至冬至，纯阴极寒，故曰"阳消不息"。伏巽，互坎，故曰"北风"。坎为寒，为伏。震为万物，故曰"万物藏伏"。

丰 火中仲夏，鸿雁解舍。体重难移，未能高举。君子显名，不失其誉。

《月令》：季夏之月，昏火中。火，心星也。仲当为季。火谓鹑火，属南方。离为星，为火，为夏。伏艮为季，故曰"季夏"。震为鸿雁。中互大坎，故曰"难移"，故不能高举。伏艮为君子，为名誉。解舍，言天暑而充弃巢也。

旅 北行出门，履蹈踬颠。蹉足据涂，污我襦裤。

伏节。坎北，震行，艮门，故曰"北行出门"。震为履蹈，坎为蹇，故曰"踬颠"，曰"蹉足"。踬、蹉，皆跌也。坎为污，震为襦裤。

巽　轻车酼祖，疾风暴起。促乱祭器，飞阳鼓舞。明神降佑，道无害寇。

兼用震象。详《豫之大畜》。

兑　酒为欢伯，除忧来乐。福喜入门，与君相索，使我有得。

伏艮。互坎为酒，震为欢，为伯。《酒谱》：昔人谓酒为欢伯。坎为忧。艮为门。震为福喜，为君。艮为求，正反艮，故曰"相索"。艮为我。

涣　三足孤鸟，灵明督邮。司过罚恶，自贼其家，毁败为忧。

《五行志》：日中有三足鸟。震为足，数三，故曰"三足"。艮为黔啄，故曰"鸟"。艮为龟，故曰"督邮"。详《小畜之未济》。震为邮。

节　三河俱合，水怒涌跃。坏我王屋，民饥于食。

详《蛊之颐》。节中互颐，故词同。

中孚　南行枣园，恶虎畏班。执火销金，使我无患。

震为南。艮为果，为园，为虎，为班。班亦虎也。楚人谓虎为班。恶，憎也。艮为火，为手，故曰"执火"。艮为金，为我。虎为金精，以火销金，故无虎患。

小过　求鹿过山，与利为怨。暗聋不言，谁知其欢。

艮为求，为山。震为鹿，鹿在山外，故曰"过山"。巽为利。兑为耳，为昧，故暗聋。震言，艮止，故不言。

既济　行旅困蹶，失明守宿。图圉之忧，启蛰出游。

此用坎象。震为行旅，艮止坎陷，故曰"困"。坎为宿，为隐伏，故曰"失明守宿"。坎为图圉，为忧，为蛰。震出，故曰"启蛰出游"。

未济　据棘履杞，跌刺为忧。夫妇不和，乱我良家。

此仍用坎象。坎为棘，为杞，为刺，为夫。离为妇，妇前夫后，故曰"不和"。

䷝ 离上 离下 离之第三十

时乘六龙，为帝使东。达命宣旨，无所不通。

通坎。互艮为时。震为龙，坎数六，故曰"六龙"。震为帝，为东。本卦巽为命，风散，故达命宣旨，无所不通。

之乾　执辔四骊，王以为师。阴阳之明，载受东齐。

遇卦离为东，互巽为齐。

坤 春秋祷祝，解祸除忧，君子无咎。

此与上皆兼用离象。离互兑为秋，兑口，故祷祀。离伏震，故曰"春"。伏坎，故曰"祸忧"。伏艮为君子。

屯 坐朝乘轩，据国子民。虞叔受命，六合和亲。

坤为朝，为轩车。艮为坐，震为乘，故曰"坐朝乘轩"。艮为据，为国，震为子，坤为民，故据国子民。艮为叔，震为欢虞，伏巽为命，故曰"虞叔受命"。坎为和，为合，数六，故曰"六合"。

蒙 开户下堂，与福相迎。禄于公室，曾祖以昌。

坤为门户，艮为堂。震为开，坤为下，故曰"开户下堂"。震为福禄，正反震，故曰"与福相迎"。震为公，坎为室。艮为祖。

需 高木腐巢，漏湿难居。不去甘棠，使我无忧。

坎为木，离为巢。在上，故曰"高木"。坎水，故"腐巢"，故曰"漏湿"。下二句言巢虽漏湿，只不伐甘棠，即无倾覆之忧也。

讼 三女为奸，俱游高园。背室夜行，与伯笑言。不忍主母，为失醴酒，冤尤谁告。

通明夷。坤为女，震数三，故曰"三女"。坎为奸。巽为高，坤为园，故俱游高园。艮为背，坎为室，为夜；艮覆，故曰"背室夜行"。震为伯，为笑言，为主。坤为母，故曰"主母"。坎为酒，为冤尤。《列女传》：周大夫主父妻淫于邻人，恐主父觉，置毒酒使婢进之。婢知之，佯僵覆酒，受笞。

师 漏卮盛酒，无以养老。春贷黍稷，年岁实有。履道坦坦，平安无咎。

坎为酒，震为卮，伏巽，故曰"漏卮"。坤为老，坤丧，故不能养老。震为黍稷，为春。坤为年岁。震为履，为大涂，故曰"履道坦坦"。

比 松柏枝叶，常茂不落。君子惟体，日富安乐。

艮为木，为坚，故曰"松柏"，曰"不落"。艮为君子，为安。坤为身，故曰"体"。

小畜 夫妇不谐，为燕攻齐。良弓不张，骑劫忧亡。

互离，下震上巽，震夫巽妇，而正反两兑口相对，故曰"不谐"。兑为燕，巽为齐。坎为弓，坎伏，故曰"不张"。骑劫，燕将，代乐毅。战死，故曰"亡"。

履 出令不胜，反为大灾。强不克弱，君受其忧。

巽为令，兑为反，巽为毁折，故曰"不胜"，曰"反为大灾"。卦以一阴为主，故强不克弱，言五阳不能胜此一阴也。乾为君。"君受其忧"者，言上乾恐被阴消也。

泰 奔牛相错，败乱绪业，民不得作。

坤为牛，震为奔。坤为败乱，伏巽为绪。坤为民，坤僵，故不作。

否 载璧秉圭，请命于河。周公克敏，冲人瘳愈。

乾为玉，坤为车。故曰"载璧"。艮为手，故曰"秉圭"。巽为命，乾为河。伏震为周，为公，为冲人。艮坚，故曰"瘳"。"冲人"者，成王。言成王有疾，周公以圭璧祷于河，使王疾愈也。事见《史记·鲁世家》。

同人 素车伪马，不任重负。王侯出征，忧危为咎。

通师。震为车，为白，故曰"素车"。震为马，坤虚，故曰"伪马"。盖刍灵之属。坤柔，故不任重负。震为王，为诸侯，为出征。坎为忧危。

大有 大树之子，同条共母。比至火中，枝叶盛茂。

通比。艮坎皆为木，坤为母。本卦离为火。《左传·昭三年》：火中，寒暑乃退。注：火星以季夏昏中而暑退。季夏之时，草木长成，故曰"枝叶盛茂"。

谦 壅遏堤防，水不得行。火盛阳光，阴霓伏藏，走归其乡。

详《比之大畜》。

豫 五岳四渎，润洽为德。行不失理，民赖恩福。

随 驾骏南游，虎惊我牛。阴不奉阳，其光显扬。言之谦谦，奉义解患。

震为马，为南。艮为虎，为牛，震为惊。上下卦阴皆居上，故曰"阴不奉阳"。即不承阳也。艮为光。初至四正反震，故曰"言之谦谦"。震为解也。

蛊 早霜晚雪，伤害禾麦。损功弃力，饥无所食。

震为禾麦，兑毁，故曰"伤害"。巽陨落，故损功弃力。兑为食，震为虚，故曰"饥无所食"。

临 岐周海隅，有乐无忧。可以避难，全身保财。

震为周，坤为海，为忧。震乐，故无忧。坤为财。

观 阴蔽其阳，日暗不明。君忧其国，求骍得黄，驹犊从行。

卦阴盛阳衰，故曰"阴蔽其阳"。艮为日，坤黑，故不明。坤为国，为忧，伏震为君。坤为马，故曰"骍"、"黄"。骍，赤色；黄，黄色马也。乾为赤。坤为黄，乾伏，故不得骍而得黄。艮为求。为少，故曰"驹"。坤牛，故曰"犊"。坤母，故驹犊从行。

噬嗑 金城铁郭，上下同力。政平民欢，寇不敢贼。

艮为城郭，为金铁。正反震，故曰"上下同力"。坎为平，为民，为寇贼。

贲　平公有疾，迎医秦国。和不能愈，晋人赴告。

坎为平，为疾，震为公。艮为国，伏兑，故曰"秦国"。坎为和，震为晋。按《左传·成十年》：晋景公有疾，秦伯使医缓为之医，言病入膏肓，不能为，公果卒。"赴告"者，言赴告列国公丧也。

剥　戴尧扶禹，松乔彭祖。西遇王母，道路夷易，无敢难者。

乾为王，一阳在上，群阴戴之，故曰"戴尧扶禹"。艮为寿，故曰"松乔彭祖"。赤松子、王子乔、彭篯皆仙人而享大年者。伏兑为西。坤为母，伏乾，故曰"王母"。坤为道路。

复　羔羊皮革，君子朝服。辅政扶德，以合万国。

详《谦之离》。

无妄　振钟鼓乐，将军受福。安帖之家，虎狼为忧。履危不殆，师行何咎。

震为钟，为乐。鼓乐，言奏乐也。震为武人，故曰"将军"。艮为安，为家，为虎狼。震为履，伏坤为师。

大畜　嫡庶不明，孽乱生殃，陈失其邦。

震为长子，嫡也。乃三至上正反震，故曰"嫡庶不明"。震为陈，四至上震覆，故陈失其邦。艮为邦。

颐　鸟惊狐鸣，国乱不宁。上弱下强，为阴所刑。

震为鸟，为惊，为鸣，艮为狐。坤为国，为乱。艮孤阳在上，故曰"上弱"。震为健，故曰"下强"。坤为刑，中四爻重坤，故曰"为阴所刑"。

大过　被绣夜行，不见文章。安坐于堂，乃无咎殃。长子帅师，得其正常。

卦通颐。坤为夜，震为行。坤为绣，为文章，坤黑，故不见。艮为坐，为堂。震为长子，坤为师。三四句言艮止义，五六句言震动义也。

坎　六月采芑，征伐无道。张仲方叔，克胜饮酒。

六月、采芑，《小雅》篇名，颂周宣王也。张仲、方叔，皆宣王臣。《诗》张仲孝友，方叔召虎是也。坎为月，数六，故曰"六月"。互震为芑，艮手为采。震征伐。坎为仲，艮为叔。坎为酒。

咸　昧暮乘车，东至伯家。逾梁越河，济脱无他。

伏损。坤为黑，为夜，故曰"昧暮"。震为车，为乘，为东，为伯。艮为家，故东至伯家。艮为梁，坤为河。震往，故曰"逾越"，曰"济脱"。

恒 东风解冻，和气兆升，年岁丰登。

震东巽风，乾为寒，为冻，震为解，故曰"东风解冻"。巽为气，兑悦，故曰"和气"。坤为年岁。

遁 三狸捕鼠，遮遏前后。死于圜城，不得脱走。

古猫未为家畜，故以狸捕鼠。狸，狐属。艮为狸，数三，故曰"三狸"。艮为鼠。艮止，故曰"遮遏前后"。伏坤为死，乾为圜，艮为城。良止，故难脱。

大壮 绥德孔明，履禄久长。贵且有光，疾病忧伤。

震为履。乾为禄，为久长，为贵，为光。伏坤为疾病忧伤。

晋 三虎搏狼，力不相当。如摧腐枯，一击破亡。

艮为虎，数三，故曰"三虎"。艮为狼，为手，故搏狼。离中虚，故曰"枯腐"。艮为击，坎为破，坤为亡。

明夷 使伯采桑，狠不肯行。与叔争讼，更相毁伤。

震为伯，为桑。坎为狠，坎陷，故不肯行。坎上下兑口相背，故曰"争讼"。坎破，故曰"毁伤"。

家人 抱空握虚，鸮惊我雏，利去不来。

此用遇卦象。离中爻伏艮，故曰"抱"，曰"握"。离为空虚。艮为鸮，震子，故曰"雏"。震为惊。巽为利，风散，故不来。

睽 李花再实，鸿卵降集。仁哲以兴，荫国受福。

详《小畜之离》。

蹇 东山皋洛，勇悍不服。金玦玩好，衣为身贼。

《左传·闵二年》：晋侯使太子申生伐东山皋洛氏，……佩之金玦。后太子果败。离东艮山，离为赤。东山皋洛，赤狄别种，故用以为象。艮为金，伏兑为玦。坎为贼。

解 飞蚊污身，为邪所牵。青蝇分白，贞孝放逐。

伏巽为蚊，震为飞。坎水，故曰"污"。震为青，伏巽为蝇，为白。

损 南山黄竹，三身六目。出入制命，东里宣政。主尊君安，郑国无患。

震为南，为竹，艮山。数三，坤身，故曰"三身"。六目，未详。伏巽为命令。坤为里，震东，故曰"东里"。指子产生。震为主，艮为安，为居。坤为国，为郑。《说文》：郑，地町町然平也。象坤形。

益　泉起昆仑，东出玉门。流为九河，无有忧患。

艮山坤水，故曰“泉起昆仑”。艮为门，震为东，为玉，故东出玉门。坤为河，震数九，故曰“九河”。坤为忧患，震解，故无。言河出昆仑山，过玉门关，播为九河也。

夬　命短不长，中年夭伤。思及哭堂，哀其子亡。

巽为命，为长，巽覆兑折，故曰“命短不长”。乾为年，兑少，伏坤为死，故曰“中年夭伤”。坤为思，伏艮为堂，兑口为哭。震为子，伏艮震覆，故子亡。

姤　君臣不和，上下失宜，宗子哀歌。

通复。坤为臣，震为君，臣上君下，故曰“不和”，曰“失宜”。震为宗，为子，为歌。坤忧，故曰“哀歌”。

萃　苛政日作，螟食华叶。割下啖上，民被其贼，秋无所得。

坤为政，艮为日。巽为螟，兑为食，为华，故曰“螟食华叶”。坤为下，艮为刀，故“割下”。兑口在上，故曰“啖上”。坤为民，互巽为贼，故曰“被其民贼”。兑为秋，巽陨落，故无得。

升　南行载铠，登履九魁。车伤牛罢，日暮嗟咨。

震为南，伏艮为铠。《说文》：铠，甲也。坤为车，为牛，为暮。伏艮为日。坤忧震语，故嗟咨。第二句义未详。

困　春东夏南，随阳有功，与利相逢。

伏贲。互震为春，为东。离为夏，为南，故曰“春东夏南”。离为阳，震为随。本卦巽为利。

井　头尾颠倒，不知绪处，君失其国。

伏噬嗑。艮为首，为尾。初至四正反艮，故曰“颠倒”。巽为绪。震为君，艮为国。互坎，故曰“失国”。

革　言无要约，不成券契。殷叔季姬，公孙争之。强入委禽，不悦于心。

详《颐之革》。

鼎　缺破不成，胎卵不生，不见其形。

互兑为缺破。震为胎，为卵。震伏巽陨，故不生。

震　见蛇交悟，惜蚖畏恶，心乃无悔。

伏巽为蛇，为蚖。互坎为心。义未详。

艮 河水孔穴，坏败我室。水深无涯，鱼鳖倾倒。

坎为河水，震为孔，艮为穴，故曰"河水孔穴"。艮为室，为鳖。伏巽为鱼。

渐 五岳四渎，地得以安。高而不危，敬慎避患。

艮山，坎数五，故曰"五岳"。坎为渎，巽数四，故曰"四渎"。巽为高，艮安，故不危。坎为患，巽顺，故曰"敬慎"。

归妹 南至之日，阳消不息。北风冽寒，万物藏伏。

离日，震南，故曰"南至之日"。上下卦阴在阳上，故曰"阳消不息"。坎为北，为寒；伏巽，故曰"北风"。震为万物，坎为藏伏。

丰 五利四福，俱田高邑。黍稷盛茂，多获高稻。

巽为利，卦数五，故曰"五利"。震为福，卦数四，故曰"四福"。艮为邑，巽为高，震为耕，故曰"俱田高邑"。震为黍稷，为盛茂，为稻。

旅 公孙驾车，载游东齐。延陵说产，遗季紵衣。

详《乾之益》。

巽 蛟虬当道，民困愁苦。望羊置群，长子在门。

巽为蛇，故曰"蛟虬"。伏震为道，故曰"蛟虬当道"。坎为民，为愁苦。坎陷，故曰"民困愁苦"。互兑为羊。艮为门，震为长子。

兑 金玉满堂，忠直乘危。三老冻饿，鬼夺其室。求鱼河海，网举必得。

伏艮为金，为堂，震为玉，故曰"金玉满堂"。坎为忠直，为危，为冻。震数三，艮寿，故曰"三老"。三老，乡官也。坎为鬼，为河海。艮为求，互巽为鱼。离为网。

涣 日入明匿，阳晶隐伏。小人劳心，求事不得。

离伏，故曰"日入明匿"。晶、精通。坎为隐伏，为心，为劳。震为人，艮为小，故曰"小人劳心"。艮为求，风散，故不得。

节 频逢社饮，失利后福。不如子息，旧居故处。申请必得，乃无大悔。

艮为社，兑口为饮。古社日最重春秋两社，皆祭后乡饮，故曰"频逢社饮"。巽为利，巽伏，故失利。震为后，为福，故曰"后福"。震为子息，为申请。艮为居处。

中孚 南有嘉鱼，驾黄取鲋。魴鲉诩诩，利来无忧。

震为南，巽为鱼。震福，故曰"嘉鱼"。震为黄。黄，马也。正反巽，故曰"鲋"，曰"魴鲉"。巽为利。

小过　黄裳建元，文德在身。禄佑洋溢，封为齐君。

震为衣，为黄。《坤·六五》"黄裳元吉"，故曰"建元"。艮为身，坤为文，卦上下皆坤爻，故曰"文德在身"。震为福佑，为君，巽为齐。

既济　口不从心，欲东反西。与意乖戾，动举失便。

离东坎西。

未济　虎狼之乡，日争凶讼。叨尔为长，不能定从。

卦有三艮形，故曰"虎狼之乡"。离，正覆兑相背，故曰"争讼"。不能定从，言不能定从约。虎狼之乡，谓秦也。

兑上 艮下　咸之第三十一

雌单独居，归其本巢。毛羽憔悴，志如死灰。

巽为雌，为寡，故曰"单独"。艮为巢。巽寡发，故曰"毛羽憔悴"。伏坤为志，为死。

之乾　小窗多明，道里利通。仁贤君子，国安不僵。

此用咸象。咸伏损。艮为小，为窗，为明。坤为道里。震为利通，为仁贤。艮为君子，为国，为安。

坤　心恶来怪，冲冲何惧。颜渊子骞，尼父圣诲。

咸艮为颜，兑为渊，故曰"颜渊"。艮手为骞，故曰"子骞"。乾为父，为圣。艮山，故曰"尼父"。兑言，故曰"圣诲"。

屯　鸟鸣呼子，哺以酒脯。高栖水处，来归其母。

艮为鸟，震为鸣，为子，故曰"鸟鸣呼子"。震为口，故曰"哺"。坎为酒，为脯。脯，肉也。艮高，故曰"高栖"。坤水坎水，故曰"水处"。坤为母，震为归。言鸟闻呼，或高栖，或水处，皆至也。

蒙　国马生角，阴孽萌作。变易常服，君失于宅。

坤为国，为马，艮为角，互震，故曰"生角"。坤为阴，为服，为失。艮为宅。震为萌，为君。《汉书·五行志》：文帝十二年，有马生角于吴。刘向以为吴举兵向上之萌。又《史记》：燕太子丹为质于秦，求归。秦王曰，待马生角。……既而马果生角，乃放归。此皆反常之事，故曰"变易常服"。

需 入宇多悔，耕石不富。衡门屡空，使士失意。

似多用伏象。

讼 诸孺行贾，远涉山阻。与旅为市，不危不殆，利得十倍。

伏震为孺，为商贾。坤众，故曰"诸孺"。乾为陵，故曰"山阻"。伏巽为市，为利，为三倍。

师 梁破桥坏，水深多畏。陈郑之间，绝不得前。

艮为桥梁，艮覆，故曰"破坏"。坎为破也。坤水坎水，故曰"水深"。坎为畏。震为陈。坎为平，为郑。坎陷，故不前。

比 双凫俱飞，欲归稻池。经涉萑泽，为矢所射，伤我胸臆。

此兼咸象。艮为凫，兑数二，故曰"双凫"。兑为池。巽为稻，为萑。坎为矢。坤为胸。

小畜 谩诞不成，倍梁灭文。许人卖牛，三夫争之。失利后时，公孙怀忧。

未详。

履 南国饥凶，民食糟糠。少子困捕，利无所得。

乾为南，伏坤为国，离为饥。巽为糟糠，兑为食。

泰 狗吠非主，狼虎夜扰。惊我东西，不为家咎。

震为鸣吠，为主。伏艮为狗，为虎狼。震为惊，为东。兑为西。艮为家。狗吠非主，言非其主人而必吠也。

否 望龙无目，不见手足。入水求玉，失其所欲。

乾为龙，艮为目，巽伏故无。震为足，震伏故不见。艮为手，巽伏故亦不见。乾为玉，坤为水。巽入艮求，故曰"入水求玉"。坤为失，故所欲不得也。

同人 以鹿为马，欺误其主。闻言不信，三日为咎。黄龙三子，中乐不殆。

伏师。震为鹿，坤为马，故曰"以鹿为马"。震为主。离上下兑口相背，故曰"欺误"，曰"闻言不信"。与《明夷·初九》之"有言"义同也。离数三，故曰"三日"。震为黄龙，为子，为乐。《史记·秦本纪》：赵高献鹿于二世，曰马也。

大有 养幼新婚，未能出门。登宋望齐，不见太师。

此用咸象。少男少女，故曰"养幼"。六爻皆交，故曰"新婚"。乾为门，巽伏，故曰"未能出门"。架木为屋曰宋。艮为宋，为望，巽为齐。乾为太师，巽伏，故不见。

谦 王孙季子，相与为友。明允笃诚，升擢荐举。

艮为王孙，为季子。艮为友，正反艮，故曰"相与为友"。艮为明，为升擢。

豫 山水暴怒，坏梁折柱。稽难行旅，留连愁苦。

艮为山，坤水坎水，上震，故曰"山水暴怒"。艮为梁柱，坎折，故曰"坏梁折柱"。坎陷艮止，故曰"稽难"，曰"留连"。震为行旅，坎为愁苦。

随 鹡鸠徙巢，西至平州。遭逢雷电，碎我苇芦。室家饥寒，思吾故初。

艮为鹡鸠，为巢。下震，故曰"徙巢"。兑为西。震为雷，为苇芦。艮为室家。

蛊 登高伤轴，上阪弃粟。贩盐不利，买牛折角。

互震为轴，为登。兑为折，故伤轴。艮为阪，巽为粟。在下，故曰"弃粟"。震为商贩，兑为盐卤。艮为牛，为角，兑为折。

临 祝鲍王孙，能事鬼神。节用绥民，卫国以存。飨我旨酒，眉寿多年。

《论语》：祝鲍治宗庙。故曰"能事鬼神"。注：祝鲍，卫大夫子鱼也。《疏》：《左传》，子行敬子谓灵公曰，会同难……其使祝鲍从。将盟，果长卫侯。故曰"卫国以存"。坤为鲍，震言，故曰"祝鲍"。震为王，为神。坤为鬼，为民，为国。

观 九里十山，道却峻难。牛马不前，复反来还。

坤数十，互艮，故曰"十山"。朱震云：坤亦数九。故曰"九里"。艮为道。却，退也。巽为进退，故曰"道却"。坤为牛，为马。艮止，坤下，故不前。

噬嗑 枯树不花，空渊无鱼。旧鸟飞翔，利弃我去。

震为树，离火，故枯。坎为渊，巽为鱼，巽伏，故无鱼。艮为鸟，为飞。

贲 雄狐绥绥，登上崔嵬。昭告显功，大福允兴。

艮为狐，阳卦，故曰"雄狐"。震为登。艮山，故曰"崔嵬"。震言，故曰"告"。

剥 哑哑笑喜，相与饮酒。长乐行觞，千秋起舞，拜受大福。

此用咸卦伏象。

复 大椎破毂，长舌乱国。床笫之言，三世不安。

兑为舌，震形较兑多一阴，故曰"长舌"。坤为国，为乱。伏巽为林，震为言；数三，坤为世，故曰"三世"。椎、毂，疑皆为震象。

无妄 男女合室，二姓同食。婚姻孔云，宜我孝孙。

艮为室，震男巽女；俱在艮体中，故曰"合室"。震为口，为食；正反震相对，故曰

"同食"。艮为孙，巽顺，故曰"孝孙"。

大畜 千仞之墙，祸不入门。金笼铁疏，利以辟兵。欲南上阪，轴方不转，还车复反。

艮为墙，在上，故曰"千仞"。乾为门，坤为祸；坤伏，故祸不入门。乾为金，艮亦为金，故曰"金笼铁疏"。疏、梳同。艮为刀兵，艮止，故辟兵。震为南，艮为阪。伏坤为轴，为方；艮止，故不转。震为车，为反也。

颐 华言风语，自相讹误。终无凶事，安宁如故。

震为敷，故曰"华言"。伏巽，故曰"风语"。正反震，故注讹误。坤为凶，为事，艮为终，故终无凶事。艮止，故安宁如故。

大过 泛泛柏舟，流行不休。耿耿寤寐，心怀大忧。仁不遇时，退隐穷居。

详《屯之乾》。

坎 大尾小头，重不可摇。上弱下强，阴制其雄。

艮为尾，坎为头。阳陷阴中，故曰"阴制其雄"。

离 一身三口，语无所主。东西南北，迷惑失道。

兑为口，离数三，故曰"三口"。伏坎数一，伏艮为身，故曰"一身"。正反兑，故曰"语无所主"。兑为西，伏震为东，离为南，伏坎为北。伏艮为道，正反艮，故迷惑失道。

恒 南行求福，与喜相得。封受上赏，鼎足辅国。

震为南，为行，为喜，为鼎，为足。乾为福。伏坤为国。

遁 过时不归，雌雄苦悲。徘徊外国，与母分离。

艮为时，震为归。二至四震伏，故曰"不归"。互巽为雌，震为雄。震伏不见，故曰"苦悲"。艮为国，艮止，故徘徊。坤为母，坤伏不见，故"与母分离"。

大壮 尧舜在国，阴阳和得。涿聚衣裳，晋人无殃。

震为帝，故曰"尧舜"。《左传·哀二十三年》：晋伐齐，知伯亲禽颜庚。故曰"晋人无殃"。然语意与上二句不属。

晋 周成之隆，越裳夷通。疾病多祟，鬼哭其公。狼子野心，宿客不同。

此用咸象。伏震为周，艮为成，故曰"周成"。坤为裳，震为南，故曰"越裳"。坤为夷，为疾病，为鬼。艮为哭，震为公。震覆坤死，故曰"鬼哭其公"。艮为狼，坤为野，为心。巽为旅客，坤为夜，故曰"宿客"。

明夷 申酉脱服，牛马休息。君子以安，劳者得欢。

坤居申方，坎先天居酉方。坤为牛，震为马，坎隐，故曰"脱服"。服，辕外马。脱服，即休息也。坎为劳，震为欢。言申西日暮，牛马与人皆安息也。

家人 凯风无母，何恃何怙。幼孤弱子，为人所苦。

巽为风，为母；巽陨落，故无母。坎为孤，为苦。凯风，《邶风》篇名。《毛》谓母不安其室，兹谓无母。义与《毛》异。

睽 出门上堂，从容牖房，不失其常。天牢地户，劳者忧苦。

伏艮为门堂、牖房。坎为牢，艮为天，故曰"天牢"。坎为北，为劳、忧。《晋书·天文志》：天牢六星在北斗下，贵人之牢也。《河图·括地象》：西北为天门，东南为地户。兑居东南，伏艮为户也。

蹇 天厌周德，命与南国。以礼静民，兵革休息。

艮为天，震为周，为德，故曰"天厌周德"。艮为国，离南，故曰"南国"。离为兵革，艮止，故休息。厌，足也，满也。言周德盛，天与以南国也。

解 堂桑折冲，佐斗者伤。暴臣失国，良臣被殃。

未详。

损 合欢之国，嘉喜我福。东岳西山，朝齐成恩。

震为欢，坤为国。正反震相对，故曰"合欢之国"。震为喜，为福。艮为山岳，震东兑西，故曰"东岳西山"。震为朝，为齐。齐，同隮。《诗·鄘风》：朝隮于西，崇朝其雨。传：隮，升也。按《乐记》：地气上齐。注：齐，跻也。而跻与隮皆训升。是《齐诗》本作齐，与《毛》异而义同也。言云升雨降，故曰"成恩"。

益 耕石不生，弃礼无名。缝衣失针，襦裤不成。

震为耕，艮为石。坤死，故曰"不生"。坤为礼，为失。震为衣，为襦裤。巽散，故不成。针为坎象，四五半坎，故失针。

夬 聋瞶暗盲，跛倚不行。坐尸争骸，身被火灾，困其多忧。

《履·六三》云：眇能视，跛能履。谓兑为半离、半震也，故兹亦曰盲，曰跛。推之夬亦半坎也，故曰"聋"。伏艮为坐，坤为尸，兑为骸。坤为身，艮为火，故曰"身被火灾"。艮为困，坤为忧，故曰"困其多忧"。争，《广韵》云：谏诤也，止也。坐尸争骸，言不能行之人，有类于坐尸止骸而不能动，故遇火而困。伏坤为灾忧。

姤 生长太平，仁政流行。四方归德，社稷康荣。

此用复象。震为生，震乐，故曰"太平"。坤为政，震为仁，故曰"仁政流行"。坤为四方，为社稷。震为德，为康荣。

萃 桀跖并处，民人愁苦。捕兵荷粮，战于齐鲁。合昏同牢，姬姜并居。

坤恶，故曰"桀"。巽为盗，故曰"跖"。坤巽连体，故曰"并处"。坤为人民，为愁苦。艮为兵，为荷。巽为粮，为齐。兑为鲁。

升 南与凶俱，破车失襦。西行无裤，亡其宝赂。

震为南。坤为凶，为车。兑毁，故破车。震为襦，坤亡，故失襦。兑为西，巽为裤，震为玉。坤亡，故曰"无裤"，曰"亡其宝赂"。

困 空槽注器，豚彘不至。张弓祝鸡，雄父飞去。

伏震为槽，为器。注，击也。伏艮为击。巽为豕，故曰"豚彘"。坎陷，故不至。凡饲豕，击槽即至。今槽空无食，故虽击不至。巽为鸡，坎为弓。兑口，故曰"祝鸡"。祝，呼也。张弓呼，故惧而飞去也。

井 望尚阿衡，太宰周公。藩屏汤武，立为王侯。

详《同人之师》。

革 朝鲜之地，箕子所保。宜家宜人，业处子孙。

详大畜林。

鼎 息忧解笑，故贫今富。载乐履善，与福俱遇。

伏坎为忧，震为解，为笑。伏坤为贫，乾为富，故曰"故贫今富"。伏震为乐，为善，为履；为车，故曰"载乐"。震为福也。

震 叔迎伯兄，遇巷在阳。君子季姬，并坐鼓簧。

震为伯，为兄，互艮为叔。伏离为巷，为阳。言遇伯兄于巷之阳也。艮为君子，为季。震为姬，故曰"季姬"。为乐，故曰"鼓簧"。

艮 顺风纵火，芝艾俱死。三害集房，十子中伤。

详《剥之坤》。

渐 驾车入里，求鲜鲂鲤。非其肆居，自令失市。君子所在，安无危殆。

坎为车。艮为里，为求。巽为入，为鱼，故曰"求鲜鲂鲤"。所求非地，故曰"非其肆居"。巽为市。艮为君子，为安。

归妹 拔剑伤手，见敌不起。良臣无佐，困辱为咎。

伏艮为剑，为手。坎破，故伤手。坎为隐伏，故不起。艮为臣，坎为困辱。

丰 乱君之门，佐斗伤跟。营私贪禄，身为悔残。东下泰山，见我所欢。

离为乱，震为君，伏艮为门，故曰"乱君之门"。伏震为跟。正反震相对，故曰"斗"。兑折，故曰"伤"。艮为身，为山。震东，故曰"东下泰山"。

旅 慈母望子，遥思不已。久客外野，使我心苦。

巽为母。巽顺，故曰"慈母"。离为望。巽为旅客，艮为外野。伏坎为心。

巽 鲂生淮郐，一转为百。周流四海，无有患恶。

详蛊林。

兑 甘露醴泉，太平机关。仁德感应，岁乐民安。

详《屯之谦》。

涣 采薇出车，鱼丽思初。上下役急，君子免忧。

采薇、出车、鱼丽，皆《小雅》诗。《诗序》：采薇，遣将率戍役也；出车，劳还率也；鱼丽，美万物盛多而备礼也。又云：文武以天保以上治内，采薇以下治外。故林曰思初，言思文武周初之盛美也。震为薇，艮为采。震为出，为车。巽为鱼。艮为君子。坎忧震解，故免忧。

节 豕生鱼鲂，鼠舞庭堂。雄佞施毒，上下昏荒，君失其邦。

详《蒙之比》。此以坤为鱼，坎入坤，故曰"豕生鱼鲂"。

中孚 三头六目，道畏难宿。寒苦之国，利不可得。

丁云：《山海经》，一身三头。《淮南子·地形训》：有三头氏。艮为头，数三，故曰"三头"。

小过 燕雀衔茅，以生孚乳。昆弟六人，姣好孝悌。各同心愿，和悦相乐。

详《小畜之兑》。兑为燕。

既济 文君之德，仁义致福。年无胎夭，国富民实。君子在室，曾累益息。

此用咸象。伏坤为文。乾为君，为仁，为年。伏震为胎，震生，故不夭。艮为国，为君子，为室。乾为富实。伏坤为曾累。

未济 秋梁未成，无以至陈。水深难涉，使我不前。

此似用咸象。兑秋艮梁，兑毁，故不成。互大坎，故曰"水深"。艮止，故不前。

☳ 震上
☴ 巽下 **恒之第三十二**

黄帝所生，伏羲之宇。兵刃不至，利以居止。

震为帝，为玄黄，故曰"黄帝"。坤为牛，坤伏，故曰"伏羲"。羲、牺同，牛牲也。

艮为兵刃，艮覆，故不至。巽为利。

之乾 登墀蹉足，南行折角。长夜之室，不逢忠直。

此用恒象。震为足，兑折，故蹉足。震为南。艮为角，艮覆，故折角。伏坤，故曰"夜"，曰"室"。

坤 燕雀衰老，悲鸣入海。忧在不饰，差池其羽。颉颃上下，寡位独处。

此仍用恒象。兑为燕雀。坤为老，为海。四、五二句，《诗·邶风》：燕燕文，乃庄姜送戴妫大归于陈之诗，故曰"寡位独处"。义与《毛》合。

屯 开门除忧，伯自外来。忉忉无患，我心得欢。

坤为门，震为开，为除。坎为忧，在外，故开门除忧。震为伯。伯自外来，言由外来内也。坎为患。为心，震乐，故无。

蒙 郊耕释耜，有所疑止，空虚无子。

坤为郊，震为耕，为耜。坎为疑。释耜，言辍耕也，故因疑而止。坤为虚，震为子。坤亡，故无子。

需 张牙切齿，断怒相视。祸起萧墙，牵引吾子。患不可解，忧惊吾母。

互兑为牙齿。兑刚鲁，故曰"断怒"。离为视，故曰"断怒相视"。离为祸。伏艮为墙，为牵引。坎为患，为忧。伏坤为母。

讼 履不容足，南山多棘。毋出房闼，乃无病疾。

伏明夷。震为足，为履，为南。坎为棘，为室，故曰"房闼"。坎隐伏，故曰"毋出"。坎为病疾，震解，故无。

师 牛骓亡子，鸣于大野。申后阴微，还归其母。

骓，《玉篇》云：马赤黄也。坤为牛，为黄，故曰"骓牛"。震为子，坤杀，故"子"。坤为野，震为鸣，故曰"鸣于大野"。坤为后，为母。震为归。周幽王后申国女，幽王宠褒姒，废申后，故曰"还归其母"。

比 龙生于渊，因风升天。章虎炳文，为禽败轩。发轫温谷，暮宿昆仑。终身无患，光精照耀，不被祸难。

首二句兼用恒象。震为龙，为生，兑为渊，故曰"龙生于渊"。巽为风，乾为天，龙在天上，故曰"因风升天"。比，坤为文，艮为虎。震为车，震覆，故"败轩"。"禽"者，田猪也。轫，辕端持衡者。坤为车，一阳在坤上，若辕端衡木，盖艮象也。《水经注》：渭水右有温谷。然此温谷即旸谷。《书》：宅嵎夷曰旸谷。《淮南子》：日出于旸谷。言发轫东海，夕至仑昆也。坤为暮，艮为昆仑。坤为身，艮为终，为光明。坎为患难。

小畜 既嫁宣吉，出入无咎。三圣并居，国安无灾。

通豫。震为嫁，为出。巽为入。坎为圣，震数三，故曰"三圣"。坤为国。震乐，故无咎灾。

履 北陆阳伏，不知白黑。君子伤谗，正害善人。

通谦。坎为北，阳陷阴中，故曰"阳伏"。《左传》：日行北陆而藏冰。言天寒也。坎为黑，巽为白；巽坎皆为伏，故不知。艮为君子，正反震，故曰"伤谗"。

泰 一身两头，近适二家，乱不可治。

坤为身，乾数一，故曰"一身"。乾为头，坤数二，故曰"两头"。伏艮为家，坤为乱。

否 牝马牡驹，岁字不休。君子衣服，利得有余。

乾坤合体，故曰"牝牡"，故"岁字不休"。字，息也。乾为岁。互艮为君子，巽为利，乾为衣。

同人 南行怀忧，破其金舆。安坐故庐，乃无灾患。

通师。震为南。坤为忧患，为车。乾为金，故曰"金舆"。坎为破，为室庐。

大有 忧人之患，履伤浮愿，为身祸残。笃心自守，与喜相抱。

通比。坤为忧患。震为履，震覆，故曰"履伤"。坤为身，为祸。坎心，艮为抱。

谦 咸阳辰巳，长安戌亥。丘陵生心，非鱼鳝市。可以避水，终无凶咎。

谦，震、坎、艮三阳俱备，震乾初，坎乾中，艮乾上。三阳成乾，故曰"咸阳"。辟卦乾居辰巳，故曰"咸阳辰巳"。震为长，坤为安，故曰"长安"。辟卦坤居戌亥，故曰"长安戌亥"。坎先天位西，坤为都邑。咸阳、长安，皆西方都邑也。艮为丘陵，坤为鱼，为水。言丘陵可避水，不可得鱼也。

豫 不知何孙，夜来扣门。我慎外寝，兵戎且来。

艮为孙。坎为夜。坤为门，艮手，故曰"扣门"。外寝，外室也。艮为外，为寝，为刀兵。

随 昧旦不明，日暗无光。丧灭失常，使我心伤。

震为旦，兑为昧，故曰"昧旦不明"。艮为日，为光，兑向晦，故无光。

蛊 江阴水侧，舟楫破乏。狐不得南，豹无以北。虽欲会盟，河水绝梁。

坤为大川，故曰"江水"。震为舟，兑毁，故破乏。艮为狐，为豹。震为南。震反为艮，则北矣。艮止，故不得南北。艮为梁，兑折故梁绝。

临 神之在丑，破逆为咎。不利西南，商人休止。

震为神，先天居丑方。又临为丑月卦，故曰"神之在丑"。兑为破。《易》至于八月有凶，言至未遁，丑未冲。故曰"破逆为咎"，曰"不利西南"。西南，遁未也。震为商人，因逆破故休止。

观 然诺不行，欺天误人。使我露宿，夜归温室。神怒不直，鬼击其目。欲求福利，适反自贼。

震为言，震覆，故曰"然诺不行"，曰"期天误人"。艮为天，为室。坤为宿，为夜。艮为火，故曰"温室"。伏震为神，为怒。坤为鬼，艮为目。艮手，故曰"鬼击其目"。艮为求，巽为利，为贼。

噬嗑 攘臂极肘，怒不可止。狼戾愎很，无与为市。

艮为臂肘。极，放也。《仪礼·大射》：赞设决，朱极三。注：极，放也。极肘，即放肘也。震为怒。艮为狼。巽为市，巽伏，故曰"无与为市"。

贲 贩马买牛，会值空虚。利得尠少，流连为忧。

离为牛，震为马；为商旅，故曰"贩买"。离为空虚。巽为利，巽伏，故利得鲜少。坎为忧，艮止，故曰"流连"。

剥 高楼陆处，以避风雨。深堂邃宇，君安其所。牝鸡之晨，为我利福，请求弗得。

此用恒象。伏坤为重，故为楼。巽为高，故曰"高楼"。坤为陆，故曰"陆处"。巽为风，兑为水，故亦为雨。巽为伏，故曰"以避风雨"。艮为堂宇，下乘坤，故曰"深邃"。震为君，艮为安，故曰"君安其所"。震为晨。巽为鸡，为利。艮为请求，坤虚，故弗得。

复 阿衡服箱，太乙载行。逃时历舍，所之吉昌。

《商颂》：实维阿衡。注：阿，倚；衡，平也。《天官书》：北斗，帝车运乎中央。《晋书·天文志》：北斗杓三星为玉衡。衡，平也，辕端横木也。坤为平，为方，为车箱，故曰"阿衡服箱"。《诗》：睆彼牵牛，不以服箱。《毛传》：服，牝服也。箱，大车之箱也。《疏》：牝服，长八尺，谓较也，今俗为平较。两较之内谓之箱。按，大车，牛车。两辕，今车两边之墙，古谓之较，两较之中即为箱。以其中虚，故名牝服。兹曰"阿衡服箱"，与太乙并称，则阿衡指玉衡，服箱指牵牛，言太乙居中，御斗牛以行也。震为君，故曰"太乙"。太乙即北辰，极尊象君。复，出入无疾，故所之吉昌。

无妄 飞来之福，入我嘉室，以安吾国。

乾为福，震为飞。巽为入。艮为室，为国。

大畜 不孝之患，子孙为残。老耄莫养，独坐室垣。

巽为孝，二至四巽覆，故曰"不孝"。伏坤为患。震为子，艮为孙；皆履乾上，而兑毁折，故曰"残"。乾为老，坤为养，坤伏，故莫养。艮为垣，为坐，为独。

颐　南过棘门，钩裂我冠。断衣伤襦，使君恨忧。

通大过。乾为南，为门；互大坎，故曰"棘门"。艮为冠，为钩；兑毁，故冠裂。乾为衣襦，巽下断，故断衣伤襦。乾为君，坤为恨忧。

大过　重弋射隼，不知所定。质疑蓍龟，孰可避之。明神答报，告以肌如，宜利止居。

以绳系矢而射，曰弋。正反巽，故曰"重弋"。伏艮为隼，震为射。正反震，故不能定射的在何所也。震为蓍，艮为龟，坤为疑。震言，故曰"质疑"。震为往，正反震，故曰"孰可避之"。震为神，艮为明；上艮为反震，故曰"答报"。艮为止，巽为肌。肌，虫名。《尔雅·释虫》：密肌、继英，皆虫名。注云：未详。兹曰"止居"，或密肌为蛰伏之虫，正巽象也。

坎　麟麂凤雏，安乐无忧。捕鱼河海，利逾徙居。

伏离为文，故曰"麟凤"。艮亦为兽，为鸟。艮少，故曰"麂"，曰"雏"。麂，鹿子也。坎为忧，震乐，故无忧。伏巽为鱼，为利。艮为捕，坎为河海，故曰"捕鱼河海"。艮为居，震行，故曰"徙居"。

离　新田宜粟，上农得谷。君子怀德，以干百禄。

离为新，伏艮为田。二岁为新田。巽为粟，为谷。中爻正反巽，故曰"宜粟"，曰"得谷"。伏艮为君子。为求，故曰"干"。震为百，为禄。

咸　簪短带长，幽思苦穷。瘠蠹小瘦，以病之瘰。

详《复之节》。

遁　争讼之门，不可与邻。出入有为，忧生我心。

乾为言，艮亦为言，兑为口；二至四兑反，与乾言相背，故曰"争讼"。义本《夬·九四》也。艮为门。伏震为出，巽为入。伏坤为忧，为心。

大壮　朽根枯株，不生肌肤。病在心腹，日以焦枯。

伏巽为木，为陨落，故曰"朽根枯株"。艮为肌肤，上卦艮覆，故肌肤不生。伏坤为心腹，为病。巽陨，故枯。按：壮者伤也，故林词如此，而象则用伏。

晋　雨师娶妇，黄岩季子。成礼既婚，相呼南去。润泽田里，年岁大喜。

此用恒伏象。兑为雨，坤为师，巽为归。卦六爻皆有应予，《易》所谓婚媾也，故曰"雨师娶妇"。震为黄，艮为岩，为季子，故曰"黄岩季子"。坤为礼，艮为成，震巽为夫妇，故曰"成礼既婚"。震为呼，为南。兑为润泽。坤为田里，为年岁。震为喜。言田里得雨泽，年岁丰熟而大喜也。元本旧注：《博物志》，太公为灌坛令，武王梦妇人当道夜哭，问之，曰，我是东海神女，嫁于西海神童……我行必有大风疾雨云云。按，此注于林词不甚合，恐别有故实，为今所不能考。

明夷　冬采薇兰，地冻坚难。利走室北，暮无所得。

坎为冬，震为薇兰。坤为地。坎为冻，为险难，为室，为北。震行，故曰"利走室北"。坤为暮，坤虚，故无得。

家人　昧之东域，误过虎邑。失我熊罴，饥无所食。

此用恒象。震为东，兑为昧。伏艮为虎，为邑，为熊。伏坤为失。为虚，故为饥。

睽　日暮闭目，随阳休息。箕子以之，乃受其福。举首多言，必为悔残。

离为日，为目。坎为闭，为暮，故曰"日暮闭目"。离为阳，兑向晦宴息，故曰"休息"。兑为口舌，故曰"箕"。坎为首，坎上下兑口，故曰"多言"。

蹇　蓼萧瀼瀼，君子龙光。鸣鸾雍雍，福禄来同。

蓼萧，《小雅》篇名，天子燕诸侯之诗。龙，宠也。为龙为光，和鸾雝雝，万福攸同，皆《诗》语。遇卦恒下巽为蓼萧。震为龙，为鸣鸾，为雍雍。乾为福禄。

解　鸟飞无翼，兔走折足。虽不会同，未得医工。

震为鸟，为兔，为翼，为足。坎折，巽寡发，故无翼。坎蹇，故折足。坎为医，巽为工；巽伏坎隐，故不得言，不得医，折足之患也。

损　五胜相贼，火得水息。精光消灭，绝不能续。

卦兑金克震木，震木克坤土；而兑又为水，艮又为火，故火得水而息灭也。元本注：五胜者，言五行相胜之义。伏巽为贼，卦五，故曰"五胜相贼"。艮为光，坤消兑绝。

益　东资齐鲁，得骓大马。便辟能言，巧贾善市。八邻并户，请火不与。人道闭塞，鬼守其宇。

震为东，巽为齐，伏兑为鲁。震为马，伏乾为赤，故曰"骓"。骓，赤色也。正反震，故曰"便辟能言"。巽为贾市。坤为户，卦数八，艮亦为户，数亦八，故曰"八邻并户"。并、屏同，并户即闭户也。艮为火，下乘坤水，故不得火。坤为道路，为闭塞。《孟子》：请火于邻，无弗与者。今八邻闭户不与，故曰"人道闭塞"。坤为鬼，艮为守，为宇，故曰"鬼守其宇"。

夬　争鸡失羊，亡其金囊，利不得长。陈蔡之患，赖楚以安。

遇卦互兑为羊，巽为鸡，而兑巽相反覆，故得鸡则失羊，得羊必失鸡，不可得兼也。坤为囊，坤伏，故亡。乾金巽利。震为陈，为蔡，为楚。伏坤为患。《史记·孔子世家》：陈蔡闻楚聘孔子，惧，发徒役围，孔子不得行，绝粮。于是使子贡至楚，楚昭王兴师迎孔子，然后得免。

姤 九登十陟，马跌不前。管子佐之，乃能上山。

通复。震数九，坤数十。震为登，为陟，为马。坤失，故曰"马跌不前"。震为竹，故曰"管子"。乾为山。言管子佐齐桓，乃能霸天下也。

萃 东邻愁苦，君乱天纪。日贪禄宠，必受其咎。

通大畜。震为东邻。坤为愁苦，为乱。乾为君，为天，为禄宠。义多未详，或指纣。

升 三狸捕鼠，遮遏前后。死于环城，不能脱走。

详《离之遁》。

困 狼虎争强，礼义不行。兼吞其国，齐鲁无王。

上兑为虎狼，正反兑。故曰"争强"。兑为吞，为鲁。巽齐震为王，震伏，故曰"齐鲁无王"。言秦并吞六国，致列国无主也。

井 五岳四渎，合润为德。行不失理，民赖恩福。

伏艮为山岳，巽卦数五，故曰"五岳"。坎为江河，巽后天数四，故曰"四渎"。坎为合，为润。为众，故曰"民"。伏震为恩福。

革 六月种黍，岁晚无雨。秋不宿酒，神失其所。先困后通，与福相从。

通蒙。坎为月，数六，震为黍，故曰"六月种黍"。坎为雨，为暮，坤为岁。坤虚，故无雨。兑为秋，坎为酒。宿，肃也。《仪礼》：宿尸。注：宿，与《曲礼》主人肃客之肃同。又《礼·祭统》：先期旬有一日，宫宰宿夫人。注：宿读为肃，戒也。兹云"秋不宿酒"，言无黍不能酿，至秋祭，不能先期戒备酒醴也。震为神，坤失，故曰"失所"。坎为困。震为通，为后，为从。震为福，正反震故曰"相从"。

鼎 骓牝龙身，日驭三千。南上苍梧，与福为婚。道里夷易，身安无患。

详《观之比》。

震 出入休居，安止无忧。上室之懽，虎为季残。

震出，伏巽为入。艮止，故曰"休居"，曰"安止"。艮为室，为虎，为季。

艮 南山昊天，刺政闵身。疾病无辜，背憎为仇。

详《谦之复》。

渐 苍耳东从，道顿跂踦。日辰不良，病为祟祸。

元本注：苍耳，马也。《遁之小过》曰"骑雅与苍"，盖即苍耳。坎为耳，伏震为东；为青，故曰"苍耳"。艮为道，坎塞，故曰"跂踦"。离为日，艮为时，故曰"日辰"。坎破，故不良。坎为病。

归妹 兄征东燕，弟伐辽西。大克胜还，封居河间。

震为东，为兄，兑为燕，故曰"兄征东燕"。兑为西，坎为弟，坎水，故曰"弟伐辽西"。坎为河。

丰 播轮折辐，马不得行。竖牛之谗，贼其父兄。布衣不伤，终身无患。

互大坎为轮辐，兑毁，故曰"播轮折辐"。震为马，坎陷，故马不行。离为牛，伏艮为竖，正反兑口，故曰"竖牛之谗"。震为兄，为父，坎为贼。

旅 驾之南海，晨夜不止。君子劳罢，仆夫憔苦。

通节。震为南，兑为海，震车，故曰"驾之南海"。震为晨，坎为夜。艮为君子，为仆夫。坎为劳罢，为苦。

巽 怨虮烧被，忿怒生祸。褊心作难，意如为乱。

巽为虫，故曰"虮"。震为被，离火，震伏不见，故曰"烧被"。兑为附决，为刚卤，故曰"怨"，曰"忿怒"。伏坎为心，坎陷，故曰"褊心"。意如，季平子名也。《左传·昭二十五年》：公伐季氏。褊心，谓昭公也。后公卒为季氏所逐，故曰"意如作乱"。

兑 张狂妄行，窃食盗粮。狗吠非主，啮伤我足。

通艮。互震为张狂，为行。坎为盗窃，震为粮，故曰"窃食盗粮"。艮为狗，兑为吠，震为主；震覆，故曰"非主"。兑为啮，震为足；兑毁，故伤足。

涣 警跸戒道，先驱除咎。王后亲桑，以率群功，安我祖宗。

首二句皆震象。艮为道，为王。巽为桑。艮为安，为祖。

节 门户乏食，困死谁告。对门不通，安所归急。积藏五谷，一花千叶，市贾有息。

艮为门户，坎为困。互震为虚，故乏食。艮败言，故困死谁告。二至五正反艮相对，故曰"对门"。艮止坎陷，故曰"不通"。不通则缓急难恃，故曰"安所归急"。震为归也。坎为积藏，卦数五，震为谷，故曰"积藏五谷"。震为勇，为华叶，为商贾。震生，故曰"息"。

中孚 破敝复完，危者得安。乡善无患，商人有息，利来入门。

兑为破敝，为毁折，故为危。艮成终，故复完而得安也。震为商人，巽为利入，艮为门。

小过 叠叠累累，如岐之室。一息十子，古公治邑。

艮为山，为室。震为生，为息，为子。兑数十，故曰"一息十子"。震为公，艮为邑。按《诗·大雅》云：古公亶父，陶复陶穴，未有家室。言古公初至岐未有家室，暂陶复陶穴而居。叠叠累累，穴居之状，故曰"如岐之室"。

既济　三妪治民，不胜其任。两马争车，败坏室家。

未济　蔽镜无光，不见文章。少女不市，弃于相望。

离　为镜，为光。坎为蔽，故无光，故不见文章。离为文也。

焦氏易林注卷九

☶ 乾上
艮下 遁之第三十三

三涂五岳,阳城太室。神明所保,独无兵革。

艮为径,纳丙,数三,故曰"三涂"。艮为山,互巽卦数五,故曰"五岳"。三涂、五岳、太室,皆山名。阳城,谷名。艮为谷也。乾为神明,为保佑。乾数无,故曰"独无兵革"。艮为刀兵,为肤革。

之乾 软弱无辅,不能自理。意在外野,心怀劳苦,虽忧不殆。

此用遇卦遁象。遁伏临,上坤为柔,故曰"软弱"。坤为野,为心,为忧苦。震往,故曰"意在外野"。坤为万物役,故曰"劳"。

坤 周成之降,刑措无凶。太宰赞佑,君子作仁。

此仍用遇卦象。遁伏临,震为周,坤为刑。震为主,故曰"太宰"。艮为君子,震为仁。

屯 穴有孤乌,坎生虾蟆。象去万里,不可得捕。

艮为穴,为黔啄,为乌。坎孤,故曰"穴有孤乌"。上坎,震为生,伏巽为虾蟆。艮为象,又为鼻。象鼻最大,故取之。坤为万里。艮手为捕,坤亡,故不可得捕。

蒙 俱为天门,云过吾西。伯氏嫉妒,与我无恩。

艮坤皆居戌亥,故曰"俱为天门"。坤为吾,坎为云,位西,故曰"云过吾西"。震为伯。坎为嫉妒,为恩泽。坤为我,坤虚,故无恩。

需 三首六目,政多烦惑。皋陶瘖聋,乱不可从。

乾首,离卦数三,故曰"三首"。离目,坎数六,故曰"六目"。通晋。坤为政,为多;离为烦,坎为惑,故政多烦惑。艮为皋,离火为陶,坎耳坤闭,故曰"皋陶瘖聋"。离为乱。震为从,震覆,故不可从。

讼 德积不轻,辞王钓耕。三媒不已,大福来成。

通明夷。坤为积,为重,故曰"不轻"。震为言,为王,为耕,故曰"辞王钓耕"。坎为合,为媒,震数三,故曰"三媒"。三媒,即三聘。乾为福,为大,故曰"大福"。用伊、吕事。

师 坚固相亲，日笃无患。六体不易，执以安全。雨师驾西，濡我毂轮。张伯李季，各坐关门。

坎为坚固。坤顺，故相亲。坤厚，故日笃。坎为患，震乐，故无患。坤为身体，坎数六，故曰"六体"。坤为安全。坎为雨师，位西，故曰"雨师驾西"。又为轮毂，为濡。震为伯，为张，为李。遁艮为季，为坐。坤为门，坤闭，故关门。

比 方内不行，辐摧轮伤。马楚蹑甚，受子闵时。

坤为方，为内。坎陷艮止，故不行。坎为轮辐，坎破，故摧伤。震为马，震倒足向上，故蹑。坤为受，艮为时，坎为闵。楚，不驯貌。受子，应为寿子。《桓十六年》：卫朔构急子。使于齐，将以盗杀诸莘。寿子闵其兄，乃自载其旌以行。

小畜 畜牝无驹，养鸡不雏。群羊三岁，不生两头。

五阳畜一阴，故曰"畜牝"。震为马，震伏，故无驹。兑为难，兑折，故不雏。兑羊，乾为岁；离卦数三，故曰"三岁"。二至上正覆两兑，故曰"群羊"。乾为头，兑卦数二，故曰"两头"。乾为生，巽陨落，故不生。

履 老耄罢极，无取中直。悬舆致仕，得归乡国。

通谦。坤老，坎为劳卦，故曰"疲极"。坎矫輮，故无取中直。艮手为取。坤为舆，在上，艮为手，故曰"悬舆"。艮为官，为清高，故曰"致仕"。坤为乡国，震为归。

泰 缩绪乱丝，手与为灾。越亩逐兔，断其裈襦。

巽为绳，为绪，为丝。巽倒，故曰"乱"、"缩"。伏艮为手，坤丧兑折，故曰"为灾"。坤为亩。震为兔，为越，为逐。坤震连体，故曰"越亩逐兔"。兑为决断。伏巽为裈，震为襦，皆裹衣也。

否 海老水干，鱼鳖萧索。藁落无润，独有沙石。

坤为海水，乾为老，故曰"海老水干"。巽为鱼，艮为鳖，坤敝，故萧索。巽为藁，风散故藁落。艮为沙石，故无润。

同人 入市求鹿，不见头足。终日至夜，竟无所得。

中爻巽为市，为入，故曰"入市"。旁通师。师震为鹿，坎为大首。震为足，坎伏，故不见头足。离为日，坎为夜，故曰"终日"。坤丧坎失，故无所得。

大有 筑门壅户，虎卧当道。惊我骅骝，不利出处。

乾为门户，乾实，故曰"筑"、"壅"。乾为道，兑虎在前，故曰"当道"。乾为马，故曰"骅骝"。乾在下，兑毁折，故不利出处。

谦 陶朱白圭，善贾息资。公子王孙，富贵不贫。

通履。乾为朱，离火为陶，故曰"陶朱"。乾为玉，为圭，巽白，故曰"白圭"。巽为商贾，为利，故能息资。本卦震为公子，为王。艮为孙，为贵。坤富，故不贫。

豫 王良善御，伯乐知马。周旋步骤，行中规矩。止息有节，延命寿考。

震为帝，为王，艮为贤良，故曰"王良"。震为乐，为伯，故曰"伯乐"。马、御亦震象也。震为周，为旋，为步骤，为行。坎为规，坤为矩。艮为止息，为节，为寿考。

随 尧问尹寿，圣德增益。使民不惧，安无怵惕。

震为帝，故曰"尧"。艮为寿。《新序》：尧学乎尹寿。震为言，故曰"问"。坎为圣，震为生，故曰"圣德增益"。坎为民，为怵惕。震乐艮安，故不惧。

蛊 昭公失常，季氏悖狂。逊齐处郓，丧其宠身。

互大离为昭。艮为常，在外故失常。坎为失也。事见前。艮为季，震为狂。巽齐坎陷，故曰"逊齐"，曰"处郓"。艮为邑，故曰"郓"。艮为身，兑折，故丧。

临 昏暮不行，候旦待明。复住止后，未得相从。

坤为昏暮，震为行，坤闭，故不行。伏艮止，故曰"候"，曰"待"。震为旦，为明，为复，为后。艮止故不从。《左传》云：不行之谓临。林义与《左氏》同。

观 安上宜官，一日九迁。升擢超等，牧养常山。

艮为官，为安，在上卦，故曰"安上宜官"。艮为日。伏乾，乾卦数一，又数九，艮官在上，故曰"一日九迁"。艮手为擢，巽为高，故曰"超等"。坤为牧养。艮山，故曰"常山"。

噬嗑 去恶就凶，东西多讼，行者无功。

离为恶人，坎为凶，震往，故去恶就凶。离东坎西。初至四两震言相对，故多讼。震为行，坎失，故无功。

贲 老马垂耳，不见百里。君子弗恃，商人莫取，无与为市。

震为马，坎疾，故老。坎为耳，在下，故曰"垂耳"。震为百，艮为里。坎隐，故不见。艮为君子，震为商人。艮手为取，坎失故莫取。巽为市，巽伏，故无与为市。言马老不能远行，皆不顾也。

剥 蜗螺生子，深目黑丑。似类其母，虽或相就，众人莫取。

艮为蜗螺。为观，为目，形长故曰"深目"。坤为黑，为丑，为母，为近，故曰"似类其母"。坤为众，艮手为取，以其丑故莫取。

复　百足俱行，相辅为强。三圣翼事，王室宠光。

百足，虫名。震为足，为百，为行，为强。坤为辅，重坤，故曰"相辅"。坤伏乾，乾为圣，震数三，故曰"三圣"。坤为事。震为翼，为王，为宠光。

无妄　容民畜众，履德有信。大人受福，童蒙忧惑，利无所得。

乾伏坤，坤为民，为众，艮止，故容民畜众。震为履。乾为德，为信，为大人，为福。艮为童蒙，伏坤为忧惑。巽为利，风散，故无得。

大畜　左跌右僵，前踬触桑。其指据石，伤其弟兄。老蚕不作，家无织帛。贵货贱身，留连久客。

中爻震为左，兑为右，兑毁折，故左跌右僵。乾为前，兑折，故前踬。震为桑，在前，故触桑。艮为指，为石。震为兄，艮为弟，兑折，故伤其弟兄。卦通萃。萃中爻巽为蚕，坤为老。兑毁，故不作茧。艮为家，坤为帛，巽为织。巽陨坎失，故无织。艮为贵，坤为财货，为身，为贱，故曰"贵货贱身"。艮为留连，震为客。

颐　昏人旦明，卖食老昌。国祚东表，号称太公。

坤为昏，震为人，为旦，艮为明，故曰"昏人旦明"。言人由贫贱而富贵，如人处昏夜而忽遇旦明也。震为食，为商旅，故曰"卖食"。坤老，震昌，故曰"老昌"。言姜尚始卖饭朝歌而受封也。坤为国，震为东。震言为号，为称。坤伏乾，乾为父，为太公。谯周云：吕望尝屠牛于朝歌，卖饭于孟津。

大过　敝笱在梁，鲂逸不禁。渔父劳苦，焦喉干口，虚空无有。

通颐。坤为敝震为笱，艮为梁，故曰"敝笱在梁"。坤为鱼，震为逸，故曰"鲂逸不禁"。坤聚为渔，伏乾为父。坤役，故劳苦。震为喉，为口，艮火，故焦喉。乾口坤虚，故无有。

坎　盛中后跌，衰老复掇。盈满减毁，疾羸肥腯。郑昭失国，重耳兴立。

坎中满，故曰"盛中"。坎陷，故跌。震为后，故后跌。坎疾病，故衰老。艮手为掇，坎破，故盈、毁。坎疾，故肥腯者羸。坎平，故曰"郑"。《释名》云：郑，町也，地多平町町然也。艮为昭，为国。坎失，故曰"郑昭失国"。习坎，故曰"重耳"。郑昭被弑在桓十七年，晋文入国在僖二十四年，事不相涉，此但取卦象耳。

离　折亡破瓮，使我贫困。与母生分，别离异门。

伏震为瓮，中爻兑毁，故曰"折"，曰"破"。离虚，故贫。坎陷，故困。坤为母，坤二五之乾成离，乾二五之坤成坎，坎中爻震，震生，故曰"与母生分"。言坎居坤中，使坤分析，所谓坎折坤也。坎中爻艮，艮为门，正覆两艮相反，故异门。亡，疑为缶之讹字。

咸　野有积庚，啬人驾取。不逢狼虎，暮归其宇。

通损。坤为野，为积，艮为庚。震为啬人，为驾，艮手为取。艮为虎狼，艮在外，故不逢。坤为暮，艮为宇，伏震为归。

恒　禈裸孩呱，冠带成家。出门如宾，父母何忧。

巽为禈裸，兑为孩，为呱。乾为冠，巽为带，伏艮为家。成家，言由孩提而成立也。乾为门，震出，震为宾客，故曰"出门如宾"。乾为父，伏坤为母，坎为忧。乾福震乐，故不忧。

大壮　陈力就列，官职并废。手不胜盆，失其宠门。

通观。震为陈力，为就列。《孟子》：陈力就列，不能者止。艮为官职，艮伏，故并废。艮为手，震为盆，坤弱，故不胜盆。乾为宠，为门，坤丧，故失。

晋　积雪大寒，万物不生。阴制庶士，时本冬贫。

坎为雪，为积，为寒。坤为万物，坤杀，故不生。坤为阴，为庶。艮为时，坎为冬，坤为贫。庶士二字，必有讹。

明夷　龙斗时门，失理伤贤。内畔生贼，自为心疾。

震为龙，为门，为时。坤为门故曰"龙斗时门"。坤为理，震为贤，坎为失，为伤，故曰"失理伤贤"。坤为内，离为畔乱。震为生。坎为贼，为心，为疾。

家人　犬畏猛虎，依人为辅。三夫执戟，伏不敢起，身安无咎。

此用遇卦遁象。艮为犬，乾为虎。伏震为人，兑为辅。震为夫，数三，故曰"三夫"。艮为执，为戟。震为起，巽伏，故不敢起。艮为身，为安。安故无咎。

睽　南山高冈，回隤难登。道路辽远，行者无功。忧不成凶，恶亦消去。

此仍用遁象。艮山，纳丙，故曰"南山"，曰"高冈"。巽进退不果，故曰"回隤难登"。艮为道路，乾为辽远，为行。巽陨，故无功。坤为忧，为恶。坤伏，故不凶，故消去。

蹇　逢时阳遂，富且尊贵。

艮为时，阳居五，故遂，故富且贵。艮为尊贵。

解　求我所欲，得其利福，终身不辱。盈盛之门，高屋先覆，君失邦国。

此仍用遁象。艮为求。互巽为利，乾为福，故曰"得其利福"。艮为终，为身。艮贵，故不辱。乾为盈盛，为门户。巽为高，艮为屋，巽为陨落，故曰"高屋先覆"。艮为邦国，乾为君，在外，故曰"君失邦国"。

损　安坐至暮，祸灾不到。利诘奸妖，罪人不赦。

艮为安坐，坤为暮，故曰"安坐至暮"。坤为祸灾，震解，故祸灾不到。三至上两震言相对，故利诘。坤为奸妖，为罪过。震为人。坤杀，故罪人弗赦。

益 胶车驾东，与雨相逢。五桼解堕，顿辀独坐，忧为身祸。

详《大过之蛊》。此用伏象恒。恒、蛊象多同，故词同。

夬 择日高飞，远至东齐。见孔圣师，使我和谐。

此用遁象。乾为日，艮为高。巽为齐。伏震为东，为孔。乾为圣。

姤 陈妫敬仲，兆兴齐姜。乃适营丘，八世大昌。

通复。震为陈，乾为敬。坤拆为兆，巽为齐姜，故曰"兆兴齐姜"。震为丘陵。巽数八，故曰"八世大昌"。震为昌也。事详《屯之噬嗑》。

萃 缺垺无埻，难从东西。毁破我盆，泛弃酒食。

垺，短垣也。《尔雅》：山上有水，埒。卦下坤为水，艮为垺，而兑上缺，故曰"缺垺"。坤为埻，兑毁，故无埻。兑为西，震为东，为从。震覆，故难从。震为盆，震覆兑毁，故破我盆。兑为酒食，在外，中爻艮手，故曰"泛弃酒食"。

升 中夜犬吠，盗在庐外。神光佐助，消散归去。

通无妄。坤为夜，艮为犬，震为吠。巽为盗，艮为庐，巽在艮上，故曰"盗在庐外"。震为神光，兑为辅，故曰"神光佐助"。巽风为散，震为归去。

困 雷车不藏，隐隐西行。霖雨三旬，流为河江，使我忧凶。

通贲。震为雷，为车。坎伏震出，故不藏。坎隐兑西，故曰"隐隐西行"。坎为雨，互大坎，下坎，故曰"霖雨"。中爻震数三，故曰"三旬"。坎水，故曰"流为河江"。坎为忧凶。

井 老河空虚，旧井无鱼。利得不饶，避患东邻。祸来入门，使我悔存。

坎为河，为旧，故曰"老河"。离为空虚。兑为井，故曰"旧井"。巽为鱼，坎失，故无鱼。巽为利，坎瘠，故不饶。坎为患，坎隐，故避患。离为东邻，为祸。伏艮为门，巽入，故曰"祸来入门"。坎为悔。

革 福德之士，欢悦日喜。夷吾相国，三归为臣，贵流子孙。

通蒙。震为福德，为士，为欢喜。坤为夷，为吾，为国。兑为辅相。震数三，震反为归，坤为臣，故曰"三归为臣"。艮为贵，为孙，震为人，震为子，坤为水，故曰"贵流子孙"。

鼎 清人高子，久屯外野。逍遥不归，思我慈母。

通屯。艮为清高，震为人，为子，故曰"清人高子"。艮止为久，为屯，坤为野。震为逍遥，为归。坤迷，故不归。坎为思，坤为我，为慈母也。

震 骢骊黑鬓，东归高乡。白虎推轮，苍龙把衡。朱雀导引，灵鸟载游。远扣天门，入见真君，马全人安。

震马，故曰"骢骊"。坎黑，对象巽，巽发，故曰"黑鬓"。震为东，为归。艮为高乡，为虎。震白坎轮，艮手为推，故曰"白虎推轮"。震为龙，色青，故曰"苍龙"。坎为衡。互大离为朱雀，为灵鸟。震往为导引，为游。艮为天门，艮手为扣。震为帝，故为真君。为马，为人，艮为安全。

艮 路多枳棘，前刺我足。不利旅客，为心作毒。

艮为路，坎为棘。中爻震为足，坎棘，故刺足。震为旅客。坎为毒，为心。

渐 端坐生患，忧来入门，使我不安。

艮为端坐，坎为患，故曰"端坐生患"。坎为忧，艮为门，巽入，故曰"忧来入门"。艮为安，坎险，故不安。

归妹 小陬之市，利不足喜。二世积仁，蒙其祖先。匪躬之言，狂悖为患。

通渐。巽为市，坎狭，故曰"小陬之市"。陬，隅也。巽为利，坎忧，故不喜。本卦兑卦数二，震仁坎积，故曰"二世积仁"。艮为祖，坎为蒙，故曰"蒙其祖先"。坤为躬。本卦震为言，为狂。坎为悖，为患。

丰 登高望时，见乐无忧。求利南国，与宝相得。

巽为高，震为时，为登，离为目，为望，故曰"登高望时"。坎为忧，震乐，故无忧。巽为利。伏艮为求，为国。离南，故曰"南国"。震为玉，为宝，坎为得也。

旅 跛足息肩，有所忌难。金城铁郭，以铜为关。藩屏自卫，安土无患。

通节。震为足，坎塞，故跛足。艮为肩，艮止，故息肩。坎为忌难。艮为金铁，为城郭，为关，为藩屏。震为卫，故曰"藩屏自卫"。艮为安，坤为土。坎为患，震出故无患。

巽 江有沱汜，思附君子。仲氏爱归，不我肯顾，姪娣悔恨。

通震。中爻坎为江，为沱汜，为思。艮为君子，故曰"思附君子"。坎为仲，震反为归。女嫁曰归，爱归者，言仲氏已嫁也。艮为顾，坎蔽，故不顾。兑为姪娣，坎为悔恨。

兑 芽蘖生达，阳倡于外。左手执籥公言锡爵。

通艮。中爻震为芽蘖，为生。艮上下卦皆阳居上，故曰"阳倡于外"。震为左，为钥，艮手为执，故曰"左手执籥"。震为言，为爵。为诸侯，故曰"公"。二语皆《诗》辞。

涣 云梦苑囿，万物蕃炽。犀象玳瑁，荆人以富。

坎水为云梦，艮为苑囿。震为万物，为蕃炽。艮为犀象，为玳瑁。震为荆，为人，为富。

节 渠戎万里，昼夜愁苦。橐甲戎服，虽荷不贼。鹰鹯之殃，害不能伤。

坎为戎，为沟渎，故曰"渠戎"。《后汉书》：义渠戎在泾北。震为万里。伏离为画，坎为夜。坎忧，故愁苦。艮为甲，坎隐，故橐甲。坎为戎，震为服，故曰"橐甲戎服"。艮为负荷。坎为贼，在外，故不贼。艮为鹰鹯，坎为殃害。震解，故不伤。

中孚 镃基逢时，稷契皋陶。贞良得愿，微子解囚。市恐无虎，谩言妄语。

镃基，锄也。震为镃基，艮为时。震为稷。为竹，故为契。艮为皋。为火，故为陶。故曰"稷契皋陶"。艮为贞良。为小，震为子，故曰"微子"。艮为拘，故为囚。震出，故解囚。巽为市，艮为虎，风散故无虎。中爻正反两震言相背，故曰"谩言妄语"。

小过 骑骓与苍，南贾太行。逢驳猛虎，为所吞殇，葬于渭阳。

震为马，东方色青，故骑骓与苍。骓、苍，青色马也。震为商贾，为南。艮山，故曰"太行"。艮为驳，为猛虎。兑口为吞折，为殇。坎为葬，为渭。渭浊坎黑，故象之水。北为阳，坎北故曰"渭阳"。凡《易林》用字取象之精，皆如此。

既济 出门东行，日利辰良。步骑与驷，经历宗邦。暮宿北燕，与乐相逢。

此用遁象。伏震为出，为东行，坤为门，故曰"出门东行"。乾为日，巽为利，艮时，故曰"日利辰良"。伏震为骑，为驷，为宗。坤为邦，乾坤相间隔，故曰"经历宗邦"。坤为暮，为宿，为北，兑为燕。震为乐。

未济 酒为欢伯，除忧来乐。福善入门，与君相索，使我有得。

兼用半象。坎为酒，震为欢，为伯。坎为忧，震出，故除忧。震福艮善，巽入艮门，故曰"福善入门"。震为君，艮为求索。离正反艮相对，故相索。坤我，坎得。

䷡ 震上／乾下 大壮之第三十四

左有噬熊，右有啮虎。前触铁矛，后踬强弩，无可抵者。

震为左，兑为右，伏艮为熊虎。兑口，故曰"左有噬熊，右有啮虎"。乾为前，为铁。震为后，兑折，故后踬。伏艮为刀兵，故曰"矛"，曰"弩"。抵，御也。艮为御，艮伏，故无可御者。

之乾 金齿铁牙，寿考宜家。年岁有储，贪利者得，离其咎忧。

大壮中爻兑，兑为齿牙，乾为金铁，故曰"金齿铁牙"。伏艮为寿考，为家。乾为年岁，为富，故有储，故利得。乾为吉庆，故离咎忧。

坤 家给人足，颂声并作。四夷宾服，干戈橐阁。

大壮震为人，伏艮为家，坤富，故家给人足。震言为颂，为声。坤阴为夷顺，为服。震卦数四，为宾客，故曰"四夷宾服"。艮为干戈，艮伏，故曰"干戈囊阁"。坤为囊也。

屯　狝猴冠带，盗载非位。众犬嘈吠，狂走蹶足。

震为狝猴，艮为冠，伏巽为带。坎为盗，震车为载，艮为位。古君子方许乘车。今载以盗，故曰"非位"。艮为犬，坤众震鸣，故曰"众犬嘈吠"。震为足，为走，坎塞，故蹶足也。

蒙　心患其身，不念安存。忠臣孝子，为国除患。

坎为心，为患，为念。坤为身，为安。言身之所以安存，由心时时虑患也。坤为臣，坎为忠，故曰"忠臣"。震为子，坤顺，故曰"孝子"。坤为国，坎为患。震解，故除患。

需　君不明德，臣乱为惑。丞相命马，胡亥失所。

乾为君，为德，坎隐故不明。乾伏坤，坤为臣，为乱，为惑，故曰"臣乱为惑"。兑为辅相，兑口为命，乾为马。伏坤为胡，乾居亥，故曰"胡亥"。坎为失。谓赵高命鹿为马，而弑胡亥。胡亥，秦二世名。乾为君，居亥。胡亥亦国君。用字取象，神妙如此。

讼　东行西穷，南北无功。张伯卖鹿，从者失羊。

通明夷。震为东，为行。坎为西，坎陷，故穷。离南坎北。坤丧，故无功。震为伯，为鹿。震为商贾，故卖鹿。震为从，为羊。本《大壮·上六》也。坤为失。

师　鹿下西山，欲归其群。逢羿锋箭，死于矢端。

震为鹿，为陵。坎西，故曰"西山"。坤为群。"群"者，五阴也。震为归。坤为恶，故曰"羿"。坎为箭，为矢，为锋。锋矢，末也。坤为死，在坎上，故死于矢端。

比　明夷兆初，三日为灾。以谗复归，名曰竖牛。剥乱叔孙，馁卒虚丘。

坎黑坤晦，故曰"明夷"。坤为兆。《左传·昭五年》：初，穆子生穆庄叔，筮之，通明夷之谦。初爻动，故曰"明夷兆初"。坎为灾，艮为日，数三，故曰"三日为灾"。坎上下两兑口相背，故曰"谗"。大壮震为归，故曰"以谗复归"。艮为名，为竖，为牛。坤为乱，艮为剥，为叔孙，故曰"剥乱叔孙"。坤为馁，为卒，为虚，艮为丘。言鲁叔孙穆子为竖牛所乱，三日不得食而饥死也。与《剥之比》参看。

小畜　秦失嘉居，河伯为怪。还其衔璧，神怒不祐。织组无文，烧香不芬。

通豫。兑西，故曰"秦"。艮为居，震为嘉，坎失，故失嘉居。震为伯，坎为河，为怪，故曰"河伯为怪"。震为璧，为衔，为还，为神，为怒。按《秦纪》：使者从关东夜遇华阴，有人持璧遮使者，曰，为吾遗滈池君，今年祖龙死。因置其璧去，忽不见。始皇视之，乃二十八年过江所沉璧也。未几，始皇果死。故曰"还璧"，曰"不祐"。坤为文，为帛。坎为伏，故织组无文。本卦巽为香，为芬，互离为烧。风散，故不芬。

履 至德之君，祸不过邻。使我世存，身无患灾。

乾为德，为君。离东为邻，离乱兑毁，故曰"祸不过邻"。言不及乾也。通谦。坤为我，为身，为世。坎为灾患，震解，故无灾患。

泰 众恶之堂，相聚为殃。幽毒良人，使道不通。

坤为众，为恶，伏艮为堂，故曰"众恶之堂"。坤为聚，为殃，为幽毒。震为人，乾为善，故曰"良人"。乾在下，故曰"幽毒良人"。乾为道，坤闭，故道不通。

否 三痴六狂，欲之平乡。迷惑失道，不知昏明。

通泰。坤为痴，震数三，故曰"三痴"。震为狂，乾数六，故曰"六狂"。震为之。坤为平乡，为迷惑。乾为道。迷惑故失道。坤为昏，震且为明。

同人 老弱无子，不能自理。郭氏虽忧，终不离咎。管子治国，侯伯来服。乘舆八百，尊祀祖德。

通师。乾老坤弱，震子坤丧，故无子。坤为自，为理，柔弱故不能自理。坤为郭，坎为忧咎。郭为齐灭，故曰"终不离咎"。震为竹，为管子。坤为国。震为侯伯，坤顺为服。坤为乘舆，卦数八，故曰"乘舆八百"。乾为祖，为德，为尊。坎为祀也。

大有 褒后生蛇，经老日微。退跌衰耄，酒灭黄离。

通比。坤为后。昔周人发龙漦，化为玄鼋，后宫童女遭之而孕，生褒姒。玄鼋，蜥蜴也。亦非蛇，且卦无蛇象。而各本皆作蛇，无如何也。坤帛为经。坎为跌，乾为衰老。坎为酒，离为黄。于卦象虽偶合，而语皆难解，疑讹字仍多。

谦 骢骝黑騺，东归高乡。白虎推轮，苍龙把衡。遂至夷伤，不离咎殃。

解详《遁之震》。

豫 信谲龙且，塞水上流。半渡决囊，楚师覆亡。

坎为信。正反两震言相背，故曰"谲"。震为龙，故曰"信谲龙且"。艮为防，为塞。卦本坤体，亦为水，阳在坤上，故曰"塞水上流"。坤为囊，艮手为决。震为渡，阳居中，故曰"半渡"。震木为楚，坤为师。坤丧，故覆亡。《史记》：韩信与项羽将龙且战于潍水，令万余人囊沙壅水上流，引军半渡，击之佯不胜走还。龙且追信。信令人决壅，水大至，且军大半不得渡。信急击杀龙且。

随 有莘季女，为王妃后。贵夫寿子，母字四海。

莘，草也，震象。兑为季女。大禹母，有莘氏也。震为王，兑为妃，故曰"为王妃后"。震夫艮贵，故曰"贵夫"。艮寿辰子，故曰"寿子"。兑泽，故曰"海"。震卦数四，故曰"四海"。巽为母。

蛊 德被八表，蛮夷率服。螫贼不作，道无苛愿。

震为德，艮为表，数八，故曰"德被八表"。互大坎为蛮夷。巽顺，故曰"率服"。巽为螫贼，为苛慝。艮为道，艮在上，故无苛慝。

临 载日精光，骖驾六龙。禄命彻天，封为燕王。

伏乾为日，为精光，坤为载。乾为龙，数六，乾行，故曰"骖驾六龙"。乾为天，为禄，伏巽为命，故曰"禄命彻天"。震为王，兑为燕，故曰"燕王"。巽为诰命，故曰"封"。

观 缨急缩颈，行不得前。五石示象，襄霸不成。

巽为绳，为缨。巽躁故急，巽退故缩。艮为颈。言缨急项不得伸也。震为行，震覆，故行不得前。乾为前也。艮为石，巽卦数五，故曰"五石"。艮为象，故曰"五石示象"。伏乾为君，故曰"襄"。震为霸，震覆，故曰"襄霸不成"。《左传·僖十四年》：陨石于宋五。后宋襄图霸不成而死，以陨石为不祥。石，星石也。

噬嗑 蛇失其公，戴麻当丧。哀悲哭泣，送死离乡。

通井。巽为蛇，震为公，坎失，故曰"蛇失其公"。巽为麻，艮为戴，兑折为丧，故曰"戴麻当丧"。卦正反兑口，故曰"哀悲哭泣"。坎为死，艮为乡。

贲 同隙不安，兵革为患。掠我妻子，客屡饥寒。

中爻震为马。同隙，病也。《诗》，我马虺隤，是也。艮为兵革，坎为患。艮手为掠，离妻震子，故曰"掠我妻子"。震客，离饥，坎寒。虺隤，《说文》又作痕颓。盖传写异文，不得以与《诗》异，即定同为讹字。

剥 乘风驾雨，与飞鸟俱。一举千里，见吾爱母。

坤为风，伏兑为雨。艮为鸟，为飞。乾卦数一，艮为举，坤为里，故曰"一举千里"。坤为吾，为母，伏兑为见。

复 雷霆所击，诛者五逆。剿灭无迹，有惧方息。

震为雷霆，艮手为击。坤杀，故曰"诛"。乾顺行，坤逆行，五阴，故曰"五逆"。坤死，故剿灭。坤虚，故无迹。乾为惕，为惧。"息"者，生也。言乾阳从此渐息也。

无妄 张氏揖酒，请谒左右。平叔枯槁，独不蒙所。

震为张，艮手为揖，伏兑为酒，故曰"张氏揖酒"。艮为求，为请谒，震左兑右，故请谒左右。伏坤为平，艮为叔，离为枯槁。离虚，故独不蒙所。《关西方言》：致力于一事为所。《书·无逸》，君子所其无逸；《召诰》，王敬作所，是也。言独不致意于平叔也。按，《史记·陈丞相世家》：富人张负，独伟视平，归谓其子仲曰，人固有美好如陈平而长贫贱者乎？乃以其孙女嫁之，并假以币，为内妇酒食之资。林用其事。三、四句言平叔不能久枯槁也。

大畜　坐争立讼，纷纷匈匈。卒成祸乱，灾及家公。

艮为坐，震为立。三至上正反两震言相对，故有争讼之象，而纷纷匈匈也。离为祸乱，为灾。艮为家，乾父为公。

颐　霜降门户，蛰虫隐处。不见日月，与死为伍。

坤为门户，为闭，为霜，故曰"霜降闭户"。通大过。巽伏为蛰，为隐处，为虫。艮为日，兑为月，巽伏，故不见。坤为死也。

大过　鼠聚生怪，为我患悔。道绝不通，商旅失意。

通颐。艮为鼠，震为生。坤为聚，为鬼怪，为患悔。坤为我。艮震皆为道路，坤闭，故不通。震为商旅，坤丧，故失意。《汉书·五行志》：昭帝元凤元年，燕有黄鼠衔其尾，舞王宫端门中，未几，燕王诛死。

坎　寒暑不当，轨度失常。一前一后，年岁鲜有。

坎有寒，伏离为暑。震为道，故曰"轨度"。艮为常，坎失，故"失常"。艮为前。震为后，为年岁。离虚坎病，故年岁鲜有。

离　筑室水上，危于一齿。丑寅不徙，辰卯有咎。

通坎。中爻艮为室，为筑，下坎，故曰"筑室水上"。坎为危险，后天坎数一，故曰"危于一齿"。齿字恐讹，未详其义。先天震居丑寅，后天艮居丑寅，故曰"不徙"。坎中爻也。先天兑居辰巳，后天巽居辰巳。离中爻也。泽风成大过，大过死，故曰"有咎"。

咸　畜鸡养狗，长息有储。耕田得黍，主母喜舞。

巽为鸡，艮为狗。旁通损，震为长，为息。艮止，故有储。坤为田，震为耕，为黍，故耕田得黍。震为主，为喜，为舞，坤为母，故曰"主母喜舞"。

恒　东壁余光，数暗不明。主母嫉妒，乱我业事。

震为东。伏艮为壁，为明，故曰"余光"。兑昧，故暗而不明。震为主，伏坤为母，为嫉妒。坤为事业，为我，为乱。

遁　刚柔相伤，火烂销金。雕鹰制兔，伐楚有功。

通临。遁阴消阳，临阳消阴，故曰"刚柔相伤"。乾金，艮为火，阴在下消阳，故曰"火烂销金"。艮为黔喙，为雕鹰。震为兔，为楚，为伐。震乐，故伐楚有功。

晋　郑国谗多，数被楚忧。征夫愁苦，民困无聊。

坤为国，为平，故曰"郑国"。郑，町也，地多平，町町然也。离上下两兑口相背，故曰"谗多"。大壮震木为楚，坎为忧。震为征夫，坎为愁苦。坤为民，坎困，故无聊。

明夷 弓矢斯张，把弹弦折。丸发不至，道遇害患。

坎为弓，为矢，震为张。坎为弹，为弦，为折，故曰"把弹弦折"。坎为丸，坎陷，故不至。震为道，坎为患害。

家人 举觞饮酒，未得至口。侧弃醉酗，拔剑斫怒，武侯作悔。

通解。坎为酒，为饮。震为觞，为举，为口。震伏，故未得至口。艮为弁，艮覆，故曰"侧弁"。离为恶人，故醉酗。坎为匕，为剑，震为拔，为怒，为斫，故曰"拔剑斫怒"。震为武，坎为悔，故曰"武侯作悔"。按《小雅》：宾之初筵，宾既醉止，载号载呶。又曰：侧弁之俄，屡舞傞傞。乃卫武公饮酒悔过之诗，故曰"武公作悔"。

睽 苍鹰群行，相得旅前。王孙申公，惊夺我雄。北天门开，神火飞灾。如不敬信，事入尘埃。

此用遇卦象。伏艮为鹰，震色青，故曰"苍"。伏坤为群。震为行，为旅。"旅"者，侣也。言结为伴旅而前行也。震为王公，艮为孙，为明故为申，故曰"王孙申公"。震为惊，艮手为夺，震为武，为雄。伏坤为北，艮为天门，震为开，故曰"北天门开"。震为神，艮为火，为灾，为飞，故曰"神火飞灾"。乾为信，坤为疑。艮为尘埃。

蹇 穿屋相宜，利倍我北。循邪诡道，逃不可得。南北望邑，遂归入室。

艮屋，坎为穿，故曰"穿屋"。坎为北，巽利坤我，故曰"利倍我北"。坎为邪艮为道。震往为逃，震覆，故不得逃。离南坎北，离目为望，艮为邑，故曰"南北望邑"。坎为室，故曰"入室"。

解 寿如松乔，与日月俱。常安康乐，不罹祸忧。

此用大壮象。伏艮为寿，为松乔。赤松子、王乔皆古仙人名。艮日兑月。艮为常，为安。震为康乐，在外故不忧。

损 出门望东，伯仲不来。疾病为患，使母忧叹。

艮门震出。震东，艮为观，故曰"望东"。震为伯，艮止，故不来。坤为疾病，为患，为忧，为母。震为叹也。

益 太姒之孙，周文九子。咸遂受成，宠贵富有。

坤为母后，故曰"太姒"。艮为孙。"太姒"者，文王之妃。《诗》，太姒嗣徽音，是也。《春秋传》曰：武王同母弟八人。是并武王为九子也。震为周，坤为文。震为子，数九，故曰"九子"。艮为成，坤为受。艮为宠贵，坤为富有。言太姒教诲诸子，成武王、周公之德而富贵。

夬 桃李花实，累累日息。长大成熟，甘美可食，为我利福。

兑为反巽，巽木，故曰"桃李"。兑为华。大过九五，枯杨生华是也。乾为木果，故曰"实"。重乾,故累累日息。乾为日,为长大,为美好。兑为食,乾为福。伏坤为成熟,为我,为利。

姤 昏礼不明,男女失常。行露反言,出争我讼。

通复。坤为昏,为礼,故曰"昏礼不明"。乾男坤女,姤坤消乾,复乾消坤,故男女失常。震为行,坤为水,为露,《诗》,厌浥行露是也。震为言,为反,故曰"反言"。又,乾为言,巽为覆兑,兑言与上乾言相背,故曰"争讼"。《行露》诗:何以速我讼。用其事也。

萃 室穿敝漏,破桴残缺。阴弗能完,瓦碎不全。

艮为室,兑毁,故穿。巽为敝漏,故曰"室穿敝漏"。伏震为桴,兑毁折,故曰"破桴",曰"残缺"。坤为阴,兑折,故弗完,故瓦碎不全。艮为瓦也。

升 数穷廓落,困于历室。往登玉堂,与尧侑食。

中爻兑数十,坤纳癸,亦数十,故曰"数穷"。坤虚,故廓落。伏艮为室,为时,故曰"历室"。震为往,为登,为王伏艮为堂,故往登玉堂。震为帝,故曰"尧"。兑为食,震为侑,故曰"与尧侑食"。

困 道湿为坑,轮陷踬僵。南国作讳,使我多畏。

伏震为道,下坎,故道湿,故为坑。坎为轮,为陷,为踬,为僵。离为南,伏艮为国,坎为讳。讳,避也。言南国禁忌多也。坎为畏,困正互两坎,故多畏。

井 鳏寡孤独,福禄苦薄。入室无妻,武子哀悲。

通噬嗑。艮为鳏,巽为寡,坎为孤独。震为福禄,坎为薄,故曰"福禄苦薄"。坎为室,巽入。离为坎妻,坎失,故入室无妻。震为武人。井正覆皆兑口,故曰"悲哀"。《左传·襄二十五年》:崔杼取棠姜,筮得入其宫不见其妻凶,《困·三》繇词。林用其事。

革 举袂覆目,不见日月。衣衾杖机,就其夜室。

通蒙。震为袂,为举,艮为目,《士丧礼》:幎目,用缁,方尺二寸。注:覆目者也。坎隐,故覆目,故不见日月。艮日坎月也。坤为衣衾,震木为杖,艮为几,故曰"衣衾几杖"。坎为夜室,古以坎有棺椁象。就夜室者,言死也。首句似用吴王夫差幎目而死事。

鼎 长尾踆踆,画地为河,深不可涉。绝无以北,悒然愤息。

通屯。艮为尾,巽为长,下互坤形长,故曰"长尾"。踆踆,当为委佗。《诗》,委委佗佗是也。所以形容长尾。坤为地,为河,艮手为画。上坎水,下坤水,故深不可涉。坎为北,兑折,故绝无以北。坎为悒,为愤,为太息。

震 晨风文翰,大举就温。昧过我邑,羿无所得。

震旦为晨,伏巽为风,伏离为文,震为羽翰,故曰"晨风文翰"。《诗》:郁彼晨风。

传：晨风，鹯也。《周书·王会篇》：蜀人以文翰。文翰若皋鸡。艮为鸟，亦艮象也。震举离温。艮为邑，为我，坎为昧，故曰"昧过我邑"。言夜过也。离为恶人，故曰"羿"。离虚，故无所得。羿，后羿，善射，篡夏后氏者也。

艮 出入节时，南北无忧。行者亟至，在外来归。

中爻震出坎入，艮为时，为节。震为南，坎为北，为忧。震乐，故无忧。震为行，为亟。震反，故来归。

渐 阳氏狂惑，季孙乱愦。陪臣执政，平子拘折，我心不快。

互离为阳，伏震为狂。谓阳虎也。坎为惑。艮为季，为孙，离乱坎愦，故曰"季氏乱愦"。谓平子也。艮为臣仆，艮手为执，巽为政令，故曰"陪臣执政"。坎为平，震为子，坎为拘折。方平子被囚也。坎为心，为忧，艮为我，故曰"我心不快"。按《左传》：阳虎为季氏陪臣，专政作乱。囚季平子，欲杀之，遇救免。

归妹 五乌六鸥，相对蹲跂。礼让不兴，虞芮争讼。

伏艮为乌，为鸥，坎数五，又卦数六，故曰"五乌六鸥"。震为立，故曰"蹲跂"。震决躁，兑附决，故礼让不兴。坎为忧虞，震为草莽，故曰"虞芮"。卦上震下兑，而震言与兑言相背，故曰"争讼"。昔虞、芮二国争田不决，欲讼于西伯，及入周界，耕皆让畔，乃惭而还。首句义未详。八乌，星名。

丰 顾念所生，隔在东平。遭离满沸，河川决溃。幸得无恙，复归相室。

离目为顾，伏坎为念，震为生。坎为隔，震东坎平，故曰"东平"。互大坎为满沸，为河川，为溃决，为病恙。震出，故得无恙。坎为室，震为归。

旅 追猎东走，兔逃我后。吾锐不利，独空无有。

通节。震为追猎，为东走，为兔，为后。坎为棘，故为锐。巽为利，坎塞，故不利。离虚，故空无有。坎为独也。

巽 犬吠非主，上下胶扰。敌人袭战，闵王逃走。

伏艮为犬。震为鸣，为吠，为主。震伏，故曰"非主"。艮为上，震为下。坎为膏，为胶，离乱，故曰"上下胶扰"。震为人，为战。三至上正反震艮相对，故曰"敌人袭战"。坎为闵，震为王，为走，故曰"闵王逃走"。《战国策》，乐毅伐齐，至济西，闵王走莒是也。

兑 嵩高岱宗，峻直且神。触石肤寸，千里蒙恩。

通艮。艮为山，互坎为中，故曰"嵩高"。互震为东，故曰"岱宗"。艮为高峻。震为神，为触。艮为石，为肤，故曰"触石肤寸"。震为千里，坎为恩泽，故曰"千里蒙恩"。《公羊传》：触石而出，肤寸而合，不崇朝而雨遍天下者，惟泰山之云耳。注：侧手为扶，覆手为寸。肤、寸皆艮象。

涣 陈鱼观社，佷荒逾距。为民开绪，亡其祖考。

巽为鱼，震为陈，艮为社，为观。《春秋·隐公五年》：公如棠，陈鱼而观之。又，庄公二十三年，公如齐观社，非礼也。故曰"佷荒逾矩"，言荒淫逾越规矩也。坎为曲，为矩，为民。巽为绪。艮为寿，故曰"祖考"。坎失，故亡其祖考。佷音恒，有骄、痴二义。《后汉·蔡邕传》：董卓自佷用是也。

节 四壁无户，三步一止。东西南北，利不可得。

艮为壁，震卦数四，故曰"西壁"。坤为户，坎塞坤，故无户。震为步，数三，故曰"三步"。艮止，坎数一，故曰"一止"。震东兑西，震南坎北。巽为利，巽覆，故利不可得。

中孚 求君衣裳，情不可当。触讳西行，为伯生殃。君之上欢，得其安存。

震为君，艮为求。震为衣裳，为健，故不可当。震为触，为行，巽伏故曰"讳"。讳，避也。兑为西，故曰"触讳西行"。震为伯，为生，兑折故生殃。震为君，为欢。艮为安。《春秋》：蔡昭侯如楚，有善裘，子常欲之，弗与，留楚三年。后蔡人闻之，固请献之，遂得归。

小过 春鸿飞东，以马贸金，利可得深。

震为春，为鸿，为飞，为东，为马。巽为商旅，故曰"贸"。艮为金，故曰"贸金"。坎为深也。巽为利。利可得深，言得利多也。

既济 禾生虫蠹，还自克贼，使我无得。

此用遇卦象。震为禾，为生。巽为虫，为贼。伏坤为我，坤虚，故无得。

未济 桀乱无道，民散不聚。背室弃家，遁逃出走。

离为恶人，故曰"桀"。离为乱，震为道，坎隐故无道。坤为民，为聚，三爻间隔，故民散不聚。坎为室，艮为背，故曰"背室"。艮为家，坎失，故曰"弃家"。坎伏为遁，震走为逃也。凡震、艮皆用半象。

☲ 离上
☷ 坤下 **晋之第三十五**

销锋铸耟，休牛放马。甲兵解散，夫妇相保。

坎为锋、耟，离火为销，为铸。离牛坎马，艮止，故休、放。离为甲兵，坎水克火，故解散。坎夫离妇，坤聚艮安，故相保。

之乾 一衣三冠，冠无所绊。元服不成，为身灾患。

乾为衣，卦数一，故曰"一衣"。晋艮为冠，数三，故曰"三冠"。艮下坤，坤坼，故曰"冠无所绊"，曰"元服不成"。坤为身，为灾患。

坤 百足俱行，相辅为强。三圣翼事，王室宠光。

详《屯之履》、《比之无妄》。履用伏象谦，与无妄皆以震为足。此则以坤形象百足虫。坤为百也。

屯 鱼蛇之怪，大人忧惧。梁君好城，失其安居。

坤为鱼，为蛇，坎为怪。震为大人，坎为忧惧。震为君，震木为梁，故曰"梁君"。艮为城，正覆艮，故曰"好城"。艮为安居，坎失，故曰"失其安居"。元本注:《春秋》，梁君好城而弗处，卒亡其国。

蒙 少无强辅，长不见母。劳心远思，自伤忧苦。

艮为少，兑为辅，为刚。兑伏，故无。震为长，坤为母。坎隐，故不见。坎为劳，为心，为思，为忧苦。

需 前不湑暑，解不可取。离门二里，败我利市。老牛病马，去之何悔。

乾为前，为行。离为暑，与坎连，故曰"湑暑"。解、懈同。《诗·大雅》:不解于位。注:急惰也。坎劳，故曰"解不可取"。乾为门，兑卦数二，故曰"离门二里"。巽为利市，二至四巽覆，故败我利市。离为牛，乾老，故曰"老牛"。乾为马，坎病，故曰"病马"。坎为悔，在外，故去之无悔。

讼 君明有德，登天大禄。布政施惠，以成恩福。中子南游，翱翔未复。

乾为君，为德，离火为明。乾为天，为大禄。巽为政命，巽风为布施。乾为恩福。坎为中男，乾为南，为行，故曰"中子南游"。离为飞，故曰"翱翔"。坎陷，故曰"未复"。言未归也。

师 晓然唯诺，敬上尊客。执恭除患，御侮致福。

坎正反两兑口，震为声，故曰"晓然唯诺"。震为客，伏乾为贵，故曰"尊客"。乾惕为敬。坎为患，震解，故除患。坤为御，为侮。震乐，故致福。

比 黍稷禾稻，垂秀方造。中旱不雨，伤风病藁。

坤为茅茹，故为黍稷禾稻。造，作也。言苗秀兴起也。坎为中，为雨，艮火，故中旱不雨。坤为风，故伤风病藁。

小畜 三赢六罢，不能越跪。东贾失马，往反劳苦。

通豫。震数三，坎数六。坎病故赢，坎劳故罢。震为越跪，为东，为贾，为马。坎失，故失马。震为往反，坎为劳苦。

履 倚立相望，引衣欲装。阴云蔽日，暴雨降集。使道不通，阻我欢会。

通谦。震为倚立。艮为望，正反艮，故曰"相望"。坤为衣裳，艮手为引，为装。装，束也。坤为阴云，为蔽，离日，故曰"阴云蔽日"。坎为暴雨，为降集。震为道，坎塞，故不通，故阻我欢会。坤我，震欢也。

泰 高脚疾步，受肩善趋。日走千里，贾市有得。

中爻震为足，故曰"脚步"。震躁，故高脚疾步，故善趋，故日走千里。震伏巽，为贾市。巽利，故有得。坤为受，伏艮为肩。

否 北风寒凉，雨雪益冰。忧思不乐，哀悲伤心。

中爻巽风，坤为北，乾为寒，为冰雪，故曰"北风寒凉，雨雪益冰"。乾惕，故忧。震乐，震倒，故不乐。坤为哀悲，为心。

同人 贞鸟睢鸠，执一无尤。寝门治理，君子悦喜。

离为鸟，为鸠。通师。坎为尤，数一，震乐，故执一无尤。坤为门，为寝，为理。震为君子，为悦喜。

大有 蓼萧露瀼，君子龙光。鸣鸾嚖嚖，福禄来同。

通比。坤为薪，为蓼萧，坎为露。艮为君子，为贵。龙，宠也。坤文为鸾，兑为鸣。乾为福禄。蓼萧义，详《恒之蹇》。

谦 南行求福，与喜相得。封受上赏，鼎足辅国。

震为行，为南，艮为求。震为福，为喜。坤为受，坤闭为封。艮为赏，阳在上，故曰"上赏"。震为足，数三，故曰"鼎足"。坤为国，艮伏兑，兑辅，故曰"辅国"。

豫 桑华腐蠹，衣敝如络。女功不成，丝布为玉。

震为桑叶，坎病，故腐蠹。坤为衣裳，坎破，故敝。震伏巽，巽绳，故曰"如络"，故曰"丝布"。坤为女，坤丧，故功不成。震为玉丝、为玉者，言桑坏不能产丝，故值贵也。

随 左服易右，王良心欢，喜利从己。

震左兑右。"服"者，夹辕之马。震为马。"左服易右"者，震为左，兑为右，言马初在左，至上兑而右也。震为王，艮为良，故曰"王良"。坎为心，震为欢喜，为从。巽为利。王良，古善御者。

蛊 寿考不忘，驾驷东行。三适陈宋，南贾楚荆。得利息长，旅身多罢，畏昼喜夜。

艮为寿考。震为马，故曰"驾驷"。震东，故东行。震为陈，艮为宋，震数三，故曰"三适陈宋"。互震为南，巽为贾，为楚荆，故曰"南贾楚荆"。巽为利，为长，为商旅。互大坎为罢，为畏，为夜。离为昼。昼动故畏，夜伏故喜。

临 羔羊皮革，君子朝服。辅政扶德，以合万国。

兑为羔羊。通遁。艮为皮，为革，为君子。坤为朝，为衣服，故曰"君子朝服"。兑为辅，坤为政，艮手为扶，乾为德，故曰"辅政扶德"。坤为国，坤众，故曰"万国"。坤闭为合，故曰"以合万国"。《诗·召南》：羔羊之皮，素丝五紽。羔羊之革，素丝五緎。美召公也。

观 鹳鸠徙巢，西至平州。遭逢雷电，破我苇庐。室家饥寒，思吾故初。

艮为鹳，坤文为鸠，艮为巢，伏震为徙，故曰"鹳鸠徙巢"。兑为西，坤为州，为平。震为雷电。兑折为破。艮为庐，巽为苇，故"苇庐"。艮为室家，坤为饥，乾为寒，故曰"室家饥寒"。坤为吾，乾为初。

噬嗑 大尾小头，重不可摇。上弱下强，阴制其雄。

艮为尾，震大，故曰"大尾"。坎为首，艮为小，故曰"小头"。坤为重，坎陷，故重不可摇。艮上震下。艮小故弱，震长故强。四阳陷阴中，故曰"阴制其雄"。

贲 疏足息肩，有所忌难。金城铜郭，以铁为关。藩屏自卫，安止无患。

震为足，艮为肩。坎为忌难，艮为城郭。三至上正反两艮，故又为关。艮为金，故曰"金"，曰"铜"，曰"铁"。艮为藩屏，为安止。坎为患，安止故无患。

剥 天命玄鸟，下生大商。造定四表，享国久长。

通夬。乾为天，兑为言，故曰"天命"。乾为玄，艮为黔喙，为鸟，故曰"玄鸟"。"玄鸟"者，燕也。兑为燕。震为生，震反，故下生。震为子，故生商。商，子姓也。艮为定，为表，伏兑数四，故曰"造定四表"。坤为国，艮为久长。据《诗·商颂》笺：高辛氏妃简狄吞鳦卵，生契，为商祖。

复 赋敛重数，政为民贼。杼柚空虚，我去其室。

坤聚，故曰"赋敛"。重坤，故曰"重数"。坤为政，为民。伏巽为贼，震为杼柚。《诗》：抒柚其空。《笺》云：杼，持纬者；柚，受经者也。杼柚上下震动，故取象于震。坤虚。艮为室，艮倒，故去室。

无妄 阴阳隔塞，许嫁不答。宛丘新台，悔往叹息。

初阳伏阴下，艮止，故曰"隔塞"。女嫁曰归。震为归，为言，故许嫁。二至四震反，故曰"不答"。艮为丘，为台。宛丘，《陈风》篇名，悔嫁非其人而作也。震为叹息。《毛诗》谓刺陈幽公淫乱无度。新台，《邶风》诗篇名，《毛》谓刺卫宣公娶其子伋妻，国人恶之。林意似谓妇为夫弃也。

大畜 愿望登虚，意常欲逃。贾辛丑恶，妻不安夫。

艮为丘墟，为望，震为登，故曰"愿望登虚"。震为逃，伏坤为意。震伏巽，巽为商贾，纳辛，故曰"贾辛"。兑为丑恶。震夫兑妻，兑毁折而躁，故不安。《左氏·昭二十八年》：昔贾大夫恶娶妻而美，三年不言不笑。辛，大夫名。

颐 踧行窃视，有所畏避。蔽目伏藏，以夜为利。

震为踧行，艮为视。坤藏，故窃视，故有所畏避。艮为目。坤为夜，为利。

大过 信敏恭谦，敬鬼尊神。五岳四渎，克厌帝心，受福宜年。

乾为信敏，伏坤为恭谦。乾为惕，故曰"敬"。伏坤，故曰"鬼"。乾为神，兑伏艮，艮为尊，故曰"敬鬼尊神"。艮为岳，巽卦数五，故曰"五岳"。互大坎为河川，乾亦为江河，巽后天数四，故曰"四渎"。坤为心，巽伏震，震帝，故曰"帝心"。震为福，坤为受，为岁，故曰"受福宜年"。

坎 悬悬南海，去家万里。飞兔腰裹，一日见母，除我忧悔。

坎为海，伏离，故曰"南海"。震为万里，故曰"悬悬"。艮为家。震为马，为兔，坎为腰，故曰"飞兔腰裹"。飞兔、腰裹，皆良马名。离日，坎数一，故曰"一日"。本卦坤体，坤为母，乾二五之坤，故见母。坎为忧悔，震为除。

离 虽污不辱，因何跣足。童子褰衣，五步平复。

通坎。坎为污。坤为辱，坎折坤，故不辱。"跣足"者，赤足也。震足坎赤，故曰"跣足"。艮为童子。艮手为褰，震为衣，故曰"褰衣"。震为步，坎数五，坎平，故曰"五步平复"。

咸 宫城立见，衣就袂裾。恭谦自卫，终无祸尤。

通损。艮为宫城，震立，兑见。艮为衣，震口为袂，为裾。巽为恭谦，震为警卫。坤为自，为祸尤。震解，故无祸尤。

恒 敝笱在梁，不能得鱼。望食千里，所至空虚。

巽为绳，故为笱。笱，罟也。巽下断，故曰"敝"。艮为梁。巽为鱼，巽敝漏，故无得。伏艮为望，震为粒粟，为食，为千里。震为虚，故所至空虚。首句，《齐风》语。

遁 千里骅驹，为王服车。嘉其骊荣，君子有成。

乾为马，为赤，故曰"骅"。艮少为驹，乾为千里，故曰"千里骅驹"。乾为王。二至四通震，震为车，为服。乾为嘉荣。艮为君子，为成。

大壮 鼎足承德，嘉谋生福。为王开庭，得心所欲。

乾为德。震为足，数三，故曰"鼎足"。乾为福，为生，为嘉，为王，为开。伏艮为庭。兑悦，故得所欲。

明夷 右手无合，独折左指。禹汤失佐，事功不立。

艮为手，为指。先天坎西，故曰"右手"。艮覆，故指折。震左，坎折，坤寡，故曰"独折左指"。震为王，故曰"禹"。水在火上，故曰"汤"。震佐坎失，故曰"禹汤失佐"。坤为事，功不立。

家人 忧凶增累，患近不解。心意西东，事无成功。

坎为忧，为凶，为累，为患。坎陷，故不解。坎为心意，为西，离为东，故曰"心意西东"。巽为风，风散，故事无成功。

睽 东行食榆，困于枯株。夫妻无家，志穷为忧。

离东，兑食。坎为榆，皮可食。坎上下皆离，离科上槁，故困于枯株。株枯，则无皮可食。坎夫，离妻。艮为家，艮伏，故曰"无家"。坎为志，为忧。稽康《养生论》：榆令人瞑。《博物志》：啖榆则眠不欲觉。又《礼·内则》：枌榆以滑之。古盖常食榆皮。

蹇 五经六纪，仁道所在。正月繁霜，独不离咎。

离为文，故曰"经纪"。坎纳戊，数五，故曰"五经"。坎数六，故曰"六纪"。艮为道路，为反震，震为仁，故曰"仁道所在"。坎为中正，为月，为霜，重坎，故曰"正月繁霜"。坎为独，为咎。离，罹也。坎隐，故独不罹咎。"五经"者，五常。《汉书·贾谊传》：六亲有纪。"六纪"，即六亲也。《白虎通》：六纪者，诸父、兄弟、族人、诸舅、师长、朋友。正月，《小雅》篇名，忧乱而作。

解 懈缓不前，怠惰失便。二至之戒，家无祸凶。刻木象形，闻言不信。

震往为前，坎陷，故懈缓不前，故怠惰失便。坎为冬至，离为夏至，故曰"二至"。《复·象传》云：先王以至日闭关，商旅不行。又《月令》：是月斋戒掩身。故云戒。坎为室家，为凶祸。知戒故无祸。刻木象形，未详。坎为闻，震为言。坎上下两兑口相背，故云不信。

损 仁爱笃厚，不以所忿，害其所子。从我旧都，日益富有。

震为仁爱，艮为笃厚。乾为忿，乾三之上成艮，故不忿。《象传》所谓惩忿也。震子坤害，故害其所子。坤为都，伏乾为旧，为我，震为从，故曰"从我旧都"。坤为富有，艮为日，故曰"日益富有"。

益 缺破不成，胎卵未生，弗见兆形。

巽陨落，故缺破不成。震为胎卵，震生。坤拆为兆，为形，巽伏故弗见。

夬 摧角不伤，虽折复长。秉德无愆，老赖荣光。

艮为角，艮伏兑折，故摧角。然阳必长，故摧而不伤，折而复长。乾为德，为老。阳长，故无愆，故老而愈荣。

姤 乘桴浮海，免脱厄中，虽困无凶。

通复。震为桴，为乘，坤为海。坤厄震出，故免脱，故虽困无凶。

萃 孔鸾鸳雏，鹪鸡鹈鸪，翱翔紫渊。嘉禾之圃，君子以娱。

通大畜。震为竹，为孔。坤为文，故为鸾鸳。艮鸟，故为鹪鸡鹈鸪。卦为萃，故多若是。震为翱翔。兑为渊，乾赤，故曰"紫渊"。震为嘉禾。艮为圃，为君子。震乐故娱。

升 甘露温润，众来得愿。乐易君子，不逢祸乱。

兑为露，为润。坤为众，震乐，故众来得愿。通无妄。艮为君子，震乐乾易，故曰"乐易君子"。坤为祸乱，乾在外，故不逢。

困 东骑堕落，千里独宿。高岸为谷，阳失其室。

通贲。震为东，为骑，坎陷，故堕落。震为千里，坎为独，为宿，故曰"千里独宿"。艮为高岸，坎窨为谷，故曰"高岸为谷"。坎为室，为失。困刚掩，故曰"阳失其室"。《诗·小雅》：高岸为谷，深谷为陵。

井 八才既登，以成嘉功。龙降庭坚，国无灾凶。

通噬嗑。后天艮数八。震为才，为登，为嘉，为功。艮为成，故曰"以成嘉功"。震为龙，艮为庭。龙降、庭坚，乃八元之二人。庭坚，即皋陶字也。艮为国，坎为灾凶，震乐故无。

革 邯郸反言，父兄生患。竟涉忧恨，卒死不还。

通蒙。二至上正覆两震言相反，坤为国，故曰"邯郸反言"。乾父震兄，坎为患，震生，故曰"父兄生患"。坎为忧恨，为水，坤亦为水；震为涉，艮为终，故曰"竟涉忧恨"。震为还，坤死，故曰"卒死不还"。案，此似用《史记·陈涉传》事。"邯郸反言"者，言武臣反陈涉，自立为赵王。涉欲系其家属，后涉竟战死不得还也。

鼎 玉铣铁颐，仓库空虚。贾市无盈，与利为仇。

元本旧注：钟口两旁曰铣。盖乾为金玉，初至五正倒皆兑，兑为口，故曰"玉铣铁颐"。颐亦口。卦通屯，屯互颐也。屯艮为仓库，坤为空虚。巽为贾，为市，为利。坤虚，故无盈，故与利为仇。坎为仇也。

震 白鸟衔饵，鸣呼其子。旋枝张翅，来从其母。

震为白，互离为鸟，震口为衔，坎为饵，故曰"白鸟衔饵"。震为子，为鸣呼，为木，为枝，为张翅，为从，为来。坤为母。"来从其母"者，言阳反坤初也。

艮 学灵三年，圣且神明。先见善祥，嘉吉福庆。�鹊知来，告我无忧。

"学灵"者，学语也。三至上正反两震言相对，下震如何言，上即如言反答，故曰"学灵"。震为年，数三，故曰"三年"。坎为圣，震为帝，为神，艮为明，故曰"圣且神明"。震为善祥，为吉庆。艮为鸤鸠。震为来，为告。坎为忧，震出故无忧。

渐　云孽蒸起，失其道理。伤害年谷，神君乏祀。

坎为云，为孽。下得艮火，故能蒸起。伏震为起，为道。坎为失，故失其道里。震为年谷，巽陨落，故曰"伤害年谷"。震为神，为君。

归妹　春耕有息，利入利福。献豺大狐，以乐成功。

震为春，为耕。为生，故曰"息"。兑为秋，震为利福。秋收，故曰"入"。坎为豺，故曰"豺"，曰"狐"。震为功，为乐也。

丰　赢豕蹢躅，虎入都邑。遮遏左右，国门敕急。

巽为豕，巽绳，故曰"赢豕"。震为蹢躅。巽入，伏艮为都邑，为虎，故曰"虎入邑都"。艮止，故遮遏。震左兑右。艮为国门，坎险故急。震为敕。

旅　东行西维，南北善迷。逐旅失群，亡我襦衣。

通节。震为东，为行，兑为西，巽绳为维。维，系也。震南坎北，坎又为疑，故曰"南北善迷"。震为逐。阴以阳为伴旅，旅卦下二阴随二阳，上一阴随一阳，故曰"逐旅"。坤众为群，坎为失。言否二升五，遗二阴在下，故曰"失群"。否上乾为衣，下坤为襦。今变旅，乾坤形变，故曰"亡我襦衣"。"东行西维"者，言身向东而心系属于西也。

巽　居室之伦，夫妇和亲。小人乘车，硕果失豢。

通震。中爻艮为居，坎为室。震夫巽妇，兑悦故和亲。震为车，为人，艮为小，故曰"小人乘车"。艮为硕果，两艮皆覆，故失豢。豢，养也。

兑　东方孟春，乘冰戴盆。惧危不安，终失所欢。

通艮。中爻震为东，为孟春。坎为冰，震为乘，坎在下，故乘冰。震为盆，艮为戴，故曰"戴盆"。坎为危惧。艮为终，兑为欢。

涣　风吹尘起，十里无所。南国年伤，不可安处。

巽为风，震口为吹。艮为沙石，为小，故为尘。震为起。艮为里，伏震数十，故曰"十里"。坎隐，故无所也。震为南，艮为国，为时。坎灾风陨，故南国年伤。坎险，故不安。

节　重载伤车，妇女无夫。三十不室，独坐空庐。

震为车，为载，艮山在上，故曰"重载"。兑折，故伤。兑为妇女，震为夫。坎失，故无夫。震数三，兑数十，艮为室，坎隐，故三十无室。坎为独，艮为坐，为庐。离虚，故曰"空庐"。

中孚　败牛赢马，与利为市，不我嘉喜。

中爻艮为牛，震为马。兑毁折，故曰"败"，曰"嬴"。巽为利市，震为喜也。

小过　月出阜东，山蔽其明。章甫荐屦，箕子佯狂。

震为东，为出，艮为阜，兑月在山上，故曰"月出阜东"。艮山巽伏，故明隐。艮为冠，故曰"章甫"。震为履，为草，故曰"荐屦"。荐，草也。震为箕，为子，为狂。御章甫之礼冠，而下蹑草履，不恭甚矣，故曰"佯狂"。

既济　出入门所，与道开通。杞梁之信，不失日中。少季渡江，来归其邦，疾病危亡。

此用晋象。艮为门，为道。坎为木，为杞。艮为梁，坎为信。离为日中。艮为少季，坎为江。艮为邦，坎为疾病危亡。杞梁，齐大夫。襄公二十三年，齐与莒战，杞梁夜入莒地。莒子贿杞梁，使勿死战。杞梁曰，昏而受命，日未中弃之，亦君之所恶也。少季，未详。或指季札。林语似此者甚多，不能强解也。

未济　邑居卫师，如转蓬时，居之凶危。

此仍用晋象。坤为众，为兵，为师，为邑。坤为薪，为蓬。艮为时，为居。坎为凶危。

䷣坤上离下　明夷之第三十六

他山之错，与璆为仇。来攻吾城，伤我肌肤，邦家骚忧。

震为玉，为璆。坤为城，为邦家。艮为肌肤，一二至五艮覆，故曰"伤我肌肤"。坎为仇，为忧。《诗·小雅·鹤鸣篇》：他山之石，可以为错。传：错，石也。可以琢玉，故与璆为仇。

之乾　践履寒冰，十步九寻。虽有苦痛，不为忧病。

此用遇卦明夷象。震为践履，坎为寒，为冰。坤数十，震数九，故曰"十步九寻"。《礼·王制》注：六尺为步。《周礼·地官·媒氏》注：八尺曰寻。坎为苦痛，为忧病。震在外，故解也。

坤　太公避纣，七十隐处。卒逢圣文，为王室辅。

此仍用明夷象。震为公，坤老，故曰"太公"。坤为恶，故曰"纣"。坎伏，故曰"避纣"。坤为文。坎为圣，为室。震为王，故曰"王室"。言太公遇文王，为周室辅也。

屯　日月之涂，所行必到，无有患悔。

艮日坎月。震为涂，为行。坎为患。

蒙 讽德诵功，美风盛隆。旦辅成周，光济冲人。

震为功德，为言。正反震，故曰"讽诵"。震为周，为盛，为旦。艮为光，坎为和。冲，和也。震为人。冲人，成王也。旦，周公也。

需 童子无室，未有配合，空坐独宿。

伏艮为童子。坎为室，兑毁，故无室。坎为合，二五不相应，故无合。坎为独，为宿。

讼 穿鼻系株，为虎所拘。王母祝词，祸不成灾，惠然肯来。

艮为鼻，坎为穿。初至四艮，二阳穿其中，故曰"穿鼻"。此与入于渊入字同义，皆谓二也。巽为系，为木，故曰"系株"。言既穿其鼻，复系于木上也。乾为虎，为王。巽为母，故曰"王母"。伏震为祝。坎为祸，离为灾，风散故脱。

师 黄帝神明，八子圣聪。佚受大福，天下平康。

震为帝，坤黄，故曰"黄帝"。坎为圣，为聪。坤卦数八，震为子，故曰"八子"。震为福。坤为天下，坎为平，故天下平康。

比 深谷为陵，衰者复兴。乱倾之国，民得安息。中妇病困，遂入冥室。

艮为谷，为陵。坤为国，为乱，为民。艮止为安息。火为水妃，火伏，故曰"中妇病困"。坎为室，为冥，坤为死。入冥室，言死也。卦坎为水，坤又为水，故离火病也。《诗·小雅》：高岸为谷，深谷为陵。

小畜 道远辽绝，路宿多悔。顽嚣相聚，生我畏忌。

乾为道路，为辽远。坎为宿，坤为悔，故曰"路宿多悔"。坤为聚，为恶，故曰"顽嚣相聚"。震为生，坎为畏。皆用伏象。

履 旦树菽豆，暮成藿羹。心之所乐，志快心欢。

伏谦。震为旦，为树，为菽豆。坎为暮，巽为藿羹。坎为心，震为乐。

泰 切切之患，凶忧不成。虎不敢啮，利当我身。

坤为患，为凶忧。兑为虎，为啮。坤为我，为身。伏巽为利。

否 王伯远宿，长妇在室。异庖待食，所求不得。

震为王，为伯。坤为宿，震伏不见，故曰"远宿"。巽为长妇，互艮为室，故曰"长妇在室"。艮为庖，为待，伏兑为食。艮为求。言与庖厨离异，不能得食也。

同人 寒燠失时，阳旱为灾，虽耗无忧。

乾寒，离火，故曰"寒燠失时"。离为阳旱，为灾。巽陨落，故曰"耗"。故为忧，坎伏，故无忧。

大有　虽穷复通，履危不凶，得其明功。

此用遇卦明夷象。震为通，为履。坎在震下，故曰“履危”。

谦　狼虎所宅，不可以居，为我患忧。

艮为虎狼，为宅。坎坤皆为忧患，故不可居。

豫　喋嗫嚎嚄，昧冥相抟。多言少实，语无成事。

震言，故曰“喋嗫”。嚎，大笑；叹，喧嚣也。卦正反艮，故曰“相抟”。正覆震相背，故曰“多言少实，语无成事”。

随　履冰蹈凌，虽困不穷。播鼓登岩，卒无忧凶。

明夷坎为冰凌，震为蹈履。为通，故不穷。震为鼓，互艮手，故曰“播鼓”。艮为岩，震为登。言登山击鼓也。

蛊　文文墨墨，祸福相杂。南北失志，东西不得。

震东兑西，震亦为南，北象或指大坎。

临　争讼不已，更相谈询。张季弱口，被发北走。

详《大畜之家人》。

观　德积逢时，宜其美才。相明辅圣，拜受福休。长女不嫁，后为大悔。

坤为积。艮为时，为明。伏乾为圣，为休福。艮为拜，故拜受福休。巽为长女。震为嫁，震伏故不嫁。

噬嗑　江水沱汜，思附君子。仲氏爱归，不我肯顾，侄娣悔恨。

详《遁之巽》。

贲　光祀春成，陈宝鸡鸣。阳明失道，不能自守，消亡为咎。

详《大有之井》。

剥　惊虎无患，虞为我言，赖得以安。

艮为虎，坤为患，艮安故无患。虞，虞人，守山泽之官。艮为官，为山，故艮为虞人。反震为言。

复　伪言妄语，转相诖误，不知狼虎。

震为言，坤虚，故曰“伪妄”，曰“诖误”。艮为狼。艮覆坤迷，故不知。

无妄 履隙自敌，凶忧来到，痛不能笑。

互巽为隙。震为履，为笑。伏坤为凶忧，故不能笑。

大畜 牵尾不前，逆理失臣，惠朔以奔。

艮为尾，为牵，艮止故不前。坤为理，为臣，坤伏故失臣。乾为朔，互震为奔。卫惠公名朔，初，谮急子于宣公，公令急子使齐。其弟寿知之，先往，盗杀之。急子至，又杀之。及朔即位，为诸公子所恶，故出奔。见《左传·桓十六年》。

颐 三狸捕鼠，遮遏前后。死于环城，不得脱走。

详《离之遁》。

大过 言笑未毕，忧来暴卒。身加槛缆，囚系缚束。

大过为棺椁，故为死卦。兑口，故曰"言笑"。伏坤为忧，为身。艮为槛。《史记·陈平传》：啥受诏，即反接，载槛车，传诣长安。巽为绳，故曰"缆"。缪，继也。卦大坎，坎为囚，巽为系缚。汉人以大过为死卦，故象如此。

坎 阴积不已，云作淫雨。伤害平陆，民无室屋。

坎为积，为云，为雨。重坎，故曰"淫雨"。艮为平陆，为室屋，为民。坎陷，故伤害，而无室庐也。

离 山林麓薮，非人所处。鸟兽无礼，使我心苦。

伏艮为山麓，巽为林。

咸 新作初陵，逾蹈难登。三驹推车，跌顿伤颐。

艮为陵。震为逾蹈，为登。震伏，故难登。言始皇初即位，即穿治骊山为陵，其高大难登也。震为驹，为车，数三，故曰"三驹"。兑毁折，故曰"跌顿"。兑又为颐。

恒 魂微惙惙，属纩听绝。扩然大通，复更生活。

乾为魂，陷阴中，成大过。大过死，故曰"魂微惙惙"。惙惙，短气貌。巽为纩，兑为绝。震为通，为生。震在上，出大过，故更生也。

遁 栾子作殃，伯氏诛伤。州犁奔楚，去其邑乡。

通临。震木，故曰"栾子"。坤为殃，为诛伤。震为伯，故伯氏诛伤。震为犁，坤为州，震为奔，为楚。坤为邑，为乡。《左传·成十五年》：晋三郤杀伯宗及栾弗忌，伯宗子伯州犁奔楚。

大壮 骄胡犬形，造恶作凶。无所能成，还自灭身。

通观。坤为胡，艮为犬，故曰"骄胡犬形"。坤为凶恶，为身。兑毁，故无成。坤死，故灭身。

晋 陈辞达情，使安不倾。增荣益誉，以成功名。

艮为荣誉，为名。

家人 三杞无枣，家无积莽。使鸠求妇，顽不我许。

巽为杞，离卦数三，故曰"三杞"。巽为不果，故无枣。巽为茅，为莽。坎为积，为室家。莽在火上，故曰"家无积莽"。离为鸠，巽为妇。巽为反兑，言反故不许。

睽 慎祸重患。颜子为友，乃能安存。牢户系羊，乃能受福。

坎为祸患。伏艮为颜，与下兑为友。坎为牢，兑羊在坎下，故曰"系羊牢户"。坎陷，故曰"系"。

蹇 鹿得美草，鸣呼其友。九族和睦，不忧饥乏。

详《同人之蹇》。

解 亡玉失鹿，不知所伏。利以避危，全我生福。甘雨时降，年岁有得。

震为玉，为鹿。坎为隐伏，故亡失。坎为甘雨。震为年，为谷。

损 逢时积德，身受福庆。

积德，宋元本作得当，辰汲右。

益 鹄思其雄，欲随凤东。顺理羽翼，出次须日。中留北邑，复反其室。

艮为鹄。坤为凤，震为东，为随，故欲随凤东。震为羽翼。艮为日，艮止，故曰"须日"，曰"中留"。坤为邑，为北。艮为室。

夬 环堵倚锄，升斗属口。贫贱所处，心寒悲苦。

此用明夷象。坤为堵，震为锄。为升斗，为口。坤为贫贱。坎为心，为寒，为悲苦。

姤 孤独特处，莫依为辅，心劳志苦。

巽为寡，故曰"孤独"。伏坤为心志，为劳苦。

萃 稷为尧使，西见王母。拜请百福，赐我喜子，长乐富有。

此用明夷象。互震为稷，又为帝，为尧。坎为西，震为王，坤为母，故曰"王母"。震为百，为福，为富有，又为喜子。喜子，蟢蛸也。刘勰《新论》：野人书见嬉子者，以为有喜乐之瑞。

升 鸣条之灾，北奔犬胡。左袵为长，国号匈奴。主君旄头，立为单于。

详《屯之无妄》。

困　绝而复通，虽危不穷。终得其愿，姬姜相从。

兑为绝，坎为通，故绝而复通。坎为危。巽为姜，伏震为姬。

井　阳并悖狂，拔剑自伤，为身生殃。

并，夜宋本，汲古、元本"氏"。生，宋元本作坐，依汲古。

革　方圆不同，刚柔异乡。掘井得石，劳而无功。

互乾为圆，伏坤为方。乾刚坤柔，故曰"异乡"。兑为井，乾为石，互巽亦为石。伏坎为劳。掘井得石，不能再掘，故劳而无功。

鼎　乘风驾雨，与鸣鸟俱。动举千里，见我爱母。

通屯。震为乘，坤为风，故曰"乘风"。坎为雨，故曰"驾雨"。震为鸣，艮为鸟。坤为千里，为母。

震　三涂五岳，阳城太室。神明所扶，独无兵革。

详《需之蒙》。

艮　鸱鸮娶妇，深目窈身。折腰不媚，与伯相背。

艮为鸱鸮，震为娶，伏兑为艮妇。互大离，故曰"深目"。艮为身，坎隐，故曰"窈身"。坎为腰，为折。兑为媚，兑伏，故曰"不媚"。互震为伯，为反艮，故曰"相背"。

渐　转行轨轨，行近不远。旦夕入门，与君笑言。

伏震为旦，坎为夕。艮为门，巽入。震为君，为笑言。

归妹　求利难国，逃去我北。复归其城，不为吾贼。

伏艮为求，为国，为城。巽为利，在外，故曰"离国"，曰"逃去"。坎为北，为贼。巽亦为贼。兹曰"不为吾贼"，似用伏巽。

丰　日月之涂，所行必到。无凶无咎，安宁不殆。

离日兑月。伏震为大涂，为行。伏艮为安宁。

旅　管仲遇桓，得其愿欢。胶目启牢，振冠无忧。笑喜不庄，空言妄行。

通节。震为管，坎为仲，震为桓。桓，木表也。故曰"管仲遇桓"。震为欢。兑为泽，为胶，上离，故曰"胶目"。坎为牢，互震，故曰"启牢"。艮为冠，为手，故曰"振冠"。坎忧震解，故曰"不忧"。《吕氏春秋》：鲁送管仲于齐，鞹其拳，胶其目。

巽　出入蹈践，动顺天时。俯仰有节，祸灾不来。

巽入震出。伏艮为天，为时，巽顺。离为祸灾。

兑　内崩中伤，上乱无常。虽有美粟，我不得食。

互离为乱，兑毁，故曰"内崩中伤"。兑为常，乱故无常。互巽为粟，兑为食。

涣　逐祸除患，道德神仙。遏恶万里，福常在前，身乐以安。

坎为患，震为逐。艮为寿，故曰"仙"。震为神，为道德，为福，为乐。艮为身。

节　牛惊马走，上下浑扰。鼓音不绝，顷公奔败。

艮为牛，震为马，正反艮震，故曰"牛惊马走"，上下浑扰。震为鼓，为音，为公。兑毁折，故败。

中孚　西上九阪，往来流连。止须时日，虚与有得。

兑西，震为阪，数九，故曰"西上九阪"。正覆艮震，故曰"往来流连"。艮为时日，艮止故曰"须"。

小过　虎怒捕羊，猾不能攘。

艮虎，兑羊。卦是坎形，故曰"猾"。猾能伏虎，见《龟策传》注。

既济　涌泉涓涓，南流不绝。卒为江海，坏败邑里，家无所处。将师袭战，获其丑虏。

重坎，故泉流不绝，故为江海。离为南。

未济　桃弓苇戟，除残去恶，敌人执服。

此用遇卦明夷象。震为桃、苇，坎为弓，离为戟。丁云：《左传·昭四年》，桃弧棘矢，以除其灾。又，《太平御览》引《礼稽命徵》曰：桃弧苇矢，以除疾殃。

焦氏易林注卷十

☲☴ 巽上
离下 家人之第三十七

天命赤乌，与兵徵期。征伐无道，诛其君傲，居止何忧。

坎为赤，离为乌，巽为命。离为兵戈，伏震为征伐。震为大涂，为君。震伏，故曰"无道"，曰"诛其君"。坎巽皆为伏，故曰"居止"。《史记·周本纪》：武王伐纣，有赤乌流于王屋。首二句，谓天以赤乌示瑞，示伐纣之期至也。

之乾 **千岁槐根，身多斧瘢。伤夷倒掘，枝叶不存。**

乾为千岁，家人巽为槐。兑为斧，初二三四皆兑形。艮为节，为瘢，二三四五皆艮形，故曰"身多斧瘢"。巽陨落，故曰"伤夷"，故无"枝叶"。

坤 **嗜嗜谔谔，虎豹相咋。畏惧悚息，终无难恶。**

此亦取遇卦家人象。家人重离，离正反兑口相对。嗜嗜谔谔，语多貌。离正反兑相对，艮为虎豹，故曰"相咋"。咋亦兑象也。坎为畏惧。

屯 **娶于姜吕，驾迎新妇。少齐在门，夫子欢喜。**

震为娶。伏巽为姜吕，为震妇，为少齐。坤为门。震为夫子，为喜。《左传·昭三年》：少姜有宠于晋，谓之少齐。

蒙 **膏壤肥泽，民人孔乐。宜利居止，长安富有。**

坎为膏泽。坤为壤，为民人。互震为孔乐。艮止，故利居。坤为安，震为长，故曰"长安"。坤多，故曰"富有"。

需 **主有圣德，上配太极。皇灵建中，授我以福。**

乾为圣，为主。乾天，故配太极。乾为帝，为皇，为福。坎为中。

讼 **耄老蒙钝，不见东西。少者弗慕，君不与谋。悬舆致仕，退归里居。**

乾为老。离东坎西，坎隐，故不见东西。兑为少，乾为君。今兑口向下，与乾君背，故曰"弗慕"，曰"君不与谋"。伏坤为舆，在上，故曰"悬舆"。艮为官，为仕，伏震艮覆，故曰"致仕"。震为归，坤为里。

师 三狂北行，道逢大狼。暮宿患宅，为祸堪伤。

震为狂，数三，故曰"三狂"。坤北，故曰"北行"。震为行，为道。艮为狼，狼首向内，与坎室连，故曰"患宅"。坤为暮，坎为宿，为患，为室，故曰"暮宿患宅"。

比 更旦初岁，振除祸败。新衣元服，拜受利福。

震为旦，震覆，故曰"更旦"。坤为岁，为祸败。艮手，故曰"振除祸败"。坤为衣服，坤黑，故曰"元服"。艮手为拜，坤为受。一阳居五，群阴拱之，故云利福。指五。

小畜 杲杲白日，为月所食。损上毁下，郑昭出走。

互离为日，兑为月。兑侵入离体之半，故曰"日为月所食"。巽为损，在上，故曰"损上"。兑毁折，在下，故曰"毁下"。伏坎为郑，离为昭。郑昭名忽，桓公十一年出奔。

履 君子失意，小人得志。乱扰并作，奸邪充塞。虽有百尧，颠不可救。

通谦。艮为君子，在下，故失意。坤为小人，在上，故得志。坎为失，为志。坤为乱，为奸邪。震为帝，坤为百，故曰"百尧"。正反震，故曰"颠"。

泰 仁德利洽，恩及异域。泽被殊方，福庆隐伏。作蚕不织，寒无所得。

乾为仁德，兑为恩泽，坤为方域。乾为福庆，在下，故隐伏。巽为蚕，巽覆，故不织。乾为寒。

否 东求金玉，反得弊石。名曰无宜，字曰丑恶，众所贱薄。

伏震为东，艮为求，乾为金玉。艮为石，互巽，故曰"弊石"。艮为名。坤为字，为丑恶，为众，为恶。为贱。

同人 击鼓合战，士怯叛亡。威令不行，败我成功。

通师。震为鼓，为战，为士。坤柔，故曰"怯"。震为往，为亡，为威令。坤闭，故不行。坤丧，故败。

大有 仲春孟夏，和气所舍。生我嘉福，国无残贼。

伏震与坎连，故曰"仲春"。巽为孟夏。坎为和。舍，发也。伏艮为国，坎为贼。首二句言春夏之交，阳和之气发生也。用家人象。

谦 尹氏伯奇，父子生离。无罪被辜，长舌为灾。

震为伯，为父，又为子。正反震相背，故曰"生离"。坤为罪辜。兑为舌，震形似兑而长，故曰"长舌"。坤为灾。伯奇，尹吉甫子，为后母所谮，被放逐。

豫 五谷不熟，民苦困急。驾之新邑，嘉乐有得。

震为谷，坎纳戊，数五，故曰"五谷"。坤丧，故不熟。坤为民，坎为困苦。震为驾，为乐。坤为邑。

随 登虚望贫，暮食无飱。长子南戍，与我生分。

震为登，艮为虚。《诗》：登彼虚矣。艮为望。巽陨落，故曰"贫"。兑为暮，为食。震为长子，为南。艮守，故曰"南戍"。艮为我，正反艮，故曰"生分"。震为生。

蛊 东市齐鲁，南贾荆楚。羽毛齿革，为吾利宝。

巽齐，兑鲁。震为东，为南。巽为市，为贾。震为荆楚，故东市齐鲁，南贾荆楚。震为羽毛，兑为齿，艮为革。巽为利，震为宝。

临 节情省欲，赋敛有度。家给人足，公刘以富。

坤为情欲。为吝啬，故曰"节省"。坤为聚，故曰"赋敛"。坤多，故曰"家给人足"。坤为杀，震为公，故曰"公刘"。公刘，周祖也。

观 恭宽信敏，功加四海。辟去不祥，喜来从母。

坤柔，故曰"恭宽"。艮止，故信。风散，故敏。坤为海，巽数四，风散，故功加四海。坤死，故不祥。巽伏，故避去不祥。伏震为喜，坤为母。

噬 嗑张狂妄行，与恶相逢。不得所欲，生我独凶。

震为张狂，为行。遇坎陷，故曰"与恶相逢"，故曰"不得所欲"。

贲 画龙头颈，文章不成。甘言美语，诡辞无名。

贲，饰也，故曰"画"。震为龙，艮为头颈。离为文章，坎黑而隐伏，故文章不成。三至上正反震，故曰"甘言美语"，故曰"诡辞"。艮为名，坎伏，故无名。

剥 骑龙乘风，上见神公。彭祖受刺，王乔赞通。巫咸就位，拜寿无穷。

伏乾为龙，坤为风，一阳在上，故曰"骑乘"。乾为神，为公。艮为寿，故曰"彭祖"。艮阳在上，故曰"刺"。刺，谒札也。王乔，古仙人，亦艮象。巫咸，王逸《离骚注》：古神巫也，殷中宗之世下降。伏兑为巫。"彭祖受刺"者，言欲见神公，彭祖受谒札。"王乔赞通"者，言见神公时，王乔为通其名也。艮为拜，为寿。

复 温仁君子，忠孝所在。八国为邻，祸灾不处。

坤柔，故曰"温仁"，曰"忠孝"。震为君，为子，故曰"温仁君子"。震为邻，坤为国，卦数八，故曰"八国为邻"。坤为祸灾，震解，故不处。

无妄 威权分离，乌夜徘徊。群蔽月光，大人诛伤。

震为威，巽为权，初至四正反震，故曰"分离"。艮为乌。伏坤为夜，为群。兑为月，兑伏，故月为坤黑所蔽也。乾为大人，坤杀，故诛伤。此必有故实，或以《左氏》楚幕有乌，及城上有乌，齐师其遁当之，皆不合。俟考。

大畜　学灵三年，圣且神明。明见善祥，吉喜福庆。鸸鹊知来，告我无忧。

详《小畜之渐》。

颐　东山辞家，处妇思夫。伊威盈室，长股赢户。叹我君子，役日未已。

震为东，为夫。艮为山，为室家，为君子。巽为震妇，巽伏，故曰"处妇"。坤为心，为思。巽为虫，故曰"伊威"。《诗传》：伊威，委黍也。陆机云：生瓮底，似白鱼。长股，蠨蛸也。《诗疏》：即长脚小蜘蛛。赢，宋衷《易》赢豕注：以赢为大索。陆绩、虞翻皆读作缧。"长股赢户"者，言蜘蛛作网于户。元本旧注疑赢为羸，误之远矣。巽为股，为长，故曰"长股"。《诗》：蠨蛸在户。传：蠨蛸，长踦。是焦《诗》与《毛》同也。

大过　张颔开口，舌直距齿。然诺不行，政乱无绪。

兑为口，为颔，为舌，为齿。乾为直，兑为言。正覆兑相背，故曰"舌直距齿"，曰"然诺不行"。伏坤为政，为乱，巽为绪。

坎　吹角高邦，有失牛羊，众民惊惶。敬慎避咎，敕不行殃。

互艮为角，为高邦。震口为吹，为羊。艮为牛。坎为失，故有失牛羊。坎为众，为民，震为惊。艮为敬慎。

离　南行出城，世得福祉。王姬归齐，赖其所欲。

通坎。震为南，为行。艮为城，为世。震为福祉，为王，为姬，为归。巽为齐。

咸　心狂志悖，视听耸类。政令无常，下民多孽。

通损。坤为心志，震为狂。艮为视，坤为类。艮一阳在坤上，故曰"耸类"。坤为政，巽为令。二至上正反巽，故曰"无常"。坤为下民，为孽。

恒　安上宜官，一日九迁。逾群越等，牧养常山。

通益。艮为山，为上，为官。乾为日，卦数一，故曰"一日"。震数九，故曰"九迁"。坤为群，为等，为牧养。震为迁，故曰"逾越"。艮为山，坤北，故曰"常山"。常山，北岳也。

遁　东邻嫁女，为王妃后。庄公筑馆，以尊王母。归于京师，季姜悦喜。

详《屯之观》。

大壮　六甲无子，以丧其戊。五丁不亲，庚失曾孙，癸走出门。

乾纳甲，震为子，兑毁折，乾数六，故曰"六甲无子"。坎居于方，纳戊。六甲始于子，今无子，故曰"以丧其戊"。互兑纳丁，伏巽卦数五，故曰"五丁"。乾健震健，兑刚远行，故不亲。震纳庚，艮为曾孙。艮覆，故曰"失"。坤上卦纳癸，乾为门，震出。大壮五上皆坤爻，在外，故曰"癸走出门"。

晋　阴雾不清，浊政乱民。孟秋季夏，水坏我居。

坎为阴雾，为混浊。坤为政，为民。伏兑为秋，兑与离连，故曰"孟秋"。上离为夏，离与艮连，故曰"季夏"。坤坎皆为水，艮为居。坎破，故曰"坏"。孟秋、季夏，用象之精，非夷所思。

明夷　骑豚逐羊，不见所望。径涉虎庐，亡豚失羊。

震为骑，坎为豕，震为羊。离为望，坎隐，故不见。又豚行缓，亦不能及也。艮为虎，艮反，与坎室连，故曰"虎庐"。坤为丧，故曰"亡失"。

睽　安床厚褥，不得久宿。弃我喜晏，困于南国。投杼之忧，不成祸灾。

伏蹇。艮为床，坎为宿。离为南，艮为国，故曰"南国"。坎为杼。《战国策》：甘茂曰，昔曾参之母方织，人谓曾参杀人，三告之，其母投杼而走。

蹇　五方四维，安平不危。利以居止，保有玉女。

坎纳戊数五，伏兑纳丁数四，故曰"五方四维"。艮为安，为居止。坎为危，艮安，故不危。伏兑为女，艮坚，故曰"玉女"。

解　西贾巴蜀，寒雪至榖。欲前不得，反复其室。

坎位西，伏巽为贾。巽在西南，故曰"巴蜀"。坎为寒，为雪，为榖。坎陷，故不能前。震为反，坎为室。

损　刚柔相呼，二姓为家。霜降既同，惠我以仁。

兑为刚，互坤为柔。正反震，故曰"相呼"。坤为姓，数二，故曰"二姓"。艮为家。坤为霜，为我。震为仁。家音姑。《荀子·大略篇》：霜降逆女，冰泮杀内。言嫁娶始于霜降，至冰泮而止。

益　天马五道，炎火分处，往来上下。相随哭歌，凶恶如何。

震为马，为大涂，艮为天，巽卦数五，故曰"天马五道"。《晋书·天文志》：王良五星，一名天马。艮为火，正反艮，故曰"分处"。震为往，正反震，故曰"往来上下"。震为歌，震之反则哭矣。《中孚·六二》云"或泣或歌"，林所本也。坤为凶恶。

夬　出门怀忧，东上祸丘。与凶相遇，自为灾患。

通剥。坤为门，为忧祸，为凶灾。艮为丘，乾坤纳甲乙，故曰"东上祸丘"。

姤　西行求玉，冀得隋璞。反见凶恶，使我惊惑。

通复。震为行，为玉璞。坤为凶恶，为惑。震为惊。

萃　出入无妄，动作失利。衔忧怀祸，使我多悴。

伏震为出，巽为入。坤丧，兑毁，故无妄。妄，西汉人皆读为望。兑口为衔。坤为忧祸，为我。

升 高楼无柱，颠僵不久。纣失三仁，身死牧野。

坤为重，故曰高楼。本弱，故无柱。巽陨，故颠僵。坤恶，故曰"纣"。震为仁，数三，故曰"三仁"。兑毁折，故失三仁。坤为身。为野，为养，故曰"牧野"。坤杀，故曰"身死"。

困 避祸逃殃，身全不伤。高位疾颠，华落坠亡。

坎为灾，故曰"祸殃"。坎隐，故曰"避逃"。伏艮为身，在外，故曰"身全不伤"。艮为位，在上，故曰"高位"。巽陨，故颠。兑为华，巽落，故曰"坠亡"。

井 张牙反目，怒酢作怒。狂马挠犬，道惊伤轸。

兑为牙，离为目。坎两半离相背，故曰"反目"。兑为酢，伏震为怒，为狂。伏艮为犬，艮止，故狂。马竟为犬所挠，而车惊伤轸也。震为道，为惊，兑为伤。轸象或属坎。

革 泉涸龙忧，箕子为奴。干叔陨命，殷破其家。

详《泰之剥》。

鼎 向食饮酒，嘉宾聚会。牂羊大猪，君子饶有。

通屯。坎为酒，兑口为饮。震为嘉宾，坤为聚，故曰"嘉宾聚会"。兑为羊。巽为豕，与乾连。乾为牡，为大，故曰"牂羊大猪"。艮为君子。

震 黄牛骍犊，东行折角。冀得百祥，反亡我囊。

艮为牛犊，震为玄黄，故曰"黄牛"。坎赤，故曰"骍犊"。艮为角，震东，坎破，故东行折角。震为百，为祥。坤为囊。坤初变阳，囊之形毁矣，故曰"亡"。

艮 路多枳棘，步刺我足。不利旅客，为心作毒。

详《遁之艮》。

渐 执斧破薪，使媒求妇。和合二姓，亲御饮酒。召彼邻里，公姑悦喜。

艮手为执，伏兑为斧。巽为薪，坎为破，故曰"破薪"。《诗·豳风》：伐柯如何，匪斧不克。娶妻如何，匪媒不得。坎为合，为媒。艮为求，巽为妇。坤为姓，数二，坎入坤，故曰"和合二姓"。坎为酒。按《礼·昏义》：婿亲御妇车三周，共牢而食，合卺而酳。亲御饮酒，皆古礼也。艮为邻里。巽为母，震为公，为悦喜。

归妹 驾车出门，顺时宜西。福佑我身，安宁无患。

震为驾，为车，伏艮为门。兑为西。卦春夏秋冬皆备，故曰"顺时"。

丰 日新东升，魁杓为祸。仆台为秦，使我久坐。

离为日，为新。震为东，为升，为魁杓。又伏艮为星，卦数七，斗七星，故曰"魁杓"。"魁杓"者，斗柄也。斗柄所指，四时以成。《易》《六二》《九四》皆不吉，皆曰"日中见斗"，故曰"为祸"。又魁杓，即魁罡也，亦谓天罡。《涣之比》云：行触天罡，马死车伤。《睽之渐》曰：魁罡所当，初为败殃。

旅 山陵丘墓，魂魄室屋。精光竭尽，长卧无觉。

艮为山丘，为室屋。震为精光。震伏风陨，故曰"竭尽"。艮为卧。

巽 孩子贪饵，为利所说。探釜把甑，烂其臂手。

伏震为孩子，为饵。巽为利。震为说，为釜甑。巽为烂，艮为手，为臂。言孩子无知，贪饼饵微利，探手釜甑，为沸汤所伤也。

兑 何材待时，闭户独愁。蚯蚓冬行，解我无忧。桑蚕不得，女红无成。

何、荷同。伏艮为材，为负何，为待，为时，故何材待时。艮为门。坎为闭，为愁。坎孤，故闭门独愁。互巽为蚯蚓，伏坎为冬。震为解，故无忧。巽为桑，为蚕。为工。故曰"女红"。红同工。《汉书·郦食其传》：红女下机。师古读红为工。兑毁，故无成。

涣 解商惊惶，散我衣装，君不安邦。

震为解，为商旅，为惊惶，为衣装，为君。艮为邦，正反震，故不安。

节 害政养贼，背主入愆。跛行不安，国危为患。

坤为政，坎折坤，故曰"害政"。坎为贼。震为主，艮为背，为覆震，故曰"背主"。震为足，兑折，故跛行。艮为国，坎为危。

中孚 祸走患伏，喜为我福。凶恶消亡，灾害不作。

巽为伏，兑为祸患，震行，故曰"祸走患伏"。震为喜，为福。兑刚鲁，故曰"凶恶"。毁折，故曰"灾害"。兑覆为巽，巽敝漏，故曰"凶恶消亡"，曰"灾害不作"。

小过 老马为驹，病鸡不雏。三雌独宿，利在山北。

震为马，艮为寿，故曰"老马"。兑少，故曰"驹"。巽为鸡，为疾，故曰"病鸡"。兑为雏，为雌。震数三，故曰"三雌"。巽为独，为伏，故曰"独宿"。巽为利。上震为覆艮，故曰"山北"。中孚二至四艮覆，曰"鸣鹤在阴"，在山阴也。兹曰"山北"，义同。

既济 播天舞光地乳神所，守乐无咎。

此皆用半象。

未济 异国殊俗，情不相得。金木为仇，酋贼擅杀。

離上
兌下 睽之第三十八

仓盈庾亿，宜稼黍稷，年岁丰熟。

详《乾之师》。

之乾 被服文衣，游观酒池。上堂见觞，喜为吾兄，使我忧亡。

此兼用遇卦象。乾为衣，睽互离为文。坎为酒，为忧。兑为池。

坤 邑姜叔子，天文在手。实沈参虚，封为晋侯。

详《随之恒》。

屯 改柯易叶，饭温不食。豪雄争强，先者受福。

震为柯叶，坤杀，故更改。坎为饮食，下有艮火，故曰"饭温"。坤闭，故不食。震为雄强，为福。初至五正反震，故曰"争强"。

蒙 馨香陟降，明德上登。社神佑顾，命予大邻。

伏巽为臭，故曰"馨香"。二至上正反震，故曰"陟降"。艮为明，震为德，为登。艮阳在上，故曰"上登"。坤为社，震为神，艮为雇。伏巽为命，震为邻，震言，故曰"命予大邻"。

需 老狼白狳，长尾大胡。前颠却踬，进退遇祟。

此用伏象，艮为狼，下坤，故曰"老狼"。狳，犬也。艮为犬，故曰"白狳"。艮为尾，为胡。胡，领肉下垂也。艮形长，故曰"长尾大胡"。坎陷，故前颠却踬。《诗》，狼跋其尾、狼跋其胡是也。

讼 山没丘浮，陆为水鱼，燕雀无庐。

详《观之大有》。

师 懿公浅愚，不受深谋。无援失国，为狄所灭。

详《比之家人》。

比 鼎炀其耳，热不可举。大涂塞壅，旅人心苦。

详《观之中孚》。

小畜 凶声丑言，恶不可闻。君子舍之，往恨我心。

通豫。坤为凶，为丑。震为声，为言。坎为闻，坤恶，故不可闻。艮为君子。坎为恨，为小。

履 昧暮乘车，履危蹈沟。亡失群物，摧折两轴。

见前。

泰 南有嘉鱼，驾黄取鲟。鲂鲔诩诩，利来无忧。

详《离之中孚》。

否 隔在九山，往来劳难。心结不通，失其所欢。

艮为山，乾数九，故曰"九山"。艮止，故曰"隔"。坤役万物，故曰"劳难"。坤为心，为失。坤闭，故不通。震为欢，二至四震覆，故不欢。

同人 下流难居，狂夫多疲。贞良温柔，年岁不富。

通师。坤水，坎水，阳在下，故曰"下流难居"。震为夫，为狂。坤柔，故曰"疲"。坎冬，故曰"贞"。坤为年岁，坤穷，故曰"不富"。

大有 狐狸雉兔，畏人逃去。分首窜匿，不知所处。

通比。离为雉，艮坎皆为狐狸。坎为畏，坎隐伏，故曰"逃去"，曰"窜匿"。坎为首。乾亦为首，乾在下，坎伏，故曰"分首窜匿"。

谦 异体殊俗，各有所属。西邻孤妪，欲寄我室。主母骂詈，终不可得。

坤为体，为俗，中为一阳所隔，故曰"异体殊俗"。伏兑为西，震为邻，巽为寡，故曰"西邻孤妪"。互坎为室，艮止，故曰"欲寄我室"。震为主，坤为母。正反震相背，故曰"骂詈"。艮为终。

豫 怒非怨妒，贪得腐鼠。而呼鹰鸇，自令失饵，致被困患。

震为怒，坎为妒。为鼠，伏巽，故曰"腐鼠"。震为呼，艮为鹰鸇。坤为失，震为饵。坎为困。言自得腐鼠而呼鹰鸇，致为所夺。语袭《庄子》。

随 五心六意，歧道多怪。非君本心，生我恨悔。

巽卦数五，互坎为心意，数六，故曰"五心六意"。艮为道路，正反艮，故曰"歧道"。坎为怪，互大坎，故曰"多怪"。震为君，为生。坎为心，为恨。

蛊 三班六黑，同室共食。日长月息，我家有德。

楚人呼虎为班。艮为虎，数三，故曰"三班"。黑，豕也。《诗·小雅》：以其骍黑。传：黑，豕也。巽为豕。艮为室。兑为食，为月。艮为日，为家。震为息。言德能咸物，使虎豕同居也。

临 方船备水，旁河燃火，终身无祸。

震为船，坤方，故曰"方船"。方，并也。坤为水，为河。伏艮为火，为终。坤为身，为祸。震解，故无祸。言有船则无水患，旁河则无火患也。

观 翳屏独语，不闻朝市。以利居服，兔跛后闻。

艮为屏。坤为寡，故曰"独"。伏兑为语，巽为翳。翳屏独语，隔屏独语也。坤为朝市，为利。兑为耳，兑覆，故不闻。艮为居。震为兔，兑折，故曰"兔跛"。

噬嗑 居处不安，徒反触患。

艮为居处，正反艮，故不安。震为徒，前与坎遇，故曰"触患"。

贲 剟刖髡劓，人所贱弃。批捍之言，我心不快。

通困。兑上缺，故曰"剟"。巽下断，故曰"刖"。巽寡发，故曰"髡"。艮为鼻，兑上缺，故曰"劓"。震为人，为言。艮手，故曰"批捍"。批捍之言，犹打之使言也。坎为心，为忧，故不快。

剥 皋田禾黍，堆壤麻枲。衣食我躬，室家饶有。

艮为皋。坤为田，为茅茹，故曰"禾黍"，曰"麻枲"。艮为堆壤。坤为衣，伏兑为食。艮为躬，为室家。坤多，故曰"饶有"。麻枲可以为衣，禾黍可食，故曰"衣食我躬"。

复 两目失明，日夺无光。胫足跛倚，不可以行，顿于丘旁。

此兼用遇卦睽象。睽重离，故曰"两目"。坎黑，故失明。离为日光，为坎所夺，故无。震为胫足，坤敝，故跛倚不行。坤闭，故顿于丘旁。震为陵丘。

无妄 金城朔方，外国多羊。履霜不时，去复为忧。

艮为城，乾金，故曰"金城"。乾西北，故曰"朔方"。金城，亦西北郡也。伏坤为国，在外卦，故曰"外国"。震为羊，正覆震，故曰"多羊"。坤初为霜，初震爻，故曰"履霜"。艮为时，正反艮，故不时。伏坤为忧。"去复为忧"者，言震往与坤遇也。

大畜 匿瘤不医，乱政伤灾。纣作淫虐，商破其墟。

通萃。坤为病，巽为伏匿，艮止，故曰"匿病不医"。坤为政，为乱，为灾。为恶，故曰"纣"。坤为虐，为墟。兑为破，震为子，震覆，故曰"商破其墟"。商，子姓也。

颐 鬼哭泣社，悲伤无后。甲子昧爽，殷人绝嗣。

坤为社，为鬼。震为哭，为后。艮为覆震，故无后。震为子，在东方，故曰"甲子"。震为旦，故曰"昧爽"。震为子，殷子姓。坤杀，故殷人绝嗣。按《论衡》云：世称纣之时，夜交隤哭。又曰：纣郊鬼哭。即所谓鬼哭泣社也。又《墨子·非攻下》云：商王纣之时，妇妖宵出，有鬼宵吟。

大过 焱风卒起，车驰揭揭。弃古追亡，失其和节，忧心惙惙。

正反巽，故曰"焱风"。焱风，回风也。《月令》：焱风暴雨总至。注：回风曰焱。伏震为车，为驰。乾为古，大过死，故曰"弃古"，曰"追亡"。伏坤为失，为忧，为心。按《诗·桧风》：匪风发兮，匪车偈兮。传云：偈偈疾驱。兹作揭揭，是《齐诗》与《毛》异字。又按，此《诗》思周道而作。"弃古追亡"者，言见今之人弃周道，而蹈灭亡之道也。

坎 耄老失明，闻善不从。自令颠沛，反为咎殃。

互艮为明，为耄老。坎黑，故失明。坎耳为闻。互震为善，为从。艮止，故曰"不从"。

离 随风骑龙，与利相逢。日获三狐，商伯有功。冲冲之邑，长安无他。

互巽为风，伏震为龙。巽为利，震为田猎。艮为狐，数三，故曰"三狐"。震为伯，为商旅。艮为邑，为安。

咸 三牛五羊，重明作福，使我有得。疾入官狱，忧在心腹。

艮为牛，数三，故曰"三牛"。兑为羊，巽卦数五，故曰"五羊"。互乾为大明，艮亦为明，故曰"重明"。艮为官。伏坤为忧，为疾，为心腹。坤闭，故曰"入狱"。

恒 孟巳己丑，哀呼尼父。明德讫终，乱虐滋起。

巽居巳，巳四月为孟夏，故曰"孟巳"。巽贞丑，故曰"己丑"。《左传·哀十六年》：四月己丑，孔丘卒。公诔之曰，呜呼哀哉，尼父！乾为父，为山，故曰"尼父"。兑口为呼。乾为明德。伏坤为死，故曰"讫终"，曰"乱虐"。

遁 华灯百枝，消暗衰微。精光讫尽，奄如灰糜。

乾为大明，为百。艮亦为明，巽为枝，故曰"华灯百枝"。阴消阳，故衰尽糜烂也。《孟子》：糜烂其民。巽消象也。

大壮 鹰飞雉退，兔伏不起。狐张狼鸣，野鸡骇惊。

通观。艮为鹰，坤文为雉。艮上，故曰"鹰飞"。坤下，故曰"雉退"。震为兔，巽伏，故曰"兔伏不起"。艮为狐狼，震为张，为鸣。巽为鸡，坤为野，故曰"野鸡"。震为惊骇。

晋 斗战天门，身有何患。室家具在，不失其欢。

《内经》以戌亥为天门。艮为刀兵，居戌亥，为天，为门，故曰"天门"。坤为身，为患。坎为室，艮为家。

明夷 东家杀牛，行逆腥臊。神背西顾，命衰绝周。亳社灾烧，宋人夷诛。

详《噬嗑之巽》。震为周。坤为社，下离，故曰"灾"。艮为宋，坤杀，故夷诛。

家人 阴阳辨舒，二姓相合。婚姻孔云，生我利福。

坎为合，巽为利。二姓谓离坎。

蹇 东入海口，循流北走。一高一下，五邑无主。十日六夜，死于水浇。

离为东，坤为海，伏兑为口，坎入坤中，故曰"东入海口"。坎为流，重坎，故曰"循流"。坎北，故北走。艮高坎下，卦一阴一阳相间，故曰"一高一下"。坎纳戊数五，艮为邑，震为主，震覆，故五邑无主。伏兑数十，故曰"十日"。坎为夜，数六，故曰"六夜"。坎为死卦，故曰"死于水浇"。

解 孤竹之墟，失妇无夫。伤于蒺藜，不见其妻。东郭棠姜，武子以亡。

详《需之剥》。

损 天门东墟，尽既为灾。跰躠喑聋，秦伯受殃。

艮居戌亥，为天门。震为东。坤为墟，为灾。跰躠，足互貌。震为足。兑为口，为耳。坤闭，故曰"喑"，曰"聋"。喑，失音也。震为伯，兑西，故曰"秦伯"。义多不解。

益 赖先休光，受福之祉。虽遭乱溃，独不危殆。

伏乾为先，为休，为光，为福祉。坤为乱溃，为危殆。震解，故不危殆。殆，古音以。

夬 折若闭日，不见稚叔。三足孤乌，远其元夫。

详《师之蒙》。

姤 二人同室，兄弟合食。和乐相好，各得所欲。

通复。震为人，坤数二，故曰"二人"。坤为室。震为口，故曰"食"。震为乐。

萃 继体守藩，纵欲废贤。君臣淫佚，夏氏失身。侧室之门，福禄来存。

坤为体，艮为藩。乾为贤，乾伏，故曰"废贤"。乾为君，坤为臣。正反震，故曰"纵欲"，曰"淫佚"。巽为夏，坤为身，为失，故曰"夏氏失身"。艮为室，兑毁，故曰"侧室"。坤为门，乾为福禄。此似指陈灵公君臣通夏姬事。

升 老狐屈尾，东西为鬼。病我长女，哭涕诎指。或西或东，大华易诱。

通无妄。艮为狐，为尾。正反艮，故曰"屈尾"。震东，兑西。坤为鬼，为病。巽为长女。兑为哭涕，艮为指。艮覆，故曰"屈指"。此似述狐祟人故事。自《庄子》即有孽狐为祥之语。《虞初志》亡后，不得其详耳。

困 大树之子，百条共母。当夏六月，枝叶茂盛。鸾凤以庇，召伯避暑。翩翩偃仰，各得其所。

井 井堙木刊，国多暴残。秦王失戌，坏我太坛。

兑为井，坎为塞，故曰"井堙"。巽为陨落，故曰"木刊"。伏艮为国。震为暴，为王。兑西，故曰"秦王"。戍，守也。艮为守，艮伏，故曰"失戍"。"太坛"者，社稷。言秦社稷之坏，由于谪戍也。

革 驾黄买苍，与利相迎。心获所守，不累弟兄。

通蒙。震为马，为黄，为苍。巽为利，震巽相往复，故曰"相迎"。坎为心。艮为守，为弟。震为兄。

鼎 仓盈庾亿，宜稼黍稷。年丰岁熟，民得安息。

详《乾之师》。

震 龙生马渊，寿考且神。飞腾上天，舍宿轩辕，居常乐安。

震为龙，为马，为神。坤为渊。艮为寿考，为天。为星，故曰"舍宿轩辕"。《史记·天官书》：轩辕十二星。

艮 思顾所之，今乃逢时。洗濯故忧，拜我欢来。

互坎为思，震为之。艮为顾，为时。坎为洗濯，为忧。震为欢。

渐 魁罡所当，初为败殃。君子流连，困于水浆。求金东山，利在代乡。贾市有息，子载母行。

艮为星，故曰"魁罡"。《参同契》：二月榆落魁临于卯天罡，据酉。注：天罡，即北斗。《梦溪笔谈》：斗杓谓之刚。《史记·天官书》：魁枕参首。注：魁，北斗第一星也。《涣之比》云：行触天罡，马死车伤。是罡星所指之地凶也。巽陨落，故败。艮为君子。坎为水浆，坎陷，故困。艮为金，为求，为山。离位东，故曰"东山"。巽为利市，为母。伏震为子。

归妹 铅刀攻玉，无不钻凿。龙体具举，鲁般为辅。三圣翼事，所求必喜。

通渐。艮为刀，巽柔，故曰"铅刀"。震为玉，为龙。艮手为钻凿。兑为鲁，故曰"鲁般"。坎为圣，震数三，故曰"三圣"。震为羽翼，为喜。

丰 喜来如云，举家蒙欢。众才君子，驾福盈门。

通涣。震为喜，坎为云。艮为家，为君子，为门。坎为众。震为驾，为福。

旅 响像无形，骨体不成。微行衰索，消灭无名。

巽风响而无形。艮为体，为名。巽伏，故无名。

巽 积水不温，北陆苦寒。露宿多风，君子伤心。

伏坎，故曰"积水"，曰"苦寒"。坎北，故曰"北陆"。坎为露，为宿。重巽，故风多。艮为君子，坎为心。

兑 黄马绿车，驾之大都。赞达才能，使我无忧。

伏震为玄黄，为马，为车。兑西方数四，九宫四色绿，故曰"绿车"。艮为都，重艮，故曰"大都"。兑口，故曰"赞达"。互巽为材。坎为忧，坎伏，故无忧。

涣 从风放火，艾芝俱死。三害集房，叔子中伤。

巽风，艮火。巽为艾芝，在火上，故死。震数三，坎为害，为积。艮为房，为叔子。坎为中，为伤。《论衡》：身蒙三害，虽孔丘墨翟不能自免。

节 一身三手，无益于辅。两足共节，不能克敏。

艮为身，坎数一，故曰"一身"。震数三，艮手，故曰"三手"。兑毁坎破，故无益于辅。正反震，故曰"两足"。艮多节，正反震，故曰"共节"。"节"者，止也，故不能克敏。

中孚 南向陋室，风雨并入。埃尘积湿，王母盲痹。偏枯心疾，乱我家次。

震为南。艮为室，巽为敞漏，故曰"陋室"。巽风，故起埃尘。兑雨，故积湿。艮为埃尘。震为王，巽为母，故曰"王母"。互大离，故曰"盲"。上风下湿，故曰"痹"。痹，湿病也。巽枯在上，故曰"偏枯"。

小过 采薇出车，鱼丽思初。上下促急，君子怀忧。

采薇、鱼丽，皆《小雅》诗篇名。《毛序》谓，美万物盛多，能备。郑注《礼·乡饮酒》云：鱼丽，言太平年丰物多也。焦云"思初"，念初时之盛而今不然也。与毛、郑异。艮手为采，巽为薇，震马车。巽为鱼，震为初。艮上震下，风散兑毁，故曰"上下促急"。艮为君子。

既济 先易后否，告我利市。骚苏自苦，思我故止。

未济 生宜地乳，上皇大喜。隆我福祉，贵寿无极。

此与上皆用半象。

坎上 艮下 蹇之第三十九

同载共舆，中道别去。丧我元夫，独与孤居。

坎为舆，重坎，故曰"同载共舆"。艮为道，坎为中，坎死，故别去。震为夫，为元，震覆，故"丧我元夫"。坎为孤，艮为独，故曰"独与孤居"。

之乾 叔肸居冤，祁子自邑，乘遽解患。羊舌脱免，赖得生全。

肸，叔向名也。《左传·襄二十一年》：栾盈之乱，范宣子杀羊舌虎。虎，叔向弟。

故因叔向。大夫祁奚闻之，乘驲而见宣子，救叔向，免之。遽即驲。僖公三十三年，且使遽告于郑。注：传车，即驿递也。此似用遇卦象。塞下艮为叔，为邑。坎为车，重坎，故曰"遽"。遽，传车，至驿而更，有类重坎象。坎为患。兑为羊，为舌。兑伏，故曰"脱免"。

坤 兔聚东郭，众犬俱猎。围缺不成，无所能获。

此仍兼用遇卦象。坎为聚，离位东，艮为郭，为犬。坎为众。坤为围，中断，故围缺。震为兔，兹无震象，疑用艮。《战国策》：东郭𫘝，海内之狡兔也。

屯 作室山根，人以为安。一夕崩颠，败我壶餐。

艮为室，为山。震为人，艮为安。坎为夕，数一，故曰"一夕"。震为覆艮，故曰"山崩"。坤为壶，为浆，为我。坎破，故曰"败"。

蒙 疾风尘起，乱扰崩始。强大并小，先否后喜。

坤为风，为疾，艮为尘，震为起。坤为乱扰，二四艮覆，故曰"崩"。震为始，言乱自此始也。震为强大。正反震，中互坤，坤小，故曰"强大并小"。坎陷，故"否"。震为喜，为后，故曰"先否后喜"。

需 洁齐沐浴，思明君德。哀公怯弱，风氏复北。

《论语》：陈成子弑简公，孔子沐浴而朝，请讨之。坎为水，故曰"洁"，曰"沐浴"。乾为君，互离为明。"思明君德"者，言宜讨齐，以明君臣之分也。乾为公，坎为忧哀，为怯。风，疑为姜。巽为姜，二至四巽覆，故曰"姜氏复北"。北，败也。坎为北。言公不从孔子之请，姜氏自此灭也。丁晏等以风氏指颛臾，季氏伐之为解。似非。

讼 土瘠瘦薄，培塿无柏，使我不乐。

通明夷。坤土，坎为薄。震为陵，故曰"培塿"。艮为木，为坚，故为柏。艮覆，故无柏。震为乐，坎忧，故不乐。

师 褰衣涉河，水深渍罢。赖遇舟子，济脱无他。

比 送我季女，至于荡道。齐子旦夕，留连久处。

详《屯之大过》。

小畜 三孙六子，安无所苦。中岁废殆，亡我所使。

通豫。艮为孙，数三，故曰"三孙"。震为子，坎数六，故曰"六子"。艮为安。坎为劳苦，为中。坤为岁。为丧，故曰"废殆"。坤又为亡，为我。

履 扬风偃草，尘埃俱起。清浊溷散，忠直隐处。

互巽为风，为草。巽为伏，故曰"偃"伏，艮为尘埃。伏坎为水，而与土连，故曰

"浊"，曰"溷"。清浊溷散，言清浊不分也。坎为忠，乾为直，坎为隐。

泰 履险登危，道远劳罢。去家自归，困涉大波。

兑折，故危险。震为足，曰"履"，曰"登"。震为道。坤役万物，故劳疲。伏艮为家。震为归，为涉。坤水乾大，故曰"大波"。

否 六艺之门，仁义俱存。镃基逢时，尧舜为君。伤寒热温，下至黄泉。

乾为门，数六，故曰"六艺之门"。六艺，六经也。乾仁坤义。艮为时。乾为尧舜，为君，为寒。艮火，故曰"热温"。坤为水，为泉，为下，坤死，故下至黄泉。镃基，《孟子》赵岐注：耒耜也。伏震象。

同人 被服文衣，游观酒池。上堂见觞，喜为吾兄，使我忧亡。

乾为衣，离为文，故被服文衣。伏震为游，离为观，伏坎为酒池，故游观酒池。震为觞，为喜，为兄。伏坤为我，为忧，为亡。

大有 生时不利，天命灾至。制于斧瘢，昼夜勤苦。

伏艮为时。巽为利，为命。巽覆，故不利，故灾至。乾为天，坤为灾也。伏坎为制，兑为斧。艮多节，故曰"斧瘢"。离昼坎夜。坎劳，故勤苦。

谦 天门开辟，牢户寥廓。桎梏解脱，拘囚纵释。

《内经》以戌亥为天门。艮先天居戌亥，故曰"天门"。坤为门户也。坎为牢，为桎梏。震解，故脱。坎为拘囚，震纵释。

豫 川原难游，水为我忧。多言少实，命鹿为驹。建德开基，君子逢时，利以中疑。

坤为川原，坎陷，故难游。震为言，正反震。坤虚，故少实。震为鹿，亦为马，故曰"命鹿为驹"。命，名也。《史记》：秦赵高命鹿为马。艮为名，为君子，为时。伏巽为利，坎为疑，为中。林文疑只四句而止，后三句皆他人林文羼入者。

随 乡岁逢时，与生为期。枝叶盛茂，君子无忧。

震为岁，艮为时。震为生，为枝叶，为茂盛。艮为君子。震喜，兑悦，故无忧。

蛊 六鹢退飞，为襄败祥。陈师合战，左股夷伤。遂崩不起，霸功不成。

《左传·僖十六年》：六鹢退飞，过宋都。周内史叔兴对襄公曰，君将得诸侯而不终。后二十一年，楚人执宋公。二十二年，宋败于泓，襄公伤左股，遂卒。故曰"为襄败征"。艮为鹢，震反，故"退飞"。震为诸侯，故曰"襄公"。兑折，故败。祥，犹征也。震为陈，坎为众，互大坎，故曰"陈师"。巽为股。震为战，为左。兑折，故伤。三至五艮覆，故曰"崩"。震为霸，为功。四至上震覆，故霸功不成。

临 雷君出装，隐隐西行。霖雨不止，流为河江，南国以伤。

震为雷，为君，为出，故曰"雷君出装"。雷君，即雷师也。兑为西，为雨。坤为水，为江河，为国。震为南，故曰"南国"。兑为伤。

观 牙孽生达，室蟠启户。幽人利贞，鼓翼起舞。

通大壮。震为芽孽，为生。艮为室，坤为户。蟠，曲也，屈也，言室宇曲屈而启户也。震为启。艮为高尚，为幽人。巽为利，为伏，故曰"利贞"。震为鼓，为翼，为起，为舞。

噬嗑 火起上门，不为我残。跳脱东西，独得生完。不利出邻，病疾忧患。

离火在艮门上，故不为患。震为跳脱，离东坎西，故跳脱东西。震为邻，为出。然出即与坎逢而疾病，故不利也。

贲 举事无成，不利出征。言不可用，众莫能平。

震为举，正反震，故无成，故不利出征，故言不可用。坎为平，为众。

剥 老狼白驴，长尾大胡。前颠却踬，进退遇祟。

详《睽之需》。

复 日入道极，劳者休息。班马还师，复我燕室。

此用蹇象。坎为暮，离在坎下，故曰"日入"。艮为道。极，尽也，言道止于此也。坎为劳，艮止，故休息。坎为马，重坎，故曰"班马"。坎众，故曰"师"。艮止，故曰"还师"。坎为室，伏兑，故曰"燕室"。

无妄 林麓山薮，非人所处。鸟兽无礼，使我心苦。

震为林，为薮。艮为山，为丽。乾为人，在上，故不处山林。艮为鸟，为兽。坤为礼，坤伏，故曰"无礼"。伏坤为我，为心。

大畜 蓄利积福，日新其德。高氏饮食，忧不为患。

乾为福，伏巽为利。艮止在上，故曰"蓄积"。艮为日，为高。兑口为饮食，故曰"高氏饮食"。坤为忧患，坤伏，故不忧。

颐 张罗百目，鸟不得北。缩颈挂翼，困于窘国。君子治德，获誉受福。

离为目，为网罗。大离，故曰"百目"。坤为百也。坤先天位北，震为鸟。艮止在上，故不得北。艮为颈，震为翼。坤退而闭，故缩颈。震反在上，故挂翼。艮为国，坤闭，故曰"窘国"。艮为君子，为名誉。震为福。艮为获，故获誉。坤受，故受福。

大过 伯虎仲熊，德义渊宏。使布五教，阴阳顺序。

伏艮为虎熊，震为伯，坎为仲。卦本大坎也。乾为德，伏坤为义；为渊，故曰"渊宏"。巽卦数五，又为命令，故曰"使布五教"。乾阳坤阴，巽顺。伯虎仲熊，高辛子八恺之二。

坎 跛踦相随，日暮牛罢。陵迟后旅，失利亡雌。

详《大有之归妹》。

离 嬴氏违良，使孟寻兵。老师不已，败于齐卿。

互兑为西，故曰"嬴氏"。艮为良，艮伏，故曰"违良"。伏震为孟，艮为兵。坎为众，为师，重坎，故曰"老师不已"。兑为败，巽为齐。齐卿，言孟明视、西乞术、白乙丙皆卿爵。案，《汉书·食货志》：世家子弟富人或走狗马，博戏，乱齐民。如淳注：齐，等也。言无贵贱。又《诗·召南》：齐侯之子。齐侯犹通侯，即诸侯也。由此证，败于齐卿，即败于诸卿也。《左传·僖三十二年》：秦穆公违蹇叔谏，使孟明等伐郑，败于崤函。

咸 日月并居，常暗且微。高山崩颠，丘陵为谿。

兑月艮日，故曰"并居"。兑为暗昧，故曰"暗微"也。艮为高山，兑毁巽陨，故崩颠。艮为丘陵，兑为谿。

恒 鸟雀食谷，张口受哺。蒙被恩德，长大成就。柔顺利贞，君臣合好。

震为鸟鹊，为谷。兑为口，故曰"食谷"，曰"受哺"。乾为大。巽为顺，为利。乾君，伏坤为臣。六爻皆有应，故曰"合好"。

遁 虽颐复起，不毁牙齿。克免平复，忧除无疾。

通临。兑毁折，故曰"颐"。震为起，兑为牙齿。坤为忧，为疾。震解，故除。

大壮 草木黄落，岁暮无室。虐政为贼，大人失福。

通观。候卦为八月。巽为草木，为陨落。坤黄，故曰"黄落"。候卦坤居亥，故曰"岁暮"。艮为室，巽陨，故无室。坤为政，巽为贼。乾为大人，壮伤也，故失福。

晋 避凶东走，反入祸口。制于牙爪，骨为灰土。

坤为凶，离位东，在外，故曰"避凶东走"。坤为祸。伏兑为口，为牙爪，为骨骸。坤为土，艮火离火，故曰"灰土"。

明夷 欲飞不能。志苦心劳，福不我求。

离为飞，坎陷，故不能飞。坎为心志，为劳苦。

家人 羔裘豹袪，东与福遇。驾迎吾兄，送我骊黄。

疑用半象。

睽 东耕破犁，西失良妻。灾害不避，家贫无资。

离为东，兑为西，坎为灾害。

解 鱼陆失所，凫龟困苦。泽无萑蒲，晋国以虚。

伏巽为鱼，震为凫龟，坎为困。

损 脱兔无蹄，三步五罢。南行不进，后市劳苦。

震为兔，为蹄。《庄子》：得兔而忘蹄。注：蹄，兔胃也。系其脚，故曰"蹄"。坤亡，故无蹄。震数三，故曰"三步"。伏巽，卦数五，坤乏，故曰"五罢"。震为南，艮止，故行不进。伏巽为市，坤劳苦。

益 行役未已，新事复起。姬姜劳苦，不得休止。

震行坤役。震为姬，巽为姜，坤为劳苦。艮止，故曰"休止"。正反艮，故不得休止。

夬 白日扬光，火为正王。消金厌兵，雷车避藏。阴雨不行，民安其乡。

通剥。艮为日，为光，为火。乾为王，为金。艮为兵戈，阴消阳，故曰"消金厌兵"。震为雷，为车。震覆，故"避藏"。兑为雨，坤为民，为乡。艮日在上，故阴雨不行而民得安也。

姤 放衔垂辔，奔马不制。弃法作奸，君失其位。

通复。震为衔，为辔，为奔马。阳遇阴则通，故曰"奔马不制"。坤为奸，震为君。坤为丧，故失位。

萃 司命下游，喜解我忧。皇母缓带，婴儿笑喜。

巽为命。《礼记》：大夫祭五祀。注：五祀，一曰司命。《汉书·天文志》：近魁六星，四曰司命。《晋书·天文志》：司命主寿。互巽为星，故曰"司命下游"。主寿，故解忧。兑悦，故喜。坤为母，伏乾，故曰"皇母"。巽为带。兑为婴儿，兑悦，故笑喜。

升 黄帝出游，驾龙乘马。东上泰山，南过齐鲁，邦国咸喜。

震为帝，坤土色黄，故曰"黄帝"。震为龙，为马，为东。伏艮为山，故东上太山。震又为南，巽齐兑鲁，故曰"南过齐鲁"。坤为邦国，震乐兑悦，故曰"咸喜"。

困 既往不说，忧来祸结。比户为患，无所申雪。

坎为忧患，坎陷，故祸结。伏艮为户，正反艮相对，故曰"比户"。下与坎连，故曰"比户为患"。比户，近邻也。近邻为患，防御难，故曰"无所申雪"。

井 何黄隐居，以避乱倾。终身不仕，遂其洁清。

通噬嗑。艮为何，震为黄。坎隐伏，故曰"避乱"。离为乱也。艮为终，为身，为仕。坎隐，故不仕。坎水，故曰"洁清"。

革 折桱春稷，君不得食。头痒搔跟，无益于疾。

兑为折，巽为梃，为稷。伏艮手，故曰"舂"。《孟子》：杀人以梃。赵岐注：梃，杖也。舂米须用槌，今以梃舂，非器。乾为君，兑为食。二至上大过，大过死，故不得食。伏艮为头，震为跟。坤为疾，故曰"痒"。正反震艮，故曰"头痒搔跟"。搔不得所，与以梃舂稷无功同也。

鼎 植根不固，华叶落去，便为枯树。

巽下腐，故曰"植根不固"。兑为华。巽为落，为枯，为树。

震 凶门生患，牢户多冤。沙池秃齿，使叔困贫。

艮为门，坎陷，故曰"凶门"。坎为狱，故曰"牢户"。坎为忧患，故曰"多冤"。艮为沙。伏兑为齿，巽为寡发，故曰"秃齿"。艮为叔，坎为困。

艮 登山履谷，与虎相触。猾为功曹，班叔奔北，脱之喜国。

艮为山谷，为虎。震为登，坎为猾。艮为官，故曰"功曹"。艮为叔。楚人谓虎为班，故曰"班叔"。《史记·龟策传》注：猾能伏虎。故虎见而奔北。艮为国，震为脱，为喜。《论衡》云：谓虎食人者，功曹为奸所致也。其意以为，功曹众吏之率，虎亦诸禽之雄也。

渐 麟凤所翔，国无咎殃。贾市十倍，复临惠里。

离为麟凤，艮为国。巽为贾市，为利三倍。伏兑数十，故曰"十倍"。艮为里。

归妹 路险道难，水过我前。进往不利，回车复还。

震为道路，坎险，故曰"道难"。坎为水，坎陷，故水遏我前。震为进，坎险，故不利。震为车，为反，故曰"复还"。

丰 延颈望邑，思归我室。台榭不成，未得安息。

通涣。艮为颈，为望，为邑。坎为室，震为归，故曰"思归我室"。艮为台榭，巽陨落，故不成，不得安息也。

旅 蒙生株瞿，棘挂我须。小人嫉妒，使恩不遂。

通节。震为蕃鲜，故曰"蒙生"。震为木，故曰"株"。为草，故曰"瞿"。《尔雅·释草》：大菊蘧麦。注：即瞿麦。药草也。又《韩诗外传》：直曰车前，瞿曰茉苣。坎为棘，艮为须。坎在艮上，若须挂棘上也。艮为小，震为人，坎为嫉妒，故曰"小人嫉妒"。

巽 南至隐域，深潜处匿。聪明闭塞，与死为伍。

互离为南。巽伏，故曰"隐"，曰"潜"，曰"匿"，曰"闭塞"。伏坎为聪，离为明。初至四大过死，故曰"与死为伍"。

兑 机饵设张，司暴子良。范叔不廉，凶害及身。

通艮。坎为机。震为饵，为张，为暴，为子。艮为司，为良，故曰"司暴子良"。《左传》：郑子良之父子孔，为政也专。国人杀子孔，子良奔楚。互巽为虫，故曰"范"。范，蠡也。《礼·内则》，爵鷃蜩范是也。艮为叔，故曰"范叔"。坎为凶害，艮为身。《史记》：范睢从须贾使齐，齐王赐睢金牛酒。归，以此受折胁之辱。

涣 从骑出谷，游戏苦域。阪高不进，利无所得。

震为骑，为出。艮为谷，为域。坎为苦。艮为阪，为高。巽为利，风散，故无得。

节 西国强梁，为虎作伥。东吞齐楚，并有其王。

兑西，艮国。震为健，故为强梁。强梁，多力也。艮为虎。坎为鬼，故曰"伥"。《本草》：人死于虎，则为伥鬼导虎而行。震为楚，伏巽为齐，兑口为吞，震东，故曰"东吞齐楚"。震为王。言西秦并吞六王也。

中孚 登山伐辐，虎在我侧。王孙无惧，仁不见贼。

艮山，震登。艮为伐，为虎。巽为辐，故曰"登山伐辐"。震为王，艮为孙，故曰"王孙"。震为仁。巽伏，故为贼。

小过 六月睽睽，各欲有至。专征束装，俟时旦明。

兑为月。震为反，故曰"至"。震为征，为旦明。艮为时，艮止，故曰"俟时旦明"。《诗·小雅》：六月栖栖，戎车既饬。四牡骙骙，载是常服。王于出征，以匡王国。载是常服，即束装之事，言尹吉甫奉宣王命出征猃狁而治装也。

既济 道涉多阪，牛马蜿蟺。车不利载，请求不得。

用半象。重艮，故曰"多阪"。

未济 一口三舌，相妨无益。群羊百祥，不为威强。亡马失驹，家耗于财。

用半象。重兑，故曰"三舌"，故曰"群羊"。

䷧ 震上 坎下 解之第四十

驾言出游，鸟斗车前，更相捽灭。兵寇旦来，回车亟还，可以无忧。

震为驾，为言，为游，这车。离为鸟，艮为斗。离正反艮相对，故曰"斗"，曰"捽"。坎隐伏，故曰"灭"。坎为寇，震为旦，故曰"兵寇旦来"。震为反，故回车亟还。坎忧，震解，故无忧。

之乾 大都之居，无物不具。抱布贸丝，所求必得。

伏坤为大都，为万物，为布。抱布贸丝。《卫风》语。

坤 胶著木连，不出牢关，家室相安。

此用解象。坎为胶，为木，与震木连体，故曰"木连"。坎为牢，为室。重坎，故不出。

屯 孟伯食长，惧其畏王。赖四蒙五，抱福归房。

震为孟伯；为长，为口，故曰"食长"。坎为畏惧，震为王。卦数四，坎纳戊，数五，故曰"赖四蒙五"。艮为抱，为房，震为福，故曰"抱福归房"。

蒙 朽舆疲驷，不任衔佩。君子服之，谈何容易。

震为车，为马。坤敝，故曰"朽"，曰"疲"。震口为衔，艮手为佩。艮为君子，坤为服。服，用也。言车马不良，不易驾驭。

需 许嫁既婚，利福在身。适惠生桓，为我鲁君。

《左传·隐元年》：宋武公生仲子，仲子生而有文在其手，曰为鲁夫人。故仲子归于惠公，生桓公。因手有文，故曰"利福在身"。坎为婚。伏坤为身。兑为鲁，乾为君。

讼 入门大喜，上堂见母。妻子俱在，兄弟饶有。

巽为入，乾为门，伏震为喜，故入门大喜。坎为室，故为堂。巽为母，伏震，故上堂见母。离为坎妻。震为子，为兄。坎为弟。

师 推车上山，力不能任。颠蹶蹉跌，伤我中心。

坤为车，震往，故曰"推车"。震为陵，故曰"上山"。坤弱，故不能任。坎蹇，故颠蹶蹉跌。坎为心，为中。坎破，故伤。

比 鹰飞退去，不食其雏。禽尚如此，何况人乎。

艮为鹰，为飞。坎隐伏，故退去。兑为食，为雏，兑伏，故不食其雏。

小畜 福弃我走，利不可得。幽人利贞，终无怨怼。

乾福风陨，故福弃我走。巽为利，在外，故利不可得。艮为幽人，为终。坎怨怼。正伏象杂用。

履 夫妻反目，不能正室。翁云于南，姬言还北。并后匹嫡，二政乱国。

伏坎为夫，离为妻，为目。离上下两半目相对，坎上下两半目相背，故曰"反目"。坎为室，为邪曲，故曰"不能正室"。乾为父，位南，故曰"翁云于南"。伏坤为母，为北，故曰"姬言还北"。坤为后，为政，为国，为乱。数二，故曰"并后"，曰"匹嫡"，曰"二政"。震为嫡也。

泰 阳衰伏匿，阴淫为贼。赖幸王孙，遂至嘉国。

阳在下，故曰"伏匿"。阴在上，故曰"阴淫"。坤杀兑折，故曰"贼"。震为王，为嘉。坤为国。

否　入山求玉，不见和璞。终日至暮，劳无所得。

巽为入，艮为山，为求。乾为玉，为璞。楚人卞和得璞玉，故曰"和璞"。巽伏，故不见。艮为日，为终。坤为暮，为劳。坤虚，故无得。

同人　鸣鸾四牡，驾出行狩。合格有获，献公饮酒。

通师。震为鸣鸾，为马。卦数四，故曰"四牡"。震为行，为狩。坎为获，为酒。震为公。

大有　覆手举牍，易为功力。正月元日，平饮致福。

通比。艮为手，为举。牍，木简也，所以作书。坤为文，坎为木，故曰"牍"。坎为月，为中正。离为日，乾为元，故曰"元日"。坎为平，为饮。《史记·魏其侯传》：灌夫与长乐卫尉饮，轻重不得其平。兹曰"平饮"，则两人对饮，轻重得平也。

谦　三火起明，雨灭其光。高位疾颠，骄恣诛伤。

详《大有之师》。

豫　裹糇荷粮，与利相逢。高飞有得，君子获福。

震为糇粮，艮为荷。伏巽为利。艮为高飞，为君子。

随　水土相得，万物蕃殖。膏泽优沃，君子有德。

兑为水，艮为土。震为万物，为蕃鲜，故曰"蕃殖"。兑为膏泽，为优沃。艮为君子。

蛊　道理和得，人不相贼。君子往之，乐有利福。

艮为道。震为人，为乐。巽为利。

临　天孙帝子，与日月处。光荣于世，福禄繁祉。

伏艮为天，为孙，震为帝，为子，故曰"天孙帝子"。伏乾为日，兑为月。《汉书·天文志》：织女，天帝孙也。伏艮为星，故曰"与日月处"。

观　陪依在位，乘非其器。折足覆𫗧，毁伤宝玉。

坤顺，故曰"陪依"。艮为贵，为位。坤为车，为小人。以小人而乘车，故曰"非器"。又震为器，震覆，故非器。震为足，为𫗧，为玉。震覆，故折足。覆𫗧，故伤玉。

噬嗑　鹢飞中退，举事不遂。且守仁德，犹恐失坠。

《左传》：六鹢退飞。宋襄图霸不成，故曰"举事不遂"。艮为鹢，为飞。震为归，故曰"退"。艮为守，震为仁。坎为失。

贲 经枣正冠，意盈不廉。桀纣迷谗，惑佞伤贤，使国乱烦。

艮为枣，为冠，艮手为正。正冠举手，有类摘果，故曰"不廉"。盈，极也。离为恶人，故曰"桀纣"。坎为迷惑。三至上正反震，故曰"谗佞"。艮为贤，为国。离为乱。

剥 申酉退跌，阴赝前作。柯条华枝，复泥不白。

候卦申否，酉观，戌剥。阳日退，故曰"跌"。阴日增，故曰"作"。艮为柯条，伏兑为华。震为白，震覆，故不白。

复 平正贱使，至服苦事。

震为主，坤贱而役万物，故主服苦事。

无妄 钓鲂河湄，水泛无涯。振衣徒归，上下昏迷，属公孙齐。

巽为鱼，艮手为钓。乾为河海，乾大，故水无涯。乾为衣。震为归，为公。互巽为齐。《左传·昭二十五年》：公孙于齐。注：讳奔，犹逊让而去也。孙音逊。

大畜 胎养蒙生，始见兆形。遭逢雷电，摧角折颈。采虻山头，终安不倾。

震为胎，为萌芽。艮为龟，故曰"兆形"。震为雷电。艮为角，为颈，兑毁，故折角摧颈。震为草莽，故曰"虻"。《诗·鄘风》：言采其蝱。注：蝱，贝母也。艮为山头，为终，为安。

颐 阳春枯槁，夏多水潦。霜雹俱作，伤我禾黍，年岁困苦。

震为春，坤死，故枯槁。坤为水，互重坤，故曰"多水"。卦本大离，故曰"夏"。坤为霜，为冰，故曰"雹"。震为禾稼。坤为年岁。

大过 三耳六齿，痛疾不已。龋病蛊缺，堕落其宅。

兑为耳，艮数三，故曰"三耳"。兑为齿，乾数六，故曰"六齿"。伏坤为疾痛。正反兑，故曰"龋"。龋，齿缺也。巽为虫，故曰"蛊"。巽陨，故堕落。

坎 失时无友，嘉耦出走，傫如丧狗。

坎为失，艮为时，为友。震为嘉，为走。艮为狗，为家。二四艮覆，故如丧家之狗。《史记·孔子世家》：儡儡然如丧家之狗。

离 宣重微民，岁乐年息。有国无咎，君子安喜。

重离，故曰"宣重"。宣，明也。言宣重光于民也。微字恐有讹。伏震为年岁，为乐，为息。伏艮为国，为君子。

咸 登几上车，驾驷南游。合从散横，燕秦以强。

详《屯之否》。

恒 鸟集茂林，柔顺利贞。心乐愿得，感戴慈母。

通益。艮为鸟，正反艮，故曰"鸟集"。震为林，正反震，故曰"茂林"。坤为柔顺，巽为利，艮为贞。坤为心，为慈母。艮为戴。

遁 启蛰始生，万物美荣。祉禄未成，市贾无赢。

通临。震为春，为生，故曰"启蛰始生"。震为蕃鲜，故曰"万物美荣"。乾为祉禄，阳消，故未成。巽为市贾，巽陨，故无赢。

大壮 骄胡犬形，造恶作凶。无所能成，还自灭身。

详《明夷之大壮》。

晋 异国他土，出良骏马。去如奔虻，害不能伤。

坤为国土，为马。艮为良。潘岳《闲居赋》：激矢虻飞。此云奔虻，言马疾如奔虻也。又箭名飞虻。《方言》云：箭之三镰，长尺六者，谓之飞虻。晋互坎为矢。奔虻，坎象也。

明夷 恪敬竞职，心不作慝。君明臣忠，民赖其福。

坎为心，震为君。坤为臣，为民。

家人 三女求夫，伺候山隅。不见复关，长思忧叹。

详《乾之家人》。

睽 驾福乘喜，东至嘉国。戴庆南行，离我室居。

详《小畜之贲》。

蹇 四奸为残，齐鲁道难。前驱执殳，戒守为患。

《左传·僖二十四年》：富辰曰，聋昧顽嚚，狄皆有之，四奸具矣。坎为奸，伏兑数四，故曰"四奸"。伏兑为鲁，覆巽为齐。艮为殳，为守。坎为患。

损 下扰上烦，蠹政为患，岁饥无年。

下互震为扰，上互坤为乱，故曰"扰烦"。坤为政，伏巽为虫，故曰"蠹政"。坤为患，为年岁。坤虚，故曰"饥"。

益 鸡雉失雏，常畏狐狸。黄池要盟，越国以昌。

巽为鸡，坤文为雉。艮少，故曰"雏"。坤死，故失雏。坤为畏，艮为狐狸。狐狸食雏，故畏之。坤为黄，坤水，故曰"黄池"。正反震，故曰"要盟"。坤为国，巽位东南，故曰"越国"。

夬 坚冰黄鸟，终日悲号。不见白粒，但观蓬蒿。数惊鸷鸟，为我心忧。

乾为坚冰，伏坤为黄。艮为鸟，为终日。兑口为号，坤忧，故曰"悲号"。巽为白，为粒。巽覆，故不见白粒。坤为茅茹，故曰"蓬蒿"。伏艮为鸷鸟。坤为心，为忧。

姤 玉铣铁颐，仓库空虚。市贾无盈，与我为仇。

详《晋之鼎》。

萃 窃名盗位，居非其家。霜陨不实，为阴所贼。

艮为名位，巽伏，故曰"盗名窃位"。艮为居，为家。盗位，故非其家。坤为霜。艮为果蓏，霜杀物，故不实。巽为贼。

升 贼仁伤德，天怒不福。斩刈宗社，失其本域。

巽为贼。震为仁德，为怒。伏乾，故曰"天怒"。坤杀，故曰"斩刈"。震为宗。坤为社，为失。

困 万物初生，蛰虫振起。益寿增福，日受其喜。

巽为草莽，故曰"万物"。伏震为春，故曰"初生"。巽为虫，坎蛰，震起。震福。伏艮为爵，为日。

井 和气所在，物皆不朽。圣贤居位，国无凶咎。

革 龙游凤舞，岁乐民喜。

伏震为龙。坤为凤，为岁，为民。震为喜乐。

鼎 行行窘步，次宿方舍。居安不惧，姬姜何忧。

通屯。正反震，故曰"行行"。艮止，坎陷，故曰"窘步"。坎为宿。艮为舍，坤方，故曰"方舍"。艮为安居。震为姬，巽为姜。坎忧震解，故不忧。

震 水深难游，霜寒难涉。商伯失利，旅人稽留。

互坎为水，坤亦为水，四上下重阴，故曰"水深"。震为游，为涉。坎为霜，为寒。震为伯，为商旅。巽伏，故失利。坎陷艮止，故稽留。

艮 跛倚相随，日暮牛罢。陵迟后旅，失利亡雌。

详《大有之归妹》。

渐 一牛九锁，更相牵挛。案明如市，不得东西。请谳得报，日中被刑。

艮为牛，坎数一，故曰"一牛"。坎为桎梏，离数九，故曰"九锁"。巽为市。离为明，位东。坎位西。艮止，故不得东西。艮为请。坎为刑，为中。艮又为首，否乾首自上落下，中互离，故曰"日中被刑"。虞翻刻关公首至得随，义同。"案明"者，言案验明白，赴市被刑。

归妹 春桃生花，季女宜家。受福孔多，男为邦君。

详《师之坤》。震为春，为桃花。兑季。

丰 雷鼓东行，稼穑凋伤。大夫执政，君赞其明。

首句震象。巽为稼穑，为陨落，故凋伤。震为夫，为君。离为明。

旅 季世多忧，乱国淫游。殃祸立至，民无以休。

艮为季世。互大坎，故多忧。离为乱，艮为国。伏坎为殃祸，为民。

巽 发轫温汤，过角宿房。宣时布和，无所不通。

伏震为车，故曰"发轫"。互坎为水，艮火在下，故曰"温汤"。艮为星，故曰"角房"。而角房皆巽方宿，故曰"过角宿房"。巽四月卦，正角房二宿当值之时，故曰"宣时布和"。

兑 水中大贾，求利食子。商人不至，市空无有。

互巽为贾，为利，兑为水，故曰"水中大贾"。震为子，兑为食，伏艮为求，故曰"求利食子"。言食其资息也。震为商人，震伏，故云不至。巽为市，离中虚，故曰"市空"。

涣 春草萌生，万物敷荣。阴阳和调，国乐无忧。

巽草震春，震为萌芽。艮国。

节 左眇右盲，目视不明。下民多孽，君失其常。

震为左。二五互大离，故曰"盲"。言目无睛也。兑半离，故曰"眇"。眇，小目也。兑右，故曰"左眇右盲"。眇象，本履卦也。坎为民，兑泽，故曰"下民"。坎为孽，震为君。

中孚 悦以内安，不利出门。忧除祸消，公孙何尤。

兑为悦，在内卦，故曰"内安"。艮为安也。艮门，震出。巽陨，故不利。震为公，艮为孙。震解，故忧祸消除。

小过 丹书之信，言不负语。易我骐骥，君子有德。

艮为信。震为言语，正反震相同，故曰"不负"。震为马，故曰"骐骥"。下艮为反震，故曰"易"。艮为君子。《左传》：裴豹，隶也，著于丹书。注：以丹书其罪。又《大戴礼》：武王问黄帝、颛顼之道可得闻乎？尚父曰：在丹书。此丹书似用《左传》。

既济 上政搔扰，螟虫并起。害我嘉谷，季岁无稷。

半象重巽，故曰"螣虫并起"。余亦用半象。

未济 干旄旌旗，执职在郊。虽有宝玉，无路致之。

详《师之随》。此用半象。

焦氏易林注卷十一

䷨ 艮上
兑下 损之第四十一

路多枳棘，步刺我足。不利旅客，为心作毒。

详《履之遁》。

之乾 鲤鲔鲋鲫，积福多鱼。资所无有，富我邦家。

此用损象。坤为鱼，为积，为邦家。本卦乾为福，为富。

坤 景星照堂，麟游凤翔。仁施大行，颂声作兴。征者无明，失其宠光。

此仍用遇卦象。详《豫之节》。

屯 羊肠九萦，相推稍前。止须王孙，乃能上天。

详《临之巽》。

蒙 四手共身，莫适所闲。更相访接，动失事便。

坤为身，震卦数四，艮手，故曰"四手共身"。坤闭，故曰"闲"。震言艮手，正反艮震，故曰"更相访接，失事便"也。

需 水流趋下，远至东海。求我所有，买鲂与鲤。

详《益之无妄》。

讼 春栗夏枣，山鲜希有。斗千石万，贵不可贩。

详《否之渐》。

师 旦往暮还，相佑与聚，无有凶患。

震为旦，为行，为归。坎为暮。坤为聚，为凶患。

比 大蛇当路，使季畏惧。汤火之灾，切近我肤。赖其天幸，归于室庐。

详《屯之井》。

小畜 徙足去域，飞入陈国。有所畏避，深藏邃匿。

通豫。震为足。艮为域，为飞，为国。震为陈，故曰"飞入陈国"。坎为畏避，为藏匿。全用伏象。

履 海为水宗，聪圣且明。百流归德，无有叛逆，常饶优足。

详《蒙之乾》。

泰 夏麦荺黄，霜击其芒。病君败国，使年大伤。

详《泰之贲》。

否 秋隼冬翔，数被严霜。雄犬夜鸣，家扰不宁。

详《贲之随》。

同人 乐仁上德，东邻慕义，来兴吾国。

乾为仁德。离为东邻。伏坤为义，为国。

大有 逐忧除殃，污泥生梁，下田为汪。

坎为忧，为殃。坎伏，故曰"除"。坎为污泥，坤为梁。为水，为下，故曰"为汪"。汪，潴水也。

谦 暗昧冥语，转相迷误。鬼魅所居，谁知卧处。

坎隐，故暗昧。正反震，故语迷误。坤为迷，为鬼。艮为卧。坤迷坎隐，故不知。

豫 南历玉田，东入玉关。登上福堂，饮万岁浆。

震为南，为玉。艮为田，为关，为堂。坤为万岁，为浆。玉关，玉门关。《汉书·班超传》：但愿生入玉门关。玉田疑指和阗，和阗在南疆，出玉。

随 比目四翼，来安我国。福善上堂，与我同床。

互大离，若两目相比，故曰"比目"。比目，鱼名。巽为鱼。震为翼，卦数四，故曰"四翼"。艮为国，为堂，为床。

蛊 乘牛逐骥，日暮不至。路宿多畏，亡其驿雅。

艮牛震马，故曰"乘牛逐骥"。艮为日，兑向晦，故曰"日暮"，曰"路宿"。艮为路。纳丙，色赤，故曰"驿"。震青，故曰"雅"。兑折，故亡。牛行迟，骥行速，乘牛逐骥，断不能及，故亡其驿雅也。

临 元吉无咎，安宁不殆。

震为元。

观 奋翅鼓翼，翱翔外国。逍遥徙倚，来归温室。

伏震为翼，为飞。坤为国，艮阳在上，故曰"外国"。艮为室，艮火，故曰"温室"。

噬嗑 河伯娶妇，东山氏女。新婚三日，浮云洒雨。露我菅茅，万邦蒙佑。

坎为河，震为伯，离为坎妇。震为娶，为东。艮为山，故曰"东山氏女"。坎为婚。离日，震数三，故曰"三日"。坎为云雨，为露。震为草莽，在坎下，故曰"露我菅茅"。艮为邦，震为万。《史记》：西门豹为邺令，三老五更为河伯娶妇。然下云东山氏女，似别有故实。

贲 婴儿求乳，慈母归子，黄麑悦喜。

剥 贫鬼守门，日破我盆。毁罂伤瓶，空虚无子。

坤为鬼，为贫，为门。艮为守，为日。伏兑为破。震为罂瓶，为子。震覆，故曰"破"，曰"伤"，曰"无子"。坤为虚。

复 多载重负，捐弃于野。王母谁子，但自劳苦。

坤厚，故能多载重负。坤为野，坤丧，故曰"捐弃于野"。坤为母，震为王，为子。坤死，故曰"王母谁子"。言无子也。坤为劳。

无妄 雄狐绥绥，登山崔嵬。昭告显功，大福允兴。

详《咸之贲》。

大畜 婴儿孩子，未有知识。彼童而角，乱我政事。

艮为婴儿，震为孩子。艮为角。伏坤为乱，为政事。《毛诗传》：童，羊之无角者也。

颐 十丸同投，为雉所离。独得逃脱，完全不亏。

坤数十，坎为丸，伏大坎，故曰"十丸"。坤为雉。离、罹同，遭也。震为逃脱。

大过 狐济濡尾，求桔得枳。季姜怀悔，鲍舍鱼臭。

伏艮为狐，为尾，为求，为桔，为枳。巽为姜，上兑，故曰"季姜"。巽为鲍鱼，为臭。伏坤为悔，为淮。上艮为桔，下震为反艮而中隔坤水。《考工记》：桔逾淮为枳。以反艮为枳，其切当神妙，真不可思议矣。

坎 蹇足息肩，所忌不难。金城铜郭，以铁为关。藩屏周卫，安全无患。

震为足。艮为蹇，止也。艮为金铜，为铁，为城郭，为关，为藩屏。震为周，为衡。艮为安。

离 戴尧扶禹，松乔彭祖。西过王母，道路夷易，无敢难者。

详《讼之家人》。

咸 京庾积聚，黍稷以极。行者疾至，可以厌饱。

《尔雅》：丘绝高曰京。《诗·小雅》：曾孙之庾，如坻如京。传：京，高丘也。艮为京庾。互大坎，故曰"积聚"。巽为黍稷，伏震为行。中实，故曰"厌饱"。厌、餍同，足也。

恒 良夫孔姬，胁悝登台。柴季不扶，卫辄走逃。

《左传·哀十五年》：浑良夫与太子蒯聩，胁孔悝，使立之。柴，高柴。季，子路。"不扶"者，言不扶卫辄也。震为夫，为姬，为孔。伏艮为台，为季。艮手为扶，艮伏，故不扶。震为卫，为逃。

遁 天之所予，福禄常在，不忧危殆。

乾为福禄。

大壮 行触天刚，马死车伤。身无寥赖，困穷乏粮。

《参同契》：天罡据酉。注：天罡即北斗。《家人之渐》曰：魁罡所当，初为败殃。故曰"马死车伤"。伏艮为星，故曰"天罡"。震为马，为车。伏坤为身，为穷乏。震为粮。

晋 铅刀切玉，坚不可得。尽我筋力，胝茧为疾。

艮为刀，坤柔，故曰"铅刀"。艮为坚多节，故曰"胝茧"。坎为疾。玉或为艮坚象。

明夷 穆违百里，使孟奋武。将军帅战，败于殽口。

详《蹇之离》。坤为百里。震为孟，为武，为口。

家人 有人追亡，鸟言所匿，不日而得。

通解。震为亡，为追，为人，为言。离为鸟。坎隐，故曰"匿"。离为日。此必有故事。如公冶长解鸟言之类，而今不能考。

睽 府藏之富，王以振贷。捕鱼河海，罟网多得。

此全用遇卦损象。坤为府藏，为多，故曰"富"。震为王，为振。振、赈同，而古皆作振。坤为鱼，为河海。离为网罟，互大离，故曰"多得"。

蹇 鸿飞遵陆，公归不复，伯氏客宿。

艮为鸿，为陆。震为公，为归。震覆，故不复。《豳风》诗《九罭篇》：鸿飞遵陆，公归不复。公谓周公。

解 鸟过稻庐，甘乐鳇鳅。虽惊不去，田畯怀忧。

此仍用遇卦损象。震为鸟，为稻，为乐。艮为庐。坤为鱼，故曰"鳇鳅"。震为惊，艮止，故不去。坤为田畯，农官也。艮为官。坤为忧。

益　雨师娶妇，黄岩季女。成礼既婚，相呼南去。膏泽田里，年丰大喜。

详《恒之晋》。

夬　蓄积有余，粪土不居。美哉轮奂，出有高车。

乾实，故曰"积"。坤为粪土，坤伏，故曰"不居"。伏大艮为宫室，故曰"轮奂"，曰"高"。坤为大舆。

姤　重门击柝，介士守护。终有他道，虽惊不惧。

此仍用遇卦损象。损二至上正反两艮相对，故曰"重门"。震为柝。艮为击，为介。介，甲也。艮为守获，为终，为道路。震为惊，坤为惧。

萃　大都王市，稠人多宝。公孙宜贾，资货万倍。

坤为大都，巽为市。伏震为人，为宝，坤为多，故曰"稠人多宝"。震为公，艮为孙，巽为贾，故曰"公孙宜贾"。坤为资货，为万，巽为倍，故曰"万倍"。

升　秋隼冬翔，数被严霜。甲兵充庭，万物不生。

详《贲之随》。

困　招祸致凶，来螫我邦。痛在手足，不得安息。

通贲。坎为祸，为痛，为螫。艮为邦，为手。震为足。正反震，故不得息。

井　秦失其鹿，疾走先得。勇夫慕义，君子率服。

兑西，故曰"秦"。伏震为鹿。坎为鹿，为疾。震为走，为勇夫。艮为君子。

革　山陵四塞，遏我径路。欲前不得，复还故处。

已详《同人之革》。

鼎　一指食肉，口无所得，舌馋于腹。

详《颐之离》。

震　晨夜惊骇，不知所止。皇母相佑，卒得安处。

震为晨，互坎为夜。艮为止，坎隐，故不知。伏巽为母，震为王，故曰"王母"。互艮为安。

艮　豺狼所言，语无成全。误我白马，使乾口来。

艮为豺狼。互震为言语，正反震，故曰"误"。震为马，为白，为口。互大离，故曰"乾口"。

渐　呼精灵来，魄生无忧。疾病瘳愈，解我患愁。

通归妹。震为呼；为帝，故曰"精灵"。兑为月。震生，震乐，而纳庚，初三月出庚，故曰"魄生无忧"。坎为疾病，为忧。震解，故病愈而不愁也。

归妹　牧羊逐兔，使鱼捕鼠。任非其人，废日无功，不免辛苦。

兑羊震兔。伏巽为鱼，坎为鼠。互离为日。坎劳，故曰"辛苦"。羊逐兔，鱼捕鼠，皆失所使，犹任人不当而无功也。

丰　堂祥上楼，与福俱居。帝姬冶好，国安无忧。

堂祥，疑与徜徉同。伏艮为堂，为楼，为居，为国，为安。震为帝，为姬，兑为冶好。互坎为忧，震解，故无。

旅　禹召诸神，会稽南山。执玉万国，天下康安。

通节。震为王，坎劳，故曰"禹"。震为神，坎众，故曰"诸神"。艮为山，震南，故曰"会稽南山"。震为玉，艮为执，为国。坎众，故曰"万国"。艮为天，为安。

巽　太姒文母，仍生圣子。昌发受命，为天下主。

太姒。文王妃，生武王发。文母为太任。《诗》，思齐大任，文王之母是也。大任生昌，太姒生发，故曰"仍生"。《大雅》：大任有身，生此文王。又曰：缵女维莘，长子维行，笃生武王。林所本也。巽为母，互离，故曰"文母"。伏震为子，坎为圣。巽为命。伏震为主，伏艮为天。故曰"为天下主"。

兑　两置同室，兔无谁告。与狂相触，蒙我以恶。

互离为置，兑卦数二，故曰"两置"。伏坎为室。震为兔，震伏，故兔无。伏震为狂，三至上正反震相对，故曰"与狂相触"。《说文》：室，实也。言置原有兔，因触兔逸，反疑我也。

涣　桃雀窃脂，巢于小枝。动摇不安，为风所吹。心寒悚惕，常忧殆危。

已详《噬嗑之涣》。

节　阳春长日，万物华实，乐有利福。

震为春，为长。互大离，故曰"长日"。震为万物，为华。艮为果蓏，故曰"实"。震为乐，为福，伏巽为利。

中孚　邻不我顾，而望玉女。身疾疮癞，谁肯媚者。

震为邻，艮为顾，二四艮反，故不我顾。艮为我，为望。震为玉，兑为女，为媚，曰"玉女"。艮为身而多节。故曰"疮癞"。

小过　涸旱不雨，泽竭无流。鱼鳖干口，皇天不忧。

艮为火，故曰"涸旱"。兑为雨泽，艮止，故不流。巽为鱼，艮为鳖。兑为口，艮火在下，故曰"干口"。震为帝，为皇，艮为天。震乐，故不忧。言灾重如此，而天不恤。

既济 狼虎之乡，日争凶讼。受性贪饕，不能容纵。

半象重艮，故曰"狼虎"，曰"乡"。坎上下口相背，故讼。离为日。又取损象，于争讼尤切。

未济 阴注阳疾，水离其室。舟楫大作，伤害黍稷。民饥于食，亦病心腹。

三阴皆在内，故曰"注"。注：灌也。阳皆在外，故疾。《杂卦》：未济，男之穷也。与此旨同。离、罹同。坎为水，为室。半震为舟，坎为楫。重震重坎，故曰"大作"。震为黍稷。坎为病，为心，离为腹。

䷩ 巽上 震下 益之第四十二

文王四乳，仁爱笃厚。子畜十男，无有夭折。

详《颐之节》。

之乾 下堂出门，东至九山。逢福值喜，得其安闲。

此用遇卦益象。艮为堂，坤为下，为门，震出。震东，数九，故曰"九山"。震为福喜。艮为山，为安。

坤 城上有乌，自名破家。招呼鸩毒，为国灾患。

详《坤之蒙》。

屯 伯虎仲熊，德义渊泓。使敷五教，阴阳顺序。

详《泰之随》。

蒙 饮酒醉酗，跳起争斗。伯伤仲僵，东家治丧。

需 四目相视，稍近同轨。日昳之后，见吾伯姊。

互离为目，兑数四，故曰"四目"。昳，日昃也。坎西，离与坎连，日向西，故曰"日昳"。兑为伯姊，本大过也。

讼 随时逐便，不失利门。多获得福，富于封君。

伏震为时，为逐。乾为门，巽为利，故曰"利门"。乾为福，为富，为君。

师 陇西冀北，多见骏马。去如猋飚，害不能伤。

坎为西，坤为北。震为马，坤坎亦为马，故曰"多见骏马"。坤为风，故曰"猋飚"。

飈音标，回风也。坎为害，为伤。震解，故不伤。

比 白龙黑虎，起伏俱怒。蚩尤败走，死于鱼首。

详《蒙之坎》。

小畜 鸿飞戾天，避害紫渊。虽有锋门，不能危身。

通豫。巽为鸿，在乾上，故曰"戾天"。坤为渊，为害，坎隐伏，故曰"避害紫渊"。离色紫也。锋门，丁晏云：《艺文志》有《逢门射法》二篇。师古曰：即逢蒙。艮为锋，坤为门。坎为矢，震为射，故曰"锋门"。坤为身，《诗·大雅》：鸢飞戾天。注：戾，至也。

履 平国不君，夏氏作乱。乌号窃发，灵公陨命。

详《临之晋》。

泰 江汉上游，政逆民忧。阴伐其阳，雄受其殃。

坤为水，故曰"江汉"。在上，故曰"上游"。坤为政，为逆，为民，为忧。阴上阳下，故曰"阴伐其阳，雄受其殃"。

否 东家杀牛，闻臭腥臊。神怒不顾，命衰绝周。亳社灾烧，宋公夷诛。

详《噬嗑之巽》。"命衰绝周"者，言殷命将绝于周也。

同人 西诛不服，恃强负力。倍道趋敌，师徒败覆。

丁云似指项梁。徒，汲右作走，非卦伏师。师坎为西，坤为诛。震健，故恃强负力。震为大涂，巽为倍，故曰"倍道趋敌"。坤为师徒，为败。

大有 一妇六夫，乱扰不治。张亡季疾，莫适为公。政道壅塞，周君失邦。

此用益象。上巽为妇，下震为夫。震数三，互艮亦为夫，亦数三，故一妇六夫。坤为乱。震为张，艮为季，坤为亡，坎为疾，故曰"张亡季疾"。震为公，初至五正反震，故曰"莫适为公"。坤为政，艮为道。艮止，故壅塞。震为君，为周，坤为邦，坤丧，故周君失邦。

谦 配合相迎，利之四乡。昏以为期，明星煌煌。欣喜奭怿，所言得当。

坎为配合。坤为乡，震卦数四，故曰"四乡"。坎为昏。艮为明，为星。震为喜，为言。奭，盛也。

豫 猿坠高木，不踤手足。握金怀玉，还归其室。

详《蒙之临》。

随 卷领遁世，仁德不害。三圣攸同，周国茂兴。

详《需之震》。

蛊 去患脱厄，安无怵惕。上福喜堂，见我欢悦。

互大坎为患，为厄，为怵惕。震为福喜，一阳上升，故去患脱厄而无惧也。艮为堂，为我。兑见。

临 带季儿良，时利权兵。将师合战，敌不能当，赵魏以强。

通遁。艮为季，巽为带，故曰"带季"。带季，即带佗。震为儿，为良，故曰"儿良"。《艺文志》有《儿良》一篇，列兵家。《过秦论》：带佗、儿良，并称兵家。故曰"权兵"。艮为时，巽为利。坤为师。震为战，为赵，为强。

观 鹄思其雄，欲随凤东。顺理羽翼，出次须日。中留北邑，复反其室。

详《明夷之益》。

噬嗑 耳如惊鹿，不能定足。室家分散，各走匿窜。

互坎为耳。震为惊，为鹿，为足。艮为室家。坎为匿。

贲 甲乙丙丁，俱归我庭。三丑六子，入门见母。

震东方甲乙，离南方丙丁。艮为庭，为我，震为归，故曰"俱归我庭"。艮居丑，数三，故曰"三丑"。坎居子，数六，故曰"六子"。艮为门，伏巽为母，离为见。

剥 蹑华颠，观浮云。风不摇，雨不薄。心安吉，无患咎。

艮为山，为颠，伏兑为西，故曰"华颠"。坤为云，为风。兑为雨，兑伏，故云不薄。坤为心，为患。艮安，故无。

复 德施流行，利之四乡。雨师洒道，风伯逐殃。巡狩封禅，以告成功。

震为德，为行。卦数四，坤为乡，故曰"四乡"。坤为师，为水，故曰"雨师"。坤为风，震为伯，故曰"风伯"。独断云：雨师，毕星；风伯，箕星也。古者天下太平，天子必巡狩四方，封太山，禅梁父。震为言，故曰"以告成功"。

无妄 水流趋下，遂成东海。求我所有，买鳣与鲤。

详《损之需》。

大畜 和气相薄，膏润津泽，生我嘉谷。

兑为和，为润泽。震为生，为谷。

颐 忧惊以除，祸不成灾，安全以来。

坤忧，震惊。艮安，正反艮，故曰"忧惊以除，祸不成灾"。互坤为灾祸。

大过 坚冰黄鸟，常哀悲愁。不见白粒，但睹藜蒿。数惊鸷鸟，为我心忧。

详《乾之噬嗑》。

坎 翕翕輈輈，陨坠崩颠。灭其令名，身命不全。

详《泰之谦》。

离 因祸受福，喜盈其室。

通坎。互艮为室，震为喜。

咸 陆居千里，不见河海，无有鱼市。

坤为陆，为千里。为河海，坤伏，故不见。巽为鱼，为市，乾无，故曰"无有鱼市"。

恒 鹿得美草，鸣呼其友。九族和睦，不忧饥乏。

详《同人之蹇》。

遁 出门得党，不逢祸殃。入户自若，不见矛戟。

乾为门户，艮为党。坤为祸殃，坤伏，故不逢。艮为矛戟。巽为人。为伏，故不见矛戟。党，助也。《论语》：君子不党。注：相助为非曰党。

大壮 叠尊重席，命我嘉客。福佑久长，不见祸殃。

震为尊叠，为席。兑卦数二，故曰"重席"。震为嘉，为客，为长。乾为福佑。坤为祸殃，坤伏，故不见。

晋 鸿雁俱飞，北就鱼池。鳣鲔鳏鲤，众多饶有。一笱获两，利得过倍。

详《比之观》。

明夷 当风奋翼，与鸟飞北。入我家国，见吾庆室。

坤为风，震为翼。离为鸟。坤为北，为家国。坎为室，震喜，故曰"庆室"。

家人 麒麟凤凰，善政得祥。阴阳和调，国无灾殃。

详《大有之旅》。

睽 逐狐东山，水过我前。深不可涉，失其后便。

详《大畜之震》。

蹇 丑戌亥子，饥馑所生。阴为暴客，水绝我食。

下艮先天居戌，后天居丑，坎居亥子。丑、戌、亥、子，皆在北方，北方属水。《史记·货殖传》：水毁木饥。故曰"饥馑所生"，曰"阴为暴客"。北方坎水，故曰"水绝我食"。

解 狐狸雉兔，畏人逃去。分走窜匿，不知所处。

详《睽之大有》。

损 桀跖恶人，使德不通。炎旱为殃，年谷大伤。

坤为恶，故曰"桀"。伏巽为盗，故曰"跖"。正反艮，故不通。震为使也。艮为火，故炎旱。震为年谷，兑毁，故伤。

夬 兔乳在室，行来雀食。虎攫我子，长号不已。

此用遇卦益象。震为兔。艮为室，为雀，为虎。艮手，故曰"攫"。震为子，为长号。正反震，故曰"不已"。

姤 土阶明堂，礼让益兴。雄雌相得，使我无疾。

通复。坤为土阶，为礼。震为兴。一阳临五阴，故曰"雄雌相得"。坤为我，为疾。震解，故无。

萃 送金出门，并失玉丸。往来井上，破瓮坏盆。

坤为门，互艮为金。震为玉，互大坎为丸。震伏，故失玉丸。兑为井，三至上正反兑，故曰"往来井上"。上，疑为井。以重文作上，故讹为上也。震为瓮，为盆。震覆，故曰"破"。兑毁故也。往来井井，谓三至上正反兑也。井初至四亦正反兑，由此证《井·象》往来井井，亦由正反兑。焦氏说之甚明也。

升 讽德诵功，美周盛隆。加其旦辅，光济冲人。

震为德，为功。为言，故曰"讽诵"。震为周，为旦，为冲人。言周公旦辅成王，以成周德。

困 盗窃灭身，二母不亲。王后无党，毁其宝灵。

互巽为盗，艮为身。艮伏，故灭身。巽为母，正反巽相背，故曰"二母"，故曰"不亲"。震为王，为宝。震伏，故毁。兑为毁也。

井 六月睽睽，各欲有至。专征未装，俟时旦明。

详《蹇之小过》。

革 雀行求粒，误入网罣。赖仁君子，复说归室。

离为雀，为网。巽为粒。伏震为仁，为脱，为归。艮为君子，为室。

鼎 仁德孔明，患祸不伤。期誓不至，室人衔恤。

通屯。震为仁德，为孔，艮为明，故曰"仁德孔明"。坤为患祸。艮为室，震为人，故曰"室人"。震为衔，坤忧，故曰"衔恤"。

震 龟厌江海，陆行不止。自令枯槁，失其都市，虽忧无咎。

详《泰之节》。

艮 孤独特处，莫依为辅，心劳志苦。

坎为孤，艮为独。坎为心，为劳。

渐 伯仲言留，叔子云去。虽去无咎，主母大喜。

通归妹。震为伯，坎为仲，艮为叔。艮止，故留。震往，故去。巽为母，震为主，为喜，故曰"主母大喜"。

归妹 初忧不安，后得笑欢，虽惧无患。

互坎为忧。震为笑，在外卦，故曰"后"。

丰 好战亡国，师不以律。称上陨坠，齐侯狠戾，被其灾祟。

震为战。坤为国，为师。坎为律。坤坎皆伏不见，故曰"亡国"，曰"师不以律"。巽为齐，震为诸侯，为狠。离为灾。似指顷公。

旅 鹿在泽陂，豺伤其麛，泣血独哀。

通节。震为鹿，兑为泽陂。艮为豺，震为麛。麛，鹿子也。兑折，故伤。坎为血，为独。为忧，故曰"哀"。

巽 天地闭塞，仁智隐伏。商旅不行，利润难得。

初至四大过，故曰"天地闭塞"。震为仁，坎为智。皆伏不见，故曰"隐伏"。震为商旅，震伏，故不行。巽为利。

兑 福德之士，欢悦日喜。夷吾相桓，三归为臣，赏流子孙。

通艮。互震为福德，为士，为喜。本卦互离，故曰"日喜"。震为桓。为归，数三，故曰"三归"。艮为臣，为孙。夷吾，管仲字。《论语》：管氏有三归。三归，台名。

涣 上无飞鸟，下无走兽。扰乱未治，民劳于事。

互艮为鸟，上巽为伏，故曰"上无飞鸟"。艮为兽，下坎隐伏，故曰"下无走兽"。震为走也。风散，故扰乱。坎为民，为劳。

节 握斗运枢，顺天无忧，与乐并居。

详《谦之观》。

中孚 戴盆望天，不见星辰。顾小失大，福逃墙外。

艮为戴，震为盆，艮为覆。震若戴盆于首，故不见天与星辰也。艮为天，为星。上巽为伏，亦不见也。艮为顾，为小，震为大。艮为墙，伏小过震在艮外，故曰"福逃墙外"。

小过　月削日衰，工女下机。宇宙灭明，不见三光。

兑为月，艮为日，艮手为削。巽为工，为女，互坎为机。风散艮止，故曰"工女下机"。艮为天，为宇宙。坎黑，故灭明，故不见三光。艮为光，数三。

既济　操戟刺鱼，被发立忧。虎脱我衣，狼取我袍，亡马失财。

此用益象。艮为戟。巽为鱼，为发。艮为虎狼。震为衣，为马。

未济　两人俱醉，相与悖戾。心乖不同，争讼匈匈。

此仍用益象。坤迷，故曰"醉"。震为人，坤数二，故曰"两人"。坤为悖戾，为心。初至五正反震，故曰"心乖"，曰"争讼"。

䷪ 兑上乾下 夬之第四十三

戴尧扶禹，松乔彭祖。西遇王母，道路夷易，无敢难者。

详《讼之家人》。

之乾　狼戾美谋，无言不殊。允厌帝心，悦以获佑。

此用遇卦夬象。伏艮为狼。兑为言，乾亦为言，而兑言与乾言相背，故曰"殊"。乾为帝，为佑。伏坤为心，兑为悦。

坤　岁暮华落，阳入阴室。万物伏匿，绝不可得。

候卦坤居亥，故曰"岁暮"。遇卦夬为华。后天乾本居亥，阳为阴所牝，故《坤·上六》曰"龙战于野"。战即交也，故也阳入阴室。其义详《焦氏易诂》中。坤为万物，坤藏，故曰"伏匿"。

屯　鸡鸣失时，君骚相忧。犬吠不休，行者稽留。

伏巽为鸡，震为鸣，艮为时，坎为失。"失时"者，言至鸡鸣而尚未治事，故下曰"骚忧"。震为君，为相，坤为忧。艮为犬。震为吠，为行。艮止，故"稽留"。

蒙　凫鹥游泾，君子以宁。履德不愆，福禄来成。

艮为凫鹥，坎水故曰"泾"。艮为君子。震为德，为福。艮为成。凫鹥，《大雅》篇名。首句及第四句皆《诗》语。

需　魃为灾虐，风吹云却。欲上不得，复归其宅。

通晋。坎为鬼，离为恶人，故曰"魃"。坎为灾，为云。坤为风，艮止，故不能上。艮为宅。

讼 东行破车，步入危家。衡门垂倒，无以为主。卖袍续食，糟糠不饱。

通明夷。震为东行，为车，为步。坎为破，为室，故曰"危家"。艮为门，坎平，故曰"衡门"。艮覆，故曰"垂倒"。震为主，为袍，为食。为商，故曰"卖"。震为糟糠，坤虚故不饱。

师 青牛白咽，呼我俱田。历山之下，可以多耕。岁稔时节，民人安宁。

详观林。

比 异国殊俗，情不相得。金木为仇，百贼擅杀。

坤为国，为俗。重坤，故曰"异国殊俗"。坤为心志，故曰"情"。艮为金，坎为木，为仇。金克木，故相仇。坎为贼，坤为百，为杀，故曰"百贼擅杀"。

小畜 阴阳精液，膏熟脱拆。胎卵成魄，肇生头目，日有大喜。

通豫。乾阳坤阴。坎为精液，为膏。巽下断，故曰"拆"。震为胎，为卵，坤为魄，故曰"胎卵成魄"。艮为头。离为目，为日。震为喜。

履 饥虫作害，偏多乱缠，绪不可得。

离虚，故饥。巽为虫，故曰"饥虫"。巽为缠，为绪。离为乱，故难得绪。

泰 青蛉如云，为兵导先。民人冤急，不知东西。

伏巽为虫，为青蛉。坤为云。为众，故为兵。震为民人，为急。坤忧，故曰"冤急"。震东兑西，体连，故不知东西。

否 班马旋师，以息劳疲。役夫嘉喜，入户见妻。

详《观之既济》。

同人 坐争立讼，纷纷讻讻。卒成祸乱，灾及家公。

详《大过之离》。

大有 鹿食美草，道遥求饱。趋走山间，过期乃还，肥泽且厌。

通比。艮为鹿，坤为草。坎实，故饱。艮为求，为山。为时，故曰"期"。坎为肥泽。厌，足也。

谦 田鼠野雉，意常欲去。拘制笼槛，不得摇动。

详《需之随》。

豫 日趋月步，周遍次舍。历险致远，无有难处。

艮日坎月。震为步趋，为周。艮为次舍。坎险震出，故无难处。

随 天孙帝子，与日月处。光荣于世，福禄祉祉。

详《解之临》。

蛊 晨风文翰，大举就温。昧过我邑，羿无所得。

详《小畜之革》。文翰，鸟名，见《逸周书》。

临 旦生夕死，名曰婴鬼，不可得祀。

观 疾贫望幸，使伯南贩。开牢择羊，多得大牂。

详《讼之遁》。

噬嗑 长城骊山，生民大残。涉叔发难，唐叔为患。

艮为城，为山；震为长，为马，故曰"长城骊山"。坎为民，为残破，故曰"生民大残"。艮为叔。涉，陈胜字；叔，吴广字。坎为患。言秦役民筑长城、骊山，民不堪命。陈、吴因以为乱，而唐叔兴起也。汉为唐尧后。刘向《高祖颂》云：汉帝本系，出自唐帝。又《随之剥》云：唐季发愤，禽灭子婴。皆指汉高。牟庭谓唐为广，是不知涉叔为二人，并不知唐季即刘季，故谬误若斯也。

贲 娶于姜吕，驾迎新妇。少齐在门，夫子欢喜。

详《否之涣》。

剥 随时草木，灌枝叶起。扶疏条桃，长大盛美，华沃铄舒。

艮为时，为木。坤为草。

复 姬姜既欢，二姓为婚。霜降合好，西施在前。

震为姬，伏巽为姜。坤为姓，数二，故曰"二姓为婚"。坤为霜。《荀子》：霜降婚嫁，冰泮杀止。西施，吴王妃。阳息至二成兑为西，故曰"在前"。

无妄 戴笠独宿，昼不见日。勤苦无代，长劳悲思。

艮为戴，为笠。巽伏，故曰"宿"。巽寡，故独宿。乾为昼，为日。巽伏，故不见日。伏坤为劳，为悲思。

大畜 始加元服，二十系室。新婚既乐，伯季有得。

古者年二十行冠礼，艮为冠，故曰"元服"。乾为始，故曰"始加"。兑数二，又数十，艮为室，伏巽为绳，故曰"二十系室"。《易》"系"，《释文》云：系，系也，续也。

"二十系室"者，言继续将有室家也，故下曰"新婚"。或曰古男子三十而娶。然证以孔子、伯鱼之年，亦不拘也。震为嫁，故曰"婚"。为乐，为伯。艮为季。

颐　二至灵台，文所止游。云物备具，长乐无忧。

震为冬至，震之反则夏至矣，故曰"二至"。灵台，艮为台。坤为文，艮止震游，故曰"文所止游"。坤为云，为物，为忧。震乐，故不忧。《左传》：至日登台，望云物。

大过　久阴霖雨，涂行泥潦。商人休止，市空无宝。

伏坤为阴，为水。互大坎，故曰"霖雨"。伏震为大涂，坤为泥潦。震为商人，艮止，故休。巽为市，坤虚，故曰"市空"。震为玉，为宝。震伏，故曰"无宝"。

坎　城坏压境，数为齐病。侵伐不休，君臣扰乱。上下屈竭，士民乏财。

互艮为城，坎破，故曰"城坏"。艮为境。伏巽为齐，坎为病，上下坎，故曰"数为齐病"。震为侵伐，正反震，故"不休"。震君艮臣，正反艮震，故曰"扰乱"，曰"上下屈竭"。巽为利，巽伏，故乏财。震为士也。林意似指吴伐齐事。

离　南国盛茂，黍稷醴酒。可以飨养，乐我嘉友。

通坎。艮为国，离南，故曰"南国"。震为盛茂，为黍稷。坎为酒。兑口，故曰"飨养"。艮为友，震为乐。

咸　忧在心腹，内崩为疾。祸起萧墙，意如制国。

通损。坤为忧，为心腹，为内，为疾。兑为毁，与坤连体，故曰"忧在心腹，内崩为疾"。坤为祸，为墙，震为草莽，故曰"萧墙"。坤为心意，为国。意如，鲁三家季平子名也。《论语》：吾恐季氏之忧，不在颛臾，而在萧墙之内也。制国，言专政。

恒　朽根削树，花叶落去。卒逢大猋，随风僵仆。

巽木下断，故曰"朽根"，故曰"削树"。兑华震叶，巽陨，故曰"落去"。初至四正反巽，故曰"猋"。猋，回风也。巽陨落，故僵仆。

遁　树表为坛，相与期言。午中不会，宠荣弃废。

《史记·田穰苴传》：苴与庄贾期旦日日中会，先期至军，立表下漏，以待庄贾。日午不至，杀之。艮为坛。为时，为言，故曰"期言"。艮为日，纳丙，故曰"日午"。乾为宠荣，阴消阳，故曰"宠荣废弃"。

大壮　四足俱走，奴疲在后。两战不胜，败于东楚。

震卦数四，故曰"四足"。艮为奴仆，艮伏，故曰"在后"。震为战，兑卦数二，故曰"两战"。震为东，为楚。兑毁，故败。

晋　执辔西朝，回还故处。麦秀伤心，叔父有忧。

通需。兑为西，艮手为执，为拘。辔所以拘拂马，疑艮象也。坤为麦，为心。艮为叔，乾为父，坤忧。言箕子朝周，过殷墟，作麦秀之歌。箕子为纣叔父。

明夷　夜长日短，阴为阳贼。万物空枯，藏于北陆。

震为长，坤坎皆为夜，故曰"夜长"。离日，居坎，故日短。阳皆在阴下，坎为盗，故曰"阴为阳贼"。言阴贼阳也。坤为万物，为空虚，离为枯。坤藏坎北，故曰"藏于北陆"。

家人　鸤鸠七子，均而不殆。长大成就，弃而合好。

离为鸠。伏震为子，数七，故曰"七子"。巽为长大，坎为合。

睽　三羊上山，驰至大原。黄龙负舟，遂到夷阳，究其玉囊。

兑为羊，离卦数三，故曰"三羊"。伏艮为山。余象未详。

蹇　首足易处，头尾颠倒。公为雌姬，乱其蚕织。

此用夬象。乾为首在下，伏震为足，覆在上，故曰"首足易处"。乾为头在下，伏艮为尾在上，故曰"首尾颠倒"。乾为公。上兑，故曰"雌姬"。巽为蚕，为织。巽覆，故曰"乱其蚕织"。

解　登高望家，役事未休。王事靡监，不得逍遥。

详《鼎之困》。

损　畏昏不行，候旦待阴。燎猎受福，老赖其庆。

兑为昧，坤为畏，为昏。震为行，坤为闭，故曰"畏昏不行"。艮为明，震为旦，艮止，故曰"候旦待明"。震为猎，艮为火，故曰"燎猎"。坤为老。震为福庆。太公年八十遇文王田猎，后封于齐，故曰"老赖其庆"。

益　孤独特处，莫依为辅，心劳志苦。

详《益之艮》。

姤　山石朽破，消崩堕坠。上下离心，君受其祟。

乾为山，为石。下断，故朽破、坠堕。乾为上，巽为下。坤为心，坤伏，故"离心"。乾为君。阴消阳，故"君受其祟"。

萃　文母圣子，无疆寿考，为天下主。

坤为文，为母。伏乾为圣，震为子，故曰"文母圣子"。艮为寿。坤为天下，伏震为主。

升　佝偻无仪，前后相违。言如鳖咳，语不可知。

坤为仪。兑刚卤，故为偔傀。偔傀，倔强貌。兑见巽伏，故曰"前后相违"。震为言，为咳，伏艮为鳖。初至四正反兑，故语不可知。《诗》：无非无仪，惟酒食是议。

困 五龙俱起，强者败走。露我苗稼，年岁大有。

巽卦数五，伏震为龙，故曰"五龙"。兑为刚强，兑毁，故曰"败走"。巽为苗稼，兑为雨泽，故曰"露我苗稼"。伏震为年岁。

井 虑除善疑，难为攻医。骥疲盐车，困于衔箠。

详《艮之夬》。伏艮为虑除，坎为疑。震为骥，为车。兑为卤，故曰"盐车"。坎劳，故疲困。兑为衔，震为箠。

革 江南多蝮，螫我手足。冤烦诘屈，痛彻心腹。

通蒙。坎为江，为螫，为蝮。震为南，为足。艮为手。坎为冤烦，为诘屈，为痛，为心。坤为腹。

鼎 心无所据，射鹿不得。多言少实，语无成事。

通屯。坎为心。震为射，为鹿。正反震，故曰"多言"。坤虚，故少实。

震 君明臣贤，鸣求其友。显德之士，可以履土。

震为君。互艮为臣，为明，为友，为求。震为鸣，为德。艮为显，故曰"显德"。震为士，为履。坎为土。

艮 安上宜官，一日九迁。逾群越等，牧养常山。

详《履之节》。

渐 峻词解谢，除去垢汙。惊之成患，婴去酷残。

艮山，故曰"峻"。峻词，犹严词也。坎为垢汙。伏震为惊，坎为患。

归妹 翁狂妪盲，相牵北行。欲归高邑，迷惑不得。

震为翁，为狂。伏巽为妪，兑半离，故曰"妪盲"。伏艮为牵，互坎故北行。震为行，为归。艮为高邑。坎疑，故曰"迷惑不得"。言不得至高邑也。

丰 醉卧道傍，迷旦失明，不全我生。

通涣。巽进退不果，故曰"醉"。震为道傍，为旦。艮为明，坎隐，故曰"失明"。坎破，故曰"不全我生"。震为生。

旅 北登鬼丘，驾龙东游。王叔御后，文武何忧！

通节。坎为北，为鬼，艮丘，故曰"北登鬼丘"。震为龙，位东，故曰"驾龙东游"。震王，艮为叔，故曰"王叔"。艮善御，故不忧。离为文，伏震为武。

巽 恬淡无患，游戏道门。与神往来，长乐以安。

巽为伏，故曰"恬淡"。坎伏，故无患。伏震为游戏，艮为道，为门。震为神，巽究成震，故曰"与神往来"。震为乐。

兑 以缯易丝，抱布自媒。弃礼急情，卒罹忧悔。

详《蒙之困》。

涣 被服衣冠，游戏道门。以礼相终，身无灾患。

震为衣。艮为冠，为道，为门，为终，为身。坎为灾患，震解，故无。

节 大麓鱼池，陆为海涯。君子失行，小人相携。

中爻艮为山麓，伏巽为鱼，兑为池，故曰"大麓鱼池"。兑为海，艮为陆，艮兑连体，故曰"陆为海涯"。艮为君子艮止故失行。震为人，兑小，故曰"小人"。艮手为携，正反艮，故曰"相携"。

中孚 渊泉溢出，为我邑祟。道路不通，孩子心愦。

兑为渊泉，互震出，故曰"渊泉溢出"。艮为我，为邑，兑毁，故曰"为我邑祟"。震为道路，艮止，故不通。震为孩子，坎为心。卦中虚无心，故曰"孩子心愦"。《集韵》：愦，乱也。孩子与箕子音同。《易林》以震为孩子，是读《明夷·六五》"箕子之明夷"为"孩子之明夷"也。

小过 十里望烟，散涣四方，形体灭亡。可入深渊，终不见君。

详《豫之观》。

既济 传言相误，非干径路。鸣鼓逐狼，不知迹处。

详《乾之无妄》。

未济 东失大珠，西行弃襦。时多不利，使我后起。

多用半象。《汉书》：终军至关，弃襦于地。注：襦，关验也。按《易·既济》、《汉书》皆作繻。繻、襦通用。《周礼》：罗氏及弓人前。郑注两引《易·既济》作襦又作繻。是通用也。

▤ 乾上
巽下 **姤之第四十四**

河伯大呼，津不可渡。往复尔故，乃无大悔。

详《屯之大有》。

之乾 蒙被恩德，长大成就。柔顺利贞，君臣合好。

此用姤象。上乾为恩德，为大。下巽为柔《姤·象传》：天地相遇。天地即君臣，故曰"君臣合好"。

坤 东山西山，各自止安。心虽相望，竟不同堂。

详《渐之屯》。

屯 登山上谷，与虎相触。猬为功曹，班叔奔北，脱之嘉国。

详《解之艮》。

蒙 蹇跌未起，失利后市，不得鹿子。

坎蹇，故跌。巽为利市，巽伏，故失利后市。震为鹿子，坤丧，故不得。

需 结珠怀履，卑斯似鬼，为君奴婢。

通晋。震为珠、履，震覆，故曰"结珠怀履"。言不见也。艮为奴婢，为斯役。坤为鬼。

讼 鸡鸣失时，民侨劳苦。庬吠有威，行者留止。

通明夷。巽为难，为鸣。震为时辰，坎失，故失时。坤为民，与震连，故曰"侨"。侨，旅寓也。震为商旅，坎为劳。震为庬。庬，多毛犬也。震多毛，故为庬。震为威。坎陷，故留止。

师 陈妫敬仲，示兆兴姜。乃适营丘，八世大昌。

详《屯之噬嗑》。

比 鹿畏人匿，俱入深谷。短命不长，为虎所得，死于牙腹。

震为鹿，震覆，坎为隐，为畏，故曰"鹿畏人匿"。艮为谷，初至五形长，故曰"深谷"。艮为虎，坤为死，故曰"短命"。坤为腹，伏兑为牙，故曰"死于牙腹"。

小畜 言无约结，不成券契。殷叔季姬，公孙争之。强入委禽，不悦于心，乃适子南。

详《颐之革》。

履 鼓瑟歌舞，欢遗于酒。龙喜张口，大喜在后。

通谦。震为鼓，为瑟，为歌舞，为欢喜。坎为酒。震为龙，为口，为后。

泰 凶忧灾殃，日益章明。祸不可救，三郤夷伤。

详《需之复》。

否 水流趋下，遂至东海。求我所有，买鳣与鲤。

详《益之无妄》。

同人 阴为阳贼，君不能克。举动失常，利无所得。

通师。上下五阴，坎为盗，故曰"阴为阳贼"。震为君，阳寡，故不能胜阴。巽为利，坤虚，故无得。

大有 离床失案，龟丧其愿。都市无会，叔季怀恨。

通比。艮为案，为床，为龟。坤丧，故曰"离"，曰"失"，曰"丧"。坎为心，故曰"愿"。坤为都市，艮为叔季。坎忧，故曰"忧恨"。

谦 壅遏堤防，水不得行。火盛阳光，阴霓伏藏，走归其乡。

详《比之大畜》。

豫 蹙屈复伸，东乘浮云，贵宠母前。

坎蹇，故曰"蹙屈"。震为伸，为东。坤为云，艮为贵。"母前"者，言莫过也。

随 实沈参伐，以义断割。次陆服刑，成我霸功。

艮为星辰，故曰"实沈"，曰"参伐"。《考工记》：熊旗六斿，以象伐也。注：伐属白虎宿，与参连体而六星。《汉书·天文志》：太白曰西方秋，金义也。以义断割，谓太白主兵杀也。"次陆服刑"者，谓鲍叔迎管仲至堂阜此处少一同：而脱其桎梏，仲持斧绁缨请罪也。

蛊 金泉黄宝，宜与我市。娶嫁有息，利得过母。

艮为金，震为宝，为玄黄，兑为泉，故曰"金泉黄宝"。巽为市。震为归，故曰"娶嫁"。震为子，故曰"息"。息，生也。巽为母，为利。言以宝泉权子母，息过母也。

临 禹召诸神，会稽南山。执玉万国，天下康安。

详《损之旅》。

观 三虫作蛊，践迹无与。胜母盗泉，君子不处。

《左传》：三虫为蛊。巽为虫，艮数三，故曰"三虫为蛊"。蛊，坏也。震为迹，震覆，故无迹。巽为母，为盗。坤水，故曰"盗泉"。《家语》：孔子忍渴于盗泉。里名胜母，曾子回车。故曰"不处"。艮为君子。

噬嗑 花叶陨落，公归姁宅。夷子失民，洁已不食。

伏兑为华，震为叶。巽为陨落，为姁。震为公，为归，艮为宅，故曰"公归姁宅"。坎为平，故曰"夷"。坎为民，为失。巽为白，故曰"洁"。言伯夷让国，不食周粟也。

贲 履机惧毁，身王子废。终得所欲，无有凶害。

互震为履，坎为机。震在坎上，故曰"履机"。而坎为破，为惧，故曰"惧毁"。艮为身，震为子。上卦震覆，故曰"子废"。艮为终。坎为欲，为害。

剥 道理和得，仁不相贼。君子攸往，乐有利福。

艮为道。

复 合匏同牢，姬姜并居。

震为匏，为牢。匏，合卺杯。牢，《史记·平准书》：官与牢盆。注：乐彦云，牢，盆名。《昏礼》：同牢而食。震为姬，伏巽为姜，震巽皆在初，故曰"姬姜并居"。《礼记·昏义》：男迎妇以入，共牢而食，合卺而酳。

无妄 关雎淑女，贤妃圣偶。宜家寿母，福禄长久。

艮为鸟，故曰"关雎"。乾为善，巽女，故曰"淑女"，曰"贤妃"，曰"圣偶"。乾为圣也。艮为家，为寿。巽为母，故曰"寿母"。乾为福禄，为久。此说《关雎》诗意，与《毛》同。

大畜 雏骥脱乳，不知子处。旋踵悲鸣，痛伤我心。

乾为马，艮为乳，在外，故曰"雏骥脱乳"。震为子，三上正反震，故不知。震为踵，正反震，故曰"旋踵"。震为鸣，伏坤，故曰"悲"，曰"心痛"。

颐 知严绝理，阴孽谋主。十日不食，困于申亥。

坤为阴。数十，上艮为日，故曰"十日"。震为食，坤闭，故不食。坤居申，艮居亥，艮为拘，故困于申亥。

大过 凿诸攻玉，无不穿凿。龙体具举，鲁班为辅。鳞凤成形，德象君子。

通颐。丁云：《淮南子》，玉待礛诸而成器。注：礛诸，攻玉之石。艮为石，震为玉，艮手，故曰"攻玉"，曰"穿凿"。震为龙，震反在上，故曰"具举"。兑为鲁，巽为工，故曰"鲁班"。鲁班，即公输般，巧匠也。坤文为麟凤，为形。艮为君子。君子之德温如玉，故玉象君子。

坎 昧暮乘车，以至伯家。逾梁渡河，济脱无他。

坎为昧暮。互震为车，为伯。艮为家，为梁。坎为河。

离 吾有黍稷，委积外场。有角服箱，运致我藏，富于嘉粮。

互巽为黍稷。伏艮为场，为角。角谓牛，言有牛服箱而运也。伏震为车箱，为富，为粮。巽伏，故曰"藏"。

咸 喜笑且语，不能掩口。官爵并至，庆贺盈户。

兑悦，故喜笑。兑口，故语。艮为官爵。乾为户，为盈。

恒 雾露霜雪，日暗不明。阴孽为疾，年谷大伤。

伏坤为雾，为雪霜，兑为雨露。乾为日，兑为昧，故曰"日暗不明"。伏坤为阴，为疾。震为年谷，兑折故伤。

遁 伯去我东，发如飞蓬。寤寐长叹，展转空床。内怀怅恨，摧我肝肠。

通临。见前。

大壮 亡羊补牢，张氏失牛。骈驷奔走，鹊盗我鱼。

兑为羊，兑折，故亡羊。伏艮为牢。牢，《说文》：牛闲也。艮手，故曰"补"。震为张，艮为牛，艮伏，故张氏失牛。震为马，为走，为鹊。伏巽为盗，为鱼。

晋 贩鼠卖蛙，利少无谋，难以得家。

此用遇卦姤象。下巽为利市，故曰"贩卖"。巽为伏，故亦为鼠；为虫，故为龟。二者皆小物，故曰"利少"。丁云：贩鼠卖朴者，《战国策》，周人谓玉未理者为璞，郑人谓鼠末腊者为朴。郑人怀朴至周，曰欲卖璞乎？出之乃鼠。

明夷 西戎为疾，幽君去室。陈子发难，项伯成就。

坎为西，坤为戎，为疾，故曰"西戎为疾"。坎为幽，震为君，坎为室。言幽王因犬戎失国也。震为陈，为子。陈涉首起反秦。震为伯，坎为项。言陈涉首发难，项氏因以兴。又，鸿门会，项伯护高祖，亦通。

家人 秋风生哀，华落心悲。公室多难，羊舌氏衰。

巽为风，坎西，故曰"秋风"。坎忧，故曰"哀"。震为华，震伏不见，巽陨落，故曰"华落"。坎为室，为难。伏震为公，故曰"公室"。兑为羊，为舌。兑覆，故曰"衰"。

睽 持福厌患，去除大残。日长夜尽，喜世蒙恩。

重离，故曰"日长"。

蹇 新受大喜，福履重来。乐且日富，足用丰财。

此用遇卦姤象。姤通复。震为喜，为福履。坤为重，故曰"重来"。震为乐。坤为多，为财，故曰"丰财"。

解 前顿却踬，左跌右逆。登高安梯，复反来归。

重坎，故曰"顿"，曰"踬"，曰"跌"。震左，坎西为右。震为登，为高，卦似梯形。震为归。却，退后也。言前后左右皆不可，只有梯高而反耳。

损 梦饭不饱，酒未入口。婴女难好，媒雁不许。

震为粟米，故曰"饭"。坤迷，故曰"梦"。梦饭，虚也。坤为虚，故不饱。兑为口，坤为水，亦为酒。坤闭，故不入口。兑少为婴女，兑为媚，故女好。震为嫁，上卦震覆不能嫁，故媒雁不许。兑为口舌，为巫。媒，亦以口舌为用者也。故兑亦为媒。《礼·昏义》：婿亲迎，奠雁于庙。不成昏，即不奠雁，故曰"媒雁不许"。

益　大都王市，稠人多宝。公孙宜贾，资货万倍。

坤为大都，震为王，巽为市。震为人，为宝，坤多，故曰"稠人多宝"。艮为孙，震为公，为商贾。坤为资财。巽为倍，坤多，故曰"万倍"。

夬　两人俱醉，相与背戾。心乖不同，讼争匈匈。

乾为人，兑卦数二，故曰"两人"。巽为心，上卦巽覆，故曰"心乖"。乾为言，兑言与乾言相背，故曰"讼争"。《易·夬·九四》闻言不信，林所本也。

萃　身无头足，超跖空乖。不能远之，中道废休，失利后时。

坤为身。艮亦为头，艮伏，兑见上缺，故曰"无头"。震为足，震伏，故无足。无足则不能超越。坤为乖，为虚，故曰"超跖空乖"。艮为道，艮止，故休。之，往也。言不能远之，中道而废也。巽为利，艮为时，兑折，故失利后时。

升　三人俱行，六目光明。道逢淑女，与我骥子。

震数三，故曰"三人行"。三人则六目，伏艮为目，为明。震为善，兑女，故曰"淑女"。震为大涂，故曰"道"。震为马，为子，故曰"骥子"。

困　进仕为官，不若复田，获寿保年。

通贲。艮为仕，为官。震为复，艮为田，艮止，故复田。艮为寿，震为年。

井　先易后否，失我所市。骚苏自苦，思吾故事。

下巽为利，故曰"先易"。上坎为陷，故曰"后否"。巽为市，坎失，故曰"失市"。坎为劳，故曰"苦"。坎为忧，故曰"思"。坤为事，坤变坎，故曰"思吾故事"。《易》曰"震苏苏"，惊惧不安之貌。骚苏自苦，言骚扰劳苦也。皆坎象。

革　苏秦发言，韩魏无患。张子驰说，燕齐以安。

巽为薪，为苏，兑西为秦，为言，故曰"苏秦发言"。伏坤为国，故曰"韩魏"。伏震为张，为子，为言，故曰"张子驰说"。上兑为燕，巽为齐。张子，张仪也。张仪连横，苏秦合纵，游说六国。

鼎　武库军府，甲兵所聚。非里邑居，不可舍止。

详《师之蹇》。此以伏震为武，坤为军府。艮为甲兵。

震　二桃三口，莫适所与。为孺子牛，田氏生咎。

《晏子春秋》：田开疆、公孙接、古冶子勇而无礼，晏子馈之二桃，使计功而食。三人二桃，田开疆、公孙接各言功持桃，古冶后言。二人惭，自杀。古冶亦自杀。所谓二桃杀三士也。艮为桃，伏兑卦数二，故曰"二桃"。震为口，数三，故曰"三口"。震为孺子，艮为牛。按《左传》：尔忘君之为孺子牛乎？注：孺子，荼也。景公常衔绳为牛，荼牵之而折其齿。后田恒杀荼，故曰"生咎"。艮为田也。

艮　西山东山，各自止安。心虽相望，竟不同堂。

详《姤之坤》。艮山，震东坎西，故曰"东山西山"。又，震为东，震反为艮，则西也。艮止，故安。坎为心，艮为望。三上正反艮，故曰"相望"。艮为堂。

渐　不改柯叶，和气冲适。君子所在，安无怵惕。

坎为和，艮为君子。

归妹　将戌系亥，阳藏不起。君子散乱，太山危殆。

兑居酉，下戌，故曰"将戌"。坎居子，上亥，故曰"系亥"。言戌在兑下，若为酉所将；坎在亥下，若系于亥也。阳皆居阴下，故曰"藏"。艮为君子，为山。上卦艮覆，故曰"散乱"，曰"危殆"。

丰　天官列宿，五神舍室。宫阙完坚，君安其居。

伏艮为天，为官，为星宿。震为神，巽卦数五，故曰"五神"。伏艮为宫室，为完坚。震为君。五神，五星也。

旅　左手把水，右手把火。如光与鬼，不可得从。

通节。震为左，艮手坎水，故曰"左手把水"。兑为右，艮火，故曰"右手把火"。艮为光，坎为鬼。光、鬼，皆虚物，故不可从。震为从。

巽　逐狐东山，水遏我前。深不可涉，失利后便。

详《大畜之震》。

兑　水渎鱼室，来灌吾邑。冲没我家，与狗俱游。

巽为鱼，伏坎为水，为室。伏艮为邑，为家，为狗。家与狗皆在水上，故曰"俱游"。

涣　山险难登，涧中多石。车驰辖击，重载伤轴。担负善踬，跌蹉右足。

详《乾之谦》。

节　槽空无实，豚彘不食。庶民屈竭，离其居室。

艮为槽，震虚，故不实。巽为豕，艮止，故豚彘不食。坎众，故曰"庶民"。坎为屈，为室。

中孚　执热烂手，火为灾咎。公孙无赖，败我王室。

艮为执，艮火故曰"热"，巽为烂，故曰"执热烂手"。《诗·大雅》：谁能执热，誓不以濯。震为公。艮为孙，为室。震为王，兑毁，故败王室。

小过　三虎上山，更相噬啮。心志不亲，如仇与怨。

艮为虎，数三，故曰"三虎上山"。兑口，故噬啮。正覆兑相对，故曰"更相噬啮"。巽为心志，正反巽，故不亲，而如仇怨也。

既济　西家嫁子，借邻送女。嘉我淑姬，宾主俱喜。

坎为西。余多用半象。震为嫁，为主。

未济　克身洁己，逢禹巡狩。锡我玄龟，拜受福祉。

用半象。详《屯之大畜》。

焦氏易林注卷十二

≣ 兑上 坤下 萃之第四十五

蒙庆受福，有所获得。不利出域，病人困棘。

伏震为福庆。艮止，故有获，故不利出域。艮为域。互大坎为病，为棘。

之乾 硕鼠四足，飞不上屋。颜氏淑德，未有爵禄。

《说文》：鼫鼠五技，能飞不能上屋。此用萃象。艮为鼠。伏震为足，卦数四，故曰"四足"。艮为飞，为屋，为颜，为爵。

坤 新受大喜，福履重职，乐且日富。

兑为悦，正反兑，故喜乐。坤为重。坤多，故曰"富"。仍用萃象。

屯 克身洁己，逢禹巡狩。锡我玄龟，拜受福祉。

坤为身，坎水，故曰"洁"。震为王，故曰"禹"。艮为龟，震为玄，故曰"玄龟"。《书·洪范》：天乃锡禹洪范九畴。注：天与禹，洛出书，神龟负文而出，列于背，有数至九，禹因而第之以成九畴。故曰"锡我玄"龟，拜受福祉。艮为拜，震为祉。

蒙 置筐失筥，轮破无辅。家伯为政，病我下土。

震为筐筥。坎为失，为辅，为破，为家。震为伯。《诗·小雅·十月篇》：家伯维宰，助幽王为虐者也。坎为病，坤为下土。《小雅》：无弃尔辅。注：辅以佐车。

需 机言不发，顽不能达。齐鲁为仇，亡我葵丘。

此用萃象。兑为言，三至上正反兑，故曰"机言"。坤闭，故不发。艮止，故顽不能达。巽齐兑鲁相背，故曰"为仇"。艮为丘，兑为华，故曰"葵丘"。

讼 亡锥失斧，公输无辅。抱其彝器，适君子处。

坎为锥，坎失，故曰"亡锥"。兑为斧，兑覆，故曰"失斧"。巽为工，故曰"公输"。兑为辅，兑折，故无辅。伏震为彝器。萃艮为抱，为君子。言微子抱彝器适周也。兼用萃象。

师 家在海隅，桡短深流。伯氏难行，无木以趋。

详《蛊之蒙》。

比 德施流行，利之四乡。雨师洒道，风伯逐殃。巡狩封禅，以告成功。

详《益之复》。

小畜 筐倾筥覆，丧我公粒。简伯无礼，太师正食。

通豫。震为筐筥，二至四震覆，故曰"倾覆"。震为公，为粒，为竹简，为伯。故实未详。

履 泥滓汙辱，弃捐沟渎。为众所笑，终不显录。

通谦。坤水坎水，故曰"泥滓污辱"。坤死，故曰"弃捐"。互坎，故曰"沟渎"。坎众，震笑。艮为显，在下，故不显。

泰 狝猴兔足，腥臊少肉。漏卮盛酒，利无所有。

震为狝猴，为兔，为足。伏巽为腥臊。兑为骸骨，故少肉。震为卮，伏巽下断，故"漏卮"。兑为酒，与震连，故曰"漏卮盛酒"。巽为利，巽伏，故无利。

否 鹿畏人藏，俱入深谷。命短不长，为虎所得，死于牙腹。

详《姤之比》。

同人 南山芝兰，君子所有。东家淑女，生我玉宝。

乾为山，位南，故曰"南山"。巽为芝兰，乾为君子。离为东家，巽为女，乾善，故曰"东家淑女"。乾为玉，为宝。

大有 左指右挥，邪佞佟靡。执节无良，灵君以亡。

通比。离东故曰"左"，坎西故曰"右"。艮为指挥。乾言，兑亦为言，而与乾背，故曰"邪佞"。离为文，故"佟靡"。艮为执，为节。乾为君，坤死，故曰"灵君以亡"。似指楚灵王。

谦 郁映不明，为阴所伤。众雾群聚，共夺日光。

艮为明，坎隐，故郁映不明。映，日食色也。坤阴在上，故曰"为阴所伤"。坤为众，为雾，故曰"众雾群聚"。艮为日，坎黑，地黑，故日光被夺也。

豫 穿鼻系株，为虎所拘。王母祝祷，祸不成灾，突然脱来。

互艮为鼻，坎为穿，故曰"穿鼻"。伏巽为系，为木，故曰"系株"。艮为虎，艮止，故为虎所拘。坤为母，震为王，为言，故曰"王母祝祷"。坎为祸灾，震出在外，故脱去祸灾也。

随 贫鬼守门，日破我盆。毁罂伤缸，空虚无子。

详《临之兑》。

蛊 襄王叔带，郑人是赖。庄公卿士，王母忧苦。

互震为王，艮为叔，巽为带。震为庄，为公。巽为母。互大坎为郑，为忧苦。按《左传·僖二十四年》：大叔带以狄师伐周。襄王奔郑。大叔居温。郑伯与郑大夫每日省视官、具于泛，而后听私政。叔带亦依附郑人。故曰"襄王叔带，郑人是赖"。王母，似指隗氏。

临 昭君死国，诸夏蒙德。异类既同，宗我王室。

震为君，坤为文，故曰"昭君"。坤为死，为国。昭君死国，言昭王南征不返也。坤为众，故曰"诸夏"。震为德也。坤为类，伏艮为室。震为宗，为王。

观 冬薮枯腐，常风于道。蒙被尘埃，左右劳苦。

坤为冬，为薮。《尔雅·释地》：薮，大泽也。薮至冬日，芦苇皆枯死，故曰"冬薮枯腐"。巽为枯腐，为风。艮为道路。常风于道，言枯腐之物，常为风吹至道也。坤为尘埃。伏震为左，兑为右。

噬嗑 六爻既立，神明喜告。文定吉祥，康叔受福。

坎数六。爻，交也。坎乾交坤，故曰"六爻既立"。《左传》：六体不易。亦以六为坎。震为神，为喜告。离为明，为文。《诗》：文定厥祥。震为康，艮为叔。

贲 泣涕长诀，我心不悦。远送卫野，归宁无咎。

坎为泣涕，为心，为忧，故不悦。震为卫。艮为野，为宁。震为归。《诗·卫风》：远送于野，泣涕如雨。庄姜送戴妫归国之诗。

剥 三宿无主，南行劳苦。东里失利，丧其珍宝。

坤为宿，正互三坤，故曰"三宿"。震为主，震覆，故无主。坤为劳苦。乾为行，位南，故曰"南行"。乾为金玉，故曰"珍宝"。乾伏，故丧其珍宝。坤为里，东象或取纳乙。

复 大斧破木，谗佞败国。东关梁五，祸及三子。晋人乱危，怀公出走。

详《颐之临》。兑为斧，兑形长，故曰"大斧"。

无妄 乘风上天，为时服轩。周旋万里，无有患难。

巽为风，乾为天。艮为时。震为轩，为周旋。乾为万里。

大畜 大树百根，北与山连。文君作人，受福万年。

震为木，乾大，故曰"大树"。乾为百。艮山，伏坤为北，故曰"北与山连"。坤为文，乾君，故曰"文君"。震为人，为福。乾为万年。言文王作人也。

颐 阳伏在下，阴制佑福。生不逢时，潜龙隐处。

阳在初，故曰"伏在下"。坤为阴。震为福佑，为生。艮为时，坤闭，故不逢时。震为龙。《乾·初九》曰"潜龙勿用"，故曰"隐处"。

大过 乱头多忧，搔虱生愁。膳夫仲允，使我无聊。

乾为头，伏坤为乱，为忧。巽为虱，伏艮为搔。伏震为夫，为饵，故曰"膳夫"。互大坎为仲，乾为信，故曰"仲允"。伏坤为我。《诗·小雅》十月篇，仲允膳夫。注：皆用后嬖，进助幽王乱国者。

坎 江河淮海，天之都市。商人受福，国家富有。

详《谦之小畜》。

离 泰山幽谷，凤凰游宿。礼义有序，可以求福。

通坎。互艮为山，震东，故曰"泰山"。艮为谷，与坎连，故曰"幽谷"。离为文，为凤凰。坎为宿。离为夏，为礼。兑为秋，为义。艮求，震福。

咸 山水暴怒，坏梁折柱。稽难行旅，留连愁苦。

详《咸之豫》。

恒 阿衡服箱，大一载行。巡时历舍，所之吉昌。

详《恒之复》。

遁 三宿无主，南行劳苦。东里失利，丧其珍宝。

详本林剥。

大壮 生无父母，出门不喜。买菽失粟，亡我大利。

震为生，乾数无，坤伏兑折，故生无父母。乾为门户，震出，震喜。父母毁折，故不喜。震为菽豆。巽为粟，为利。巽伏，故失粟，故无利。

晋 安坐玉堂，听乐行觞。饮福万岁，日寿无疆。

详《鼎之升》。

明夷 登危入厄，四时变易。春霜夏雪，物皆凋落。

震为登，伏巽为入，坎危坤厄。震为春，离为夏，坎为冬，坤为秋，故曰"四时变易"。震又为时，卦数四也。坤为霜，与震连，故曰"春霜"。坎为雪，与离连，故曰"夏雪"。坤为死，故物皆凋落。

家人 衣穴履穿，无以御寒。细小贫窭，不能自存。

震为衣履。震伏，巽下断，故曰"穴"，曰"穿"。坎为寒。离虚，故曰"贫窭"。

睽 目不可合，忧来搔足。怵惕恐惧，去其邦域。

睽，《说文》：两目不相听也。不相听，故目不可合。坎为忧，为恐惧。艮为邦域，艮伏，故去其邦域。

蹇 赍贝赎狸，不听我词。系于虎须，牵不得来。

艮为贝，为狸，为虎，为须，为牵。离为有言，故不听我词。坎陷艮止，故牵不得来。

解 伯夷叔齐，贞廉之师。以德防患，忧祸不存，声芳后时。

详《泰之乾》。

损 张王子季，争财相制。商君顽嚚，不知所由。

震为张，为王，艮为季。坤为财，正反艮，故曰"争财相制"。震为君，为商旅，故曰"商君"。兑鲁，故曰"顽嚚"。正反震，故不知所由。

益 长城既立，四夷宾服。交和结好，昭君是福。

艮为城，巽为长，故曰"长城"。坤为夷，震卦数四，故曰"四夷"。震为宾客，故曰"宾服"。震喜，正反震，故曰"交和结好"。震为君，坤为文，艮为明，故曰"昭君"。顾宁人谓，昭君为王嫱。岂知《萃之临》曰：昭君守国。《鼎之噬嗑》曰：昭君丧居。皆因卦有坤、离之象。固非指王嫱也。

夬 千欢万悦，举事为决。获受嘉庆，动作有得。

兑为欢悦，为决。乾为千万。

姤 种一得十，日益有息。仁政获民，四国睦亲。

姤伏复，一阳下生，坤数十，故曰"种一得十，复阳日息"。震为仁。坤为政，为国，为民。震卦数四，故曰"四国"。复，出入无疾，故睦亲。

升 安子富有，东国不殃。齐郑和亲，显比以喜。

坤为安，为富有，震为子，故曰"安子富有"。坤为国，为殃。震为东，震解，故曰"东国不殃"。巽为齐，坤为郑。《说文》：郑，地町町然平也。故坤形象之。兑悦，故和亲。坤为比，震为喜。

困 九里十山，道仰峻难。牛马不前，复反来还。

通贲。震数九，兑数十，艮为里，为山，故曰"九里十山"。艮为道，艮高，故曰"峻难"。离为牛，震为马。艮止，故不前。震反，故曰"还"。

井 鸠杖扶老，衣食百口。曾孙寿考，凶恶不起。

风俗通，高祖战败，匿丛薄间，鸠鸣其上，因得脱。后作鸠杖以赐老者。离为鸠。巽为杖，伏艮为扶，为寿，故曰"扶老"。兑为食，为口。上下卦正反皆有口形，故曰"百口"。又伏震为百也。艮为曾孙，为寿考。

革 雾露雪霜，日暗不明。阴孽为疾，年谷大伤。

详《姤之恒》。

鼎 迷行数却，不知东西。阴强暴逆，道里不通。

通屯。坤为迷，为退，故数却，故不知东西。震为东，兑为西也。坤为阴，为逆。震为大涂，坎陷，故不通。

震 登高上山，见王自言。信理我冤，得职蒙恩。

震为登，艮为山，故曰"登高上山"。震为伸，为王，为言。坎为冤，震解，故曰"伸理我冤"。艮为官职。

艮 三世为德，天祚以国。封建少昊，鲁侯之福。

艮为世，纳丙，故曰"三世"。艮为天，为国。互震为德。艮为封建。震为帝，故曰"少昊"。伏兑为鲁，震为诸侯，为福。鲁国为少昊之墟。言周公佐文王、武王、成王，有功于三世，故得建国于少昊之虚也。

渐 乔木无息，汉女难得。橘柚请佩，反手难悔。

《诗·周南》：南有乔木，不可休息。汉有游女，不可求思。《列仙传》：江妃二女，郑交甫悦之。下请其橘柚之佩，遂解佩与交甫。交甫受而怀之。去数十步，佩亡，二女亦不见。黄丕烈云：《韩诗内传》亦载此事，所谓聘之以橘柚也。然则此事相传甚古，《诗》词是否指此，诚不敢定。然焦、韩二家，则皆与《列仙传》同也。巽为木，为高，故曰"乔木"。震为息，震伏，故曰"无息"。坎水巽女，故曰"汉女"。艮为橘柚，为手，为佩。伏震为反艮，故曰"反手难悔"。言一释手即无也。

归妹 东邻西家，来即我谋。中告吉诚，使君安宁。

离为东邻。坎为西邻，为谋，为中，为诚。震为告，为君。伏艮为安宁。

丰 褰衣出户，心欲北走。王孙母惊，使我长生。

通涣。艮为褰，为户；震为衣，为出走，故曰"褰衣出户"。坎为心，为北，故曰"心欲北走"。震为王。艮为孙，为我。震为生，为惊。巽长，故曰"长生"。

旅 三日不饮，远水无酒。昼夜焦喉，使我为咎。

离日，艮数三，故曰"三日"。兑口为饮，艮止，故曰"不饮"。坎为水，为酒，坎伏在山上，故曰"远水无酒"。离为昼，坎为夜，兑为喉。上离火，下艮火，故焦喉。

巽 众口销金，愆言不验。腐臭败兔，入市不售。

初四正反兑，故曰"众口"。乾为金，一阴下生销阳，故曰"销金"。正反兑，故曰"愆言"。"愆"者，差也，爽也。巽为臭腐。伏震为兔，巽烂，故曰"败兔"。巽为入，为市。

兑 姬冠应门，与伯争言。东家失狗，意我不存。争乱忘因，绝其所欢。

伏艮。互震为姬，为伯。艮为门，三至上正反震，故曰"应门"，曰"争言"。震为东。艮为狗，艮伏，故曰"失狗"。坎为意，艮为我。"意我不存"者，意我有无也，不谓无存，谓有。

涣 祚加明德，兴我周国。公刘文母，福流子孙。

艮为明。震为周，为德，为公。伏离为文，巽为母。公刘，周祖。文母，大任也。《诗》：思齐太任，文王之母。震为福，为子，艮为孙。

节 针头刺手，百病瘳愈。抑按扪灸，死人复起。

坎为针，为刺；艮为手，为头，故曰"针头刺手"。坎为病，震为百。震解，故瘳愈。艮为按扪，艮火故曰"灸"。震为人，为起，坎为死，故曰"死人复起"。

中孚 元龟象齿，大赂为宝。稽疑当否，衰微复起。

艮为龟，为象。震长，故曰"元龟"。兑为齿，震为宝。龟可卜，故曰"稽疑"。正反艮，故曰"当否"。巽陨落，故曰"衰微"。震为起。《诗·鲁颂》：元龟象齿，大赂南金。

小过 故室旧庐，消散无余。不如新创，可以乐居。

上二句，说上卦震。震为覆艮，艮为室，为庐。艮覆，故曰"消散"。下二句，说下艮。艮手为创，为居形，俨然新屋。震喜，故曰"乐居"。

既济 老狐多熊，行为蛊怪。惊我王母，终无咎悔。

多用半象。

未济 爱子多材，起迹空虚。避害如神，水不能濡。

多用半象。

☷ 坤上
☴ 巽下 **升**之第四十六

禹凿龙门，通利水源。东注沧海，人民得安。

详《乾之豫》。

之乾　白鹿鸣呦，呼其老小。喜彼茂草，乐我君子。

此用遇卦升象。震为白，为鹿，为鸣呼。坤老兑小。震为喜乐，为茂草。伏艮为君子。

坤　百里南行，虽微复明。去虞适秦，为穆国卿。

百里奚仕虞，后适秦，相秦穆公。坤为百里。遇卦升，震为南行，为欢虞。兑为秦，坤为国。

屯　王孙宜家，张名益有。龙子善行，西得大寿。

震为王。艮为孙，为家，为名。震为张，故曰"张名"。言张大其名也。震为龙子。艮为寿，坎居西，故曰"西得大寿"。

蒙　画龙头颈，文章不成。甘言善语，谲辞无名。

详《家人之贲》二三句。

需　商子无良，相怨一方。引斗交争，咎以自当。

商鞅变法，人民怨恨。此用遇卦升象。震为商旅，为子。坤恶，故曰"无良"。坤为怨，为方。兑为刚鲁，故争斗。正反兑，故曰"交争"。"咎以自当"者，言商鞅亡至客舍，无验，舍人曰，商君之法，舍人无验者坐之。而自当其咎也。

讼　衰老困极，无齿不食。痔病痟瘵，就长夜室。

乾为老，坎为困。兑为齿，兑覆，故曰"无齿"，故曰"不食"。痔，《说文》：后病也。二至五巽，巽下腐，有类于痔漏。痟，创也。瘵，痨病也。坎为劳，为夜，为室。

师　鸢生会稽，稍巨能飞。翱翔桂林，为众鸟雄。

震为鸢，为生。坤聚，故曰"会稽"。震为飞，为桂林，为鸟。坤为众，故曰"众鸟"。

比　安平不倾，载福长生，君子以宁。

坎为平。艮为安，为君子。

小畜　牛骥同槽，郭氏以亡。国破为墟，君奔走逃。

详《小畜之晋》。

履　日中明德，盛兴两国。仁圣会遇，君受其福，臣多荣禄。

离为日，为明。伏坤为国，坤数二，故曰"两国"。乾为仁圣，为君。伏艮为臣。

泰　公刘之居，太王所业。可以长生，拜受福爵。

乾君，故曰"公刘"，曰"太王"。震为长生。伏艮为拜，为爵。公刘，周祖。言公刘迁邠，太王因以兴起也。

否 时凋岁霜，君子疾病。宋女无辜，郑受其殃。

艮为时，巽陨落，故曰"时凋"。坤为岁，为霜，为疾病。艮为君子。为宋，与坤连体，故曰"宋女"。《说文》：宋，以木架屋也。故艮形象之。坤为郑。郑，地町町然平也。坤形象之。坤为殃，故曰"郑受其殃"。按《左传·桓十一年》：宋雍氏女于郑庄公，曰雍姞，生厉公。雍氏宗，有宠于宋庄公，故诱祭仲而执之，曰不立突，将死。亦执厉公而求赂。自是郑公子更相立，乱屡起，故曰"郑受其殃"。然此自雍氏祸郑，宋女何辜哉？

同人 济河逾陁，脱母怵惕。四叔为卫，使惠不废。

九家及荀爽皆以乾为河，伏坎为厄。坤为母，坤伏，故曰"脱母"。乾为惕，故怵惕。脱母，字恐有讹。

大有 缺破不完，残瘵侧偏。公孙幽遏，跛倚后门。

兑为缺破。伏坎为劳，为瘵，为幽遏，为跛倚。乾为门。事未详。

谦 延颈远望，眯为目病。不见叔姬，使伯心忧。

艮为颈，为望。伏乾，故曰"远望"。艮为目，坎棘入居目中，故曰"眯为目病"。眯，《说文》：物入目中也。正坎象也。艮为叔，震为姬。坎隐，故不见。震为伯，坎为心忧。

豫 上无飞鸟，下无走兽。扰乱未清，民劳于事。

震为鸟，为飞，在上。艮为兽，在下。中互坎隐，故曰"无"。震为扰，坤为乱。坎黑，故曰"未清"。坎为劳，坤为民，为事。

随 久阴霖雨，涂行泥潦。商人休止，市空无宝。

详《夬之大遇》。

蛊 盲者目张，跛倚起行。瞻望日月，与主相迎。

互大离，故曰"盲"。言目无睛也。震为足，兑折，故足跛。艮为瞻望，为日，兑为月，故曰"瞻望日月"。震为主，三至上正反震，故曰"与主相迎"。

临 据斗运枢，高步六虚。权既在手，寰宇可驱。国大无忧，与乐并居。

通通。艮为星，为手，故曰"据斗运枢"。巽为高，本卦震为步。坤为虚，乾数六，故曰"六虚"。《系辞》：变动不居，周流六虚。虞翻云：六虚，六位也。巽为权，艮为手。坤为寰宇，为国，为忧。震解，故无忧。

观 稼穑不偏，重适不倾。巧言贼忠，伤我申生。

巽为稼穑。伏震为适子，坤为重。坤厚载物，故不倾。巽为贼。伏震为言，兑为言，乾亦为言。言多，故曰"巧言贼忠"。震为生，兑毁，故伤我申生。

噬嗑　金城铁郭，上下同力。政平民亲，寇不敢贼。

艮为城郭，为金铁。艮上震下，坎为平，故上下同力。坎为众，为民，又为寇贼。

贲　日镜不明，冬灾大伤。盗华失实，十年消亡。

离日为镜，坎黑，故不明。坎为冬，为灾，为盗。震为华，故曰"盗华"。言不时也。《春秋·十二月》书桃李华是也。艮为果实，坎失，故曰"失实"。震为年，伏兑数十，故曰"十年"。

剥　鳏寡孤独，命禄苦薄。入室无妻，武子悲哀。

艮鳏坤寡。艮为室。兑为艮妻，兑伏，故曰"无妻"。震为武，为子。震覆，故悲哀。坤为悲也。武子，崔抒。抒娶棠姜，占得《困·六三》：入其室，不见其妻。见《左传》。

复　饮酒醉饱，跳起争斗。伯伤叔僵，东家治丧。

详《益之蒙》。

无妄　介绍微子，使君不殆。二国合欢，燕齐以安。

震为子，艮小，故曰"微子"。正反震，故曰"介绍"。《礼·聘仪》：介绍而传命。又《战国策》：请为绍介。注：相佐助也。震为君。艮为国，正反艮相对，故曰合欢。艮为燕，为安。巽为齐。殆音以，与子韵。

大畜　牵牛系尾，诎折几死。雕世无仁，不知所比。

通萃。艮为牛，艮手为牵，艮为尾，巽为系。前牵后系，故诎折几死。兑为折，坤为死。为世，为敝，故曰"凋世"。《论语》：岁寒然后知松柏之后凋。凋，残也，零落也。

颐　东龙冤毒，不知所触。南北困穷，王子危急。

震为龙，为东，坤为毒。艮为角，为触。正反艮，故曰"不知所触"。震为南，坤为北，为困穷。震为王，为子，坤为危。

大过　疾贫王孙，北陆无辉。禄命苦薄，两守孤门。

通颐。坤为疾，为贫；震为王，艮为孙，故曰"疾贫王孙"。坤为北，故曰"北陆"。坤黑，故无辉。巽为命，乾为禄，故曰"禄命"。坤为苦薄。兑卦数二，故曰"两"。乾为门，巽为寡，故曰"孤门"。

坎　公孙驾骊，载游东齐。延陵说产，遗季纻衣。

震为公，艮为孙。震马，故曰"驾骊"。震为东，伏巽为齐。艮为鲁，重艮，故曰"延陵"。又，艮为季子也。震为悦，为纻衣。事详《乾之益》。

离 王良善御，伯乐知马。文王东猎，获嘉贤士。开福佑周，发旦兴起。

震为王，艮为良。震为马，为伯，为乐，为王，为福，为周，为士，为旦。离为文，震为东，为猎。全用伏象。

咸 日月不居，重耳趋舍。游齐入秦，晋国是霸。

艮乾皆为日，兑为月。"不居"者，不息也。兑焉耳，伏坤为重，故曰"重耳"。艮为舍。巽为齐。兑为秦，巽入，故曰"入秦"。艮为国。伏震为晋，为霸。

恒 假文翰翼，随风偕北。至虞夏国，与舜相得。年岁大乐，邑无盗贼。

震为羽翰，伏坤，故曰"文翰"。"文翰"，鸟也。《周书》：蜀人以文翰。"文翰"者，似皋鸡。巽风坤北，故曰"随风偕北"。伏坤为国。震为帝，故曰"舜"。坤为年岁，为邑。巽为盗贼，乾无也。

遁 南行北走，延颈望食。举止失利，累我子孙。

乾为南，为行；伏坤为北，震为走，故曰"南行北走"。艮为颈，为望，伏兑为食。巽为利，艮止，故失利。艮为我，为孙，伏震为子。

大壮 开市作喜，建造利事。平准货宝，海内殷富。

震喜。伏巽为市，为利。震为玉，乾亦为金玉，故曰"货宝"。乾为富，为海。"平准"者，《史记索隐》云：大司农有平准令丞，贵则粜之，贱则买之。平赋以相准，输于京师。

晋 三犬俱走，斗于谷口。白者不胜，死于阪下。

艮数三，故曰"三犬"。艮为谷。震为白。震覆，故死于阪下。艮为阪，坤为死也。

明夷 骄胡犬形，造恶作凶。无所能成，还自灭身。

坤为胡，覆艮为犬，而与坤连体，故曰"骄胡犬形"。坤为凶恶。为丧亡，故无成。坤为身，坤死，故曰"灭身"。

家人 拜跪赞辞，无益于尤。大夫顽嚣，使我心忧。

《新序》：晋中行寅将亡，召其太祝，欲加罪焉。曰，子为我祝，而使吾国亡，何也？曰，子不务德，而厚敛于民，则民怨。一人祝之，一国诅之，国亡不亦宜乎？

睽 辰次降娄，王嘉巡狩。广佑施惠，万国咸喜。

详《小畜之大畜》。

蹇 牵翰上楼，与福俱游。躬劳治国，安乐无忧。

此林或用升象。兑为翰，坤为楼。他林或言楼，皆坤象。互震为福，为游。坤为躬，为国。坤役万物,故劳。坤为忧,震乐,故无忧。

解 白鸟衔饵,鸣呼其子。旋枝张翅,来从其母。

详《晋之震》。

损 盲瞽独宿,莫与共食。老穷于人,病在心腹。

互大离,若目之无睛,故曰"盲瞽"。坤为寡,为宿,故曰"独宿"。兑为食,独则无与共也。坤为老,为穷,为病,为心,为腹。于,依也。震为人。言穷老依人也。

益 登木出渊,稍上升天。明德孔圣,白日载荣。

震为木,为登;坤为渊,故曰"出渊"。艮为天,与震对,故曰"稍上升天"。艮为明,震为孔,为德。伏乾为圣,故曰"孔圣"。艮为日,震为白,为荣。震车,故曰"载荣"。

夬 彭离济东,迁废上庸。狠戾无节,失其宠功。

元刊注:彭越后敕迁蜀。上庸,蜀地。按,武帝元鼎元年,济东王彭离有罪,废徙上庸。似指此事。

姤 赞扬上舞,神明正气。禹拜受福,君施我德。

伏震为言,故曰"赞扬"。震为舞,为神。为君,故曰"禹"。又为福,为德。古臣谒君,须赞名拜舞。艮为首,艮覆,首至地,故曰"禹拜受福"。

萃 从首至足,部分为六。室家离散,逐南乞食。

通大畜。乾为首,艮为肩背,震为足。乾数六。言首、肩、胸、腹、股、足共六部也。艮为室家,三上正反艮,故曰"离散"。乾南震逐,兑食艮求,故曰"逐南乞食"。三四句,似指伍子胥事。

困 民迷失道,乱我统纪。空使干华,实无所有。

通贲。坎为众,为民。坎隐,故迷而失道。震为道。正反震,故曰"乱我统纪"。震为华,离火下熇,故曰"干华"。艮为实,华萎,故无实。

井 刻画为饰,嫫母无益。毛嫱西施,求事必得。

通噬嗑。艮手为刻画。离为恶人,故曰"嫫母"。震为毛羽,坎为西,而兑为媚好,故曰"毛嫱西施"。皆古美人名。艮为求。首二句,言嫫母本丑,虽饰无益。

革 日居月诸,遇暗不明。长夜丧中,绝其纪纲。

鼎 衣裳颠倒,为王来呼。成就东周,封受大侯。

《诗·齐风》:颠倒衣裳,颠之倒之,自公召之。《毛》谓,刺无节。林意似指吕伋父子为卿,王朝在公情状。鼎通屯。震为衣裳,正反震,故颠倒衣裳。震为呼,为王。震为东，为诸侯。坤为国。

震 当变立权，摘解患难。涣然冰释，六国以宁。

伏巽为权。互坎为患难。震为解，故曰"涣然冰释"。坎为冰也。艮为国，坎数六，故曰"六国"。艮安，故宁。此指苏秦说六国合纵事。

艮 西戎獗鬻，病于我国。杖策之岐，以保乾德。

互坎为西，艮为狗，故曰"犬戎獗鬻"。坎为病，艮为国。坎为杖策，为西，艮山，故曰"杖策之岐"。艮居西北乾地，故曰"以保乾德"。顾千里云：扶陕之岐，当作杖策之岐。《尚书大传》：遂杖策而去，过梁山，邑岐山。陈朴园《齐诗考引》：亦作杖策。故从之。

渐 南行逐羊，予利喜亡。阴孽为病，复返其邦。

伏震为羊，为南，为行，为子。巽为利。坎为阴孽，为病。艮为邦。

归妹 游戏仁德，日益有福。凶言不至，妖孽灭息。

震为仁德，为游戏，为福。离日，故曰"日益有福"。震为言。坎为凶，为妖孽。

丰 春日新婚，就阳日温。嘉乐万岁，获福大椿。

震春离日，故曰"阳"，曰"温"。震为嘉乐，为万岁，为大椿。《庄子》：上古有大椿，以八千岁为春秋。

旅 阴升阳伏，鬼哭其室。相饰不食，安巢如棘。

通节。阳皆在阴下，故曰"阴升阳伏"。坎为鬼，艮为室。震为笑，震之反则哭也。震为玄黄，故曰"饰"。正反震，故曰"相饰"。兑为食，艮止，故不食。艮为巢，坎为棘，艮坎连，故曰"安巢如棘"。

巽 臣尊主卑，权威日衰。侵夺无光，三家逐公。

通震。震为主，阴为臣，阳下阴上，故曰"臣尊主卑"。震为威，巽为权。互离为日，巽陨，故曰"日衰"。震为侵，艮手为夺；互坎，故"无光"。艮为家，数三，故曰"三家"。震为公，为逐，故曰"三家逐公"。三家，孟孙、叔孙、季孙，合谋逐昭公也。

兑 反言为贼，戎女生患。乱吾家国，父子相贼。

互巽为贼。三至上正反兑，为反言。兑为女，兑西，故曰"戎女"。《禹贡》：西戎即叙。伏艮为家国，离为乱。伏震为父，为子。正反震相背，中隔坎，故曰"相贼"。此指晋骊姬谗申生，献公杀申生事，故曰"戎女"，曰"父子相贼"。

涣 迎福开户，喜随我后。康伯恺悌，治民以礼。

震为开，艮为户。震为喜，为后，为伯。坎为民。按《史记》：卫康叔卒，子康伯立。

注：康伯，名王孙牟。《左传》所称王孙牟父是也。按《左传》：牟父与伯禽、吕伋并事康王，必有贤德，特其事今皆亡耳。

节 日就月将，昭明有功。灵台观赏，胶鼓作人。

艮日兑月。艮为昭明，为灵台。震为鼓，坎水，故曰"胶鼓"。震为作，为人。《广韵》：胶，太学也。《礼·王制》：养国老于东胶。正字通，东胶，周学名，即东序也。

中孚 百草嘉卉，萌芽将出。昆虫扶户，阳明得所。

震为百草，为嘉卉，为萌芽。巽为昆虫，与艮连，故曰"扶户"。此以震为荄兹，与赵宾读同。

小过 天所佑助，万国日有。福至祸去，寿命长久。

艮为天。为国，为日，震福，故曰"万国日有"。艮为寿，为长久，巽为命。

既济 穷夫失居，惟守弊庐。初忧中惧，惟日兑兑，无悔无虞。

通未济。未济男之穷，故曰"穷夫失居"。多用半象。

未济 买玉得石，失其所欲。荷蒉击磬，隐世无声。

震为玉，为黄，为磬，为声。艮石。皆半象。《论语》：子击磬于卫，有荷蒉者曰，有心哉，击磬乎！按，荷蒉，隐士。

䷮ 兑上
坎下 **困**之第四十七

席多针刺，不可以卧。动而有悔，言行俱过。

坎为针刺。下坎，互大坎，故多针刺。伏贲。贲下互坎，上互震，震为席，与坎连，故席多针刺。艮为卧，三至上正反艮，故不可卧。亦正反震，故言行俱过也。

之乾 乌鹊食谷，张口受哺。蒙被恩德，长大成就。柔顺利贞，君臣合好。

详《履之咸》。

坤 六鹢退飞，为襄败祥。陈师合战，左股夷伤。遂以薨崩，霸功不成。

详《蹇之蛊》。此与上乾，皆用遇卦困象。

屯 匍匐出走，惊惶悼恐。白虎生孙，蓐收在后，居中无咎。

震走坎蹇，故匍匐出走。震惊坎惧，故曰"悼恐"。互艮为虎，震白，故曰"白虎"。震为生，艮为孙。伏兑为秋，故曰"蓐收"。《月令》：孟秋之月，其帝少昊，其神蓐收。《国语》：史嚚曰，天之刑神也。震为后，坎为中。

蒙 庇庐不明，使孔德妨。女孽乱国，虐政伤仁。

艮为庐，坤坎皆为黑，故不明。震为孔。言齐人馈女乐，妨害孔子，不安其位也。坤为女，为孽，为国，为乱，为虐政。

需 硕鼠四足，不能上屋。颜氏淑德，未有爵禄。

详《萃之乾》。

讼 襄送季女，至于荡道。齐子旦夕，留连久处。

详《屯之大过》。

师 麕鹿遂牧，饱归其居。还反次舍，乐得自如。

详《屯之比》。

比 望尚阿衡，太宰周公。藩屏辅弼，福禄来同。

详《坤之鼎》。

小畜 开廓宏绪，王迹所基。报以八子，功德俟时。

定公四年，武王母弟八人，周公为太宰。巽为绪。伏震为开，为王，为迹，为子。伏坤，卦数八，故曰"八子"。艮为时，艮止，故俟时。

履 八会大都，饶富有余。安民利国，可以长居。

巽数八。坤为大都，为饶富，为民，为国。巽为利，为长。

泰 阴云四方，日在中央。人虽昏雾，我独昭明。

坤为云，为方，震卦数四，故曰"阴云四方"。乾为日。震为人，坤为雾。乾为大明。言震人居坤雾之中，虽昏黯，无碍于乾之明也。

否 魖为灾虐，风吹云却。欲上不得，复归其宅。

坤为鬼，为恶，为灾，故曰"魖为灾虐"。坤云巽风，而巽为退，故曰"风吹云却"。艮止，故不得上。

同人 昭昭略略，非忠信客。言多反覆，以黑为白。

离明，故曰"昭昭"。昭昭略略，似当时方言，形容不忠之象貌。巽为客。乾为信，为言。离正反兑口相对，为有言，故曰"言多反复"。巽为白。乾天为玄，为黑。

大有 三女为奸，俱游高园。背室夜行，与伯笑言。祸反及身，冤无所祷。

此用困象。互离，卦数三，故曰"三女"。坎为奸。伏艮为高园。坎为室，为夜，艮为背，故曰"背室夜行"。伏震为行。兑笑言。坎为祸，艮为身。艮者，震之反，故曰

"祸反及身"。坎为冤，震为祷。又多用困伏象。

谦 涉尸留鬼，大斧所视。文昌司过，简公乱死。

坤为尸，为鬼。涉，疑为移或徙之讹，言尸去而鬼留也。伏兑为斧，离为视。坤为文。震为竹简，为公。坤为乱，为死。《晋书·天文志》：文昌六星，四曰司禄、司隶，五曰司命。简公为陈成子所弑，见《论语》。

豫 大足长股，利出行道。困仓充盈，疏齿善市。宜钱富家，事得万倍。

震为大足。伏巽为长，为股，为利。震为大涂，为行，故曰"利出行道"。艮为困仓，坤多，故曰"充盈"。伏兑为齿，震形兑而长，故曰"疏齿"。伏巽为市，坤为财货，故曰"宜钱富家"。艮为家。伏巽为倍，坤多，故曰"万倍"。按，大足、长股、疏齿，盖皆夷狄名。《淮南子·坠形训》：有跂踵民。《外海北经》曰：跂踵国，在拘缨国之东，其为人大两足，亦曰大踵。大踵，即大足。长股，亦西方戎名。详《比之蹇》。疏齿，疑即《淮南》所谓凿齿民，在海外东南方。善市，即善贾也。

随 筐筥锜釜，可活百里。伊氏鼎俎，大福所起。

震为筐筥锜釜。艮为里，震为百，为生，故曰"可活百里"。《史记》：晋灭虞，以百里奚为秦缪夫人媵。《吕氏春秋》：百里奚饭牛于秦。盖其职贱，所司皆筐筥锜釜之事，反因以得活而相秦也。伊尹以鼎鼐干汤。震为鼎俎，为伊吾。伊，歌声也。

蛊 升高登虚，欲有望候。驾之北邑，与喜相扶。

巽为高。艮为墟，为望。震为登，为南。震反为艮，则北矣。艮为邑，故曰"驾之北邑"。震为喜，艮为扶。正反艮，故曰"相扶"。

临 用彼嘉宾，政平且均。螟虫不作，民得安宁。

伏巽为螟虫。震为嘉宾。坤为政，为平均。

观 桃夭少华，婚悦宜家。君子乐胥，长利止居。

巽为桃。兑为华，为少，故曰"少华"。兑为悦。《诗·周南》：桃之夭夭，灼灼其华。之子于归，宜其室家。艮为家，为君子。伏震为乐。巽为利，艮为居。长利止居，言女嫁得所也。

噬嗑 东行失旅，不知何处。西归无配，莫与笑语。

震为东，为行旅。互坎，故失旅，故不知所处。坎位西，坎孤，故无配，故无笑语。

贲 玩好乱目，巧声迷耳。贼败贞良，君受其殃。

坎耳离目。坎隐伏，故曰"迷耳"。离乱，故曰"乱目"。震为声，正反震，故曰"巧声"。坎为贼，艮为贞良。震为君。

剥 明德孔嘉，万岁无亏。驾龙巡狩，王得安所。

艮为明。坤虚为孔，为万岁。伏乾为龙，为王，为行，故曰"驾龙巡狩"。

复 同本异叶，安仁尚德。东邻慕义，来兴古国。

震木，故曰"本"，曰"叶"。坤为安。震为仁德，为东，为邻。坤为义，为国。

无妄 戴山崔嵬，日高无颓。君王我德，赐以嘉国。

乾为山，艮为戴，在乾下，故曰"戴山崔嵬"。艮为日，巽为高。乾为君王，为德，艮为我。我德，言德我也。艮为国，震为嘉。

大畜 筑室合欢，千里无患。周公万年，佑我二人，寿以高远。

艮为室，震为欢。正反震相对，故曰"合欢"。坤为千里，为患。坤伏，故无患。震为周，为公。乾为万年，为佑。兑卦数二，震为人，故曰"二人"。艮为寿，为高。乾为远。

颐 养鸡生雏，畜马得驹。明堂太学，君子所居。

伏巽为鸡，震为马。艮少，故曰"雏"，曰"驹"。艮为明堂，为君子。坤文，故曰"太学"。

大过 雷行相逐，无有休息。战于平陆，为夷所覆。

详《坤之泰》。

坎 委蛇循河，北至海涯。涉历要荒，君世无他。

坎为曲，故曰"委蛇"。伏巽为蛇。坎位北，伏兑为海。互震为君。

离 鸿声大视，高举神化。背昧向明，以通福功。

伏震为鸿，为声，离为视。巽为高。互兑为夜，故曰"背昧"。离明，故曰"向明"。伏震，为福。

咸 比目四翼，来安吾国。福喜上堂，与我同床。

咸伏损。上艮为目，三至上正反艮，故曰"比目"。震为翼，卦数四，故曰"四翼"。艮为安，为国，为堂，为床。震为福喜。

恒 先縠彘季，反谋桓子。不从元帅，遂行挑战，为荆所败。

《左传·宣十二年》：楚子围郑，荀林父帅师救之。及河，闻楚与郑平。桓子欲归。彘子曰，不可。遂挑战。晋师败绩。巽为縠，为彘。震为桓，为子。巽震卦相反，故曰"反谋桓子"。震为元帅，为战，为荆楚。兑毁，故曰"败"。

遁 三头六足，欲盗东国。颜子在庭，祸灭不成。

乾为头，艮数三，故曰"三头"。乾数六，故曰"六足"。伏震为足，为东。艮为国，故曰"东国"。巽为盗。艮为颜，为庭。坤为祸灭，坤伏，故不成。三头，似指鲁三家。颜子，或指颜渊。

大壮 缘山升木，中坠于谷。子舆失劳，黄鸟哀作。

通观。艮为山谷。巽为木，为陨落，故曰"中坠于谷"。震为舆，为子，为黄。伏艮为鸟，坤为哀。《左传·文六年》：秦伯任好卒，以子车氏之三子殉，国人哀之，为之赋黄鸟。子舆，即子车也。

晋 南有嘉鱼，驾黄取鳅。鲂鲤弥弥，利来无忧。

离为南。坤为鱼，为黄。黄、鳅、鲂、鲤，皆鱼名。嘉鱼，《小雅》篇名。

明夷 遂炁作云，蒙覆大君。塞聪闭明，殷人贾伤。

震为大君，坤为云气。炁、气同。坤云在震上，故曰"蒙覆大君"。坎耳聪，离目明，坤为闭塞，故曰"塞聪闭明"。震为子，殷子姓。震为商贾，故曰"殷人贾伤"。

家人 举翅摅翼，跂望南国。延颈却缩，未有所得。

此用困象，伏贲。震为翅翼，为摅举，为南。艮为国，下离，故跂望南国。艮为颈，在上，故曰"延颈"。震为返，故却缩。坎失，故未有所得。

睽 坎中虾蟆，乍盈乍虚。三夕二朝，形消无余。

此用遇卦困象。巽为虾蟆，下坎，故曰"坎中虾蟆"。坎盈，离虚。坎为夕，离卦数三，故曰"三夕"。言晦日三十也。伏震为朝，兑卦数二，故曰"二朝"。按，张衡《灵宪》云：嫦娥窃不死之药，遂托身于月，是为蟾蜍。坎中虾蟆，即月中虾蟆也。言月前盈后虚，至月朔而消灭无有也。

蹇 重戈射隼，不知所定。质疑蓍龟，孰可避之。国安土乐，宜利止居。兵寇不至，民无骚忧。

此仍用困象。《诗·郑风》：戈凫与雁。传：以绳系矢而射曰弋。巽为弋，正反巽，故曰"重弋"。伏艮为隼，震为射。巽进退不果，故曰"不知所定"。坎为箧，故曰"质疑"。巽为蓍，离为龟。坎为避。孰可避之，言孰可避免也。艮为国，为土。震乐巽利。

解 阴淫寒疾，水离其室。舟楫大作，伤害黍稷。民饥于食，不无病厄。

坎为阴寒，为疾，为室。震为楫，为黍稷。坎破，故伤害黍稷。坎为民，为厄。离虚，故饥。

损 离友绝朋，巧言谗愿。覆白污玉，颜叔哀哭。

艮友在外，故曰"离"。兑为朋，兑附决，故曰"绝"。正反震，故曰"巧言谗愿"。震为白，为玉，坤蒙闭，故曰"覆白污玉"。覆，掩也。艮为颜，为叔，兑为哭。颜叔未详。

益 童女无媒，不宜动摇。安其室庐，傅母何忧。

巽为女，艮少，故曰"童女"。艮止，故不宜动摇。言宜贞静也。艮为室庐，艮止，故曰"安"。坤为母，震乐，故傅母不忧也。古女子皆有傅母，以为教导。

夬 作凶造患，北檄困贫。东与祸连，伤我左跟。

此用遇卦困象。困通贲。坎为凶患，为北。檄，以木简为牒，长尺二寸，以为徵召。坎陷，故曰"困"。离虚，故贫。《后汉·安帝纪》：民穷困道路，若欲归本郡，在所为封长檄。震为东。坎为祸，为伤。震为左，为跟。

姤 东南其户，风雨不处。瞵睆仁人，父子相保。

乾为门户，巽居东南，故曰"东南其户"。巽风，进退无常，故曰"不处"。《毛诗》：瞵睆好貌。乾为仁人，为父。伏震为子。

萃 被发兽心，难与比邻。来如飘风，去似绝弦，为狼所残。

巽为发，艮为兽，坤为心。巽为飘风。为绳，故为弦。兑毁，故绝弦。艮为狼，兑口，故曰"为狼所残"。言为狼所噬也。

升 天覆地载，日月运照。阴阳允作，方内四富。

坤为地。伏乾为天，为日。兑为月。坤为方，为多，故为富。震卦数四，故曰"四富"。

井 桀乱无道，民散不聚。背室弃家，君孤出走。

离为恶人，故曰"桀"。震为大涂，震伏，故曰"无道"。坎为众，为民。风散，故"不聚"。艮为室家，艮伏，故"背"，曰"弃"。震为君，坎为孤。震伏，故"出走"。

革 申酉稷射，阴愿萌作。荷葭载牧，泥涂不白。

巽先天居申，兑后天居酉。丁云：《谷梁·定十五年》，传曰下稷。注：稷，日仄也。下稷为晡时。伏震为射。"申酉稷射"者，言日至申酉，晡时而射也。伏坤为阴愿。震为萌芽，故曰"萌作"。伏艮为荷，巽为葭，坤为牧。坎为泥涂。巽为白，坎隐，故不白。

鼎 踒踵足伤，左趾病疡。失旅后时，利走不来。

详《蒙之履》。

震 四足俱走，驽疲在后。俱战不胜，败于东野。

震卦数四，故曰"四足"。震为后，坎劳，故曰"驽疲在后"。震为战，坎陷，故不胜，故败。震东，艮野。

艮 涂行破车，丑女无媒。莫适为偶，孤困独居。

互震为大涂，为行，为车，坎破，故曰"涂行破车"。伏兑为女，离为恶人，故曰"丑女"。坎为孤，艮为鳏，故曰"孤困独居"。

渐 拊髀大笑，不知忧惧。开立大路，为王所召。

髀，《说文》：股也。巽为股，艮手，故曰"拊髀"。伏震为笑。坎为忧惧，兑悦震乐，故不知忧惧。震为大路，为王，为召。

归妹 伯圭东行，与利相逢。出既遭时，孰不相知。

震为伯，为圭，故曰"伯圭"。伯圭善货殖，见《史记》《孟子》。伏巽为利，故与利相逢。震为出，为时。

丰 东行贼家，郑伯失辞。国无贞良，君受其殃。

震为东行，巽为贼，伏艮为家。震为伯，伏坎为平，为郑，故曰"郑伯"。正反震，故失词。艮为国，为贞良。艮伏，故无。震为君，离为殃。东行贼家，指桓公十五年郑厉公居栎，是东行也。后自栎入郑，杀傅瑕、原繁，逐昭公，是贼家也。杀原繁，言不顺，是失词也。

旅 前屈后曲，形体饬急。绞黑大索，困于请室。

通节。坎为屈曲，艮前震后，故曰"前屈后曲"。艮为形体。兑刚鲁附决，故曰"饬急"。犹紧急也。巽为索，坎为黑。正反巽，故"绞"。绞，缚也。艮为室，震为请，坎陷，故曰"困于请室"。请室，大臣待罪之所也。

巽 鼓翼大喜，行婚饮酒。嘉彼诸姜，乐我皇考。

伏震为翼，为鼓，为喜。兑口为饮，伏坎为酒，为婚，故曰"行婚饮酒"。巽为姜，重巽，故"诸姜"。伏震为父，为大，故曰"皇考"。

兑 狐嘈向城，三旦悲鸣，邑主大惊。

伏艮为狐，为城。震为鸣，故曰"嘈"。嘈，啼也。震为旦，数三，故曰"三旦"。互坎为忧，故曰"悲鸣"。艮为邑，震为主，为惊。皆用伏象。此必有故事，为今所不能考。或以吴广诈狐鸣事说之，似非。

涣 明德克敏，重华贡举。被勋征用，濬哲蒙佑。

震为德，艮为明，故曰"明德"。震为华，正反震，故曰"重华"。震又为帝，故又曰放勋。

节 秋隼冬翔，数被严霜。甲兵充庭，万物不生。鸡犬夜鸣，民人扰惊。

详《鼎之观》。

中孚 丝纻布帛，人所衣服。掺掺女手，纺绩善织。南国饶有，取之有息。

巽为丝纩布帛。震为衣。艮手，与巽连体，故曰"女手"。巽为纺绩，为织。艮为国，与震连，故曰"南国"。震生，故有息。

小过 凤有十子，同巢共母。仁圣在位，欢以相保。

艮为凤，震为子。兑数十，故曰"十子"。艮为巢，巽为母。震为仁，为欢，为周。兑为鲁。

既济 雄鸡不晨，雌鸣且呻。志疵心离，三旅生哀。

此似用遇卦困象。巽为鸡，震为晨，为雄。震伏，故不晨。巽为雌，兑口为鸣，为呻。坎为心志。为疾，故曰"疵"。疵、痹同。《说文》：湿病也。《内经》曰：风痛也。亦巽象也。

未济 光祀春城，陈宝鸡鸣。阳明失道，不能自守，消亡为咎。

详《大有之井》。

䷯ 坎上 巽下 井之第四十八

踬跛未起，失利后市，不得鹿子。

详《屯之困》。

之乾 左辅右弼，金玉满堂。常盈不亡，富如廥仓。

详《蒙之坤》。

坤 雨师娶妇，黄岩季女。成礼既婚，相呼南去。膏泽田里，年岁大喜。

详《恒之晋》。

屯 螟虫为贼，害我嘉谷。尽禾殚麦，家无所得。

详《坤之革》。

蒙 跛躠难步，迟不及舍。露宿泽陂，亡其襦裤。

震为步，坎蹇，故曰"跛躠难步"。艮为舍，艮止，故迟不及舍。坎为露，为宿，为泽陂。震为襦裤，坤为亡，故又曰亡其襦裤。

需 大夫祈父，无地不涉。为吾相土，莫如韩乐。可以居止，长安富有。

乾为父，兑言，故曰"祈父"。陈朴园云：《诗·祈父》，予王之爪牙。《毛传》：祈父，司马也。蹶父为司马之官。《尚书》称司马亦曰圻父。圻、祈，古通用。《诗·大雅·韩奕篇》：蹶父孔武，靡国不到。为韩姞相攸，莫如韩乐。林所本也。伏坤为土地。艮为居止,为安。乾为富。兑悦,故曰"乐"。

讼　少孤无父,长失慈母。悖悖茕茕,莫与为耦。

通明夷。坎为孤。震为父,坤丧,故无父。震为长。坤为慈母,坤亡,故失慈母。坤寡,故曰"茕茕",故无耦也。

师　侧弁醉客,长舌作凶。披发夜行,迷乱相误,亡失居处。

艮为冠,二四艮覆,故曰"侧弁"。《诗·小雅》:侧弁之俄,屡舞傞傞。震为客,坤迷,故曰"醉客"。兑为舌,二至上兑形特长,故曰"长舌"。震为发。坤为夜,为迷乱,为亡失。

比　马惊车破,王坠深津。身死魂去,离其室庐。

震为车马,坎为破。三至五震覆,故马惊车破。九五为王,坎陷。一阳陷坤水中,故曰"王坠深津"。坤为死,为身。乾为魂,坤为魄。乾伏,故曰"魂去"。艮为室。

小畜　东行述职,征讨不服。侵齐伐陈,衔璧为臣,大得意还。

通豫。震为东,为征讨,为陈,为璧。兑为口,故曰"衔璧"。巽为齐。艮为臣。《左传》:楚子围许,许男面缚衔璧。

履　百足俱行,相辅为强。三圣翼事,王室宠光。

详《屯之履》。

泰　本根不固,华叶落去,更为孤姬。

通否。巽陨落,故曰"本根不固"。兑为华,巽落,故曰"落去"。巽为姬,巽寡,故曰"孤姬"。

否　牧羊稻园,闻虎喧欢。畏惧怵惕,终无祸患。

详《否之节》。

同人　履位乘势,靡有绝弊。为隶所图,与众庶位。

通师。震为履,为乘。坤贱,故曰"隶"。坤为众庶。与众庶位,言初得位乘势,后为皂隶所图,与齐民等也。

大有　大舆多尘,小人伤贤。皇甫司徒,使君失家。

通比。坤为大舆,为小人。艮为尘,故曰"大舆多尘"。艮为贤良,坤丧,故伤贤。艮为臣,故曰"皇甫司徒"。震为君,艮为家。震覆坎失,故曰"使君失家"。《诗》:皇父卿士。番维司徒,皆幽王臣。又无将大车,只自尘兮,无思百忧,只自疷兮。又无将大车,维尘冥冥。

谦 安如泰山，福禄屡臻。虽有狼虎，不能危身。

坤为安，艮为山。震东，故曰"泰山"。震为福禄。艮为狼虎，为身。震出。故不能危身。

豫 同气异门，各别西东。南与凶遇，北伤其孙。

艮为气，为门。正反皆艮，故曰"同气"。两艮相背，故曰"异门"。震东坎西，故曰"各别西东"。震又为南。坤为凶，故与凶遇。坎又为北，坤为死，艮为孙，故曰"北伤其孙"。孙与东韵。

随 蜺见不祥，祸起我乡。行人畏惧，邑客逃藏。

《尔雅·释虫》：蜺，缢女也。好自经死，故见者以为不祥。互巽为虫，为系，正缢女象也，故曰"不祥"。艮为我，为邑，为乡。震为行人，为客。巽伏，故曰"逃藏"。

蛊 养虎畜狼，必见贼伤。无事招祸，自取灾殃。

艮为虎狼，艮止为畜。巽为盗贼，兑毁折，故曰"招祸"，曰"灾殃"。

临 顺风吹火，牵骑骥尾。易为功力，因权受福。

伏遁。互巽为风，艮为火，故曰"顺风吹火"。艮手为牵，乾为骥，艮为尾，故曰"牵骑骥尾"。巽为权。

观 五岳四渎，润洽为德。行不失理，民赖恩福。

详《颐之明夷》。

噬嗑 延陵聪敏，乐听太史。鸡鸣大国，姜氏受福。

《左传·襄二十九年》：吴季札聘鲁，为之歌齐，曰，美哉！泱泱乎，大风也哉！表东海者，其太公乎？艮为山，为少，故曰"延陵"。札号延陵季子也。震为乐，坎耳为听。离文，故曰"太史"。伏巽为鸡，艮为国。巽为姜。鸡鸣，《齐诗》篇名。

贲 神鸟五五，凤凰为主。集于王国，使君得所。

震为神，艮为鸟。离文，故为凤凰。震为主，为王，为君。为国。

剥 媒妁无明，虽期不行。齐女长子，乱其纪纲。

此用遇卦井象。坎为媒妁，坎隐伏，故无明。震为行，震反，故不行。下巽为齐女，伏震为长子。互离为乱，巽为纪纲。

复 明月作昼，大人失居。众星宵乱，不知所据。

此仍用井象。兑为月，离为昼，兑离连体，故曰"明月作昼"。乾为大人，三阳皆陷阴中，故曰"失居"。离为星，坎为众，为夜，故曰"众星宵乱"。离为乱也。

无妄 少康兴起，诛浇复祖。微灭复明，享祀大禹。

震为君，故曰"少康"，曰"兴起"。伏坤为恶，故曰"浇"。坤杀，故曰"诛浇"。言浇为少康所诛也。艮为祖，震为复，故曰"复祖"。乾为大明，为王，故曰"大禹"。按《帝王世纪》：后羿之相寒浞，既杀后羿，因羿之室生浇及豷。豷有力，杀夏帝相。帝妃仍氏女曰后缗，逃于有仍，生少康。少康长，与夏旧臣靡诛浞，复夏室。豷既浇也。

大畜 千门万户，大福所处。黄屋左纛，龙德独有。

艮为门户，乾亦为门户，为千万，故曰"千门万户"。乾为大福。艮为屋，震玄黄，故曰"黄屋"。震为旗，为左，故曰"左纛"。纛，旗也。震为龙，为德。"龙德独有"者，言非天子不能如此也。

颐 乾作圣男，坤为智女。配合成就，长生得所。

伏乾为圣，为男。坤为女。坎为水，为智，坤亦为水，故曰"智女"。乾道成男，坤道成女，故曰"配合成就"。震为长生。

大过 羿张乌号，彀射天狼。钟鼓夜鸣，将军壮心。柱国雄勇，斗死荥阳。

通颐。坤恶，故曰"羿"。艮为鸟，震为鸣，故曰"鸟号"。乌号，弓名也。艮为天，为狼。天狼，星名。《楚辞》：青云衣兮白霓裳，举长弓兮射天狼。彀，张弓也。彀射天狼，言羿暴戾也。震为射，为钟鼓。坤为夜，为军，为心，为国。艮为柱，故曰"柱国"。坤为死，正覆艮，故曰"斗死"。坤水，故曰"荥阳"。柱国，房君蔡赐也。见《陈涉世家》。惟史不言其死处，林盖别有所据。

坎 炙鱼捆斗，张伺夜鼠。不忍香味，机发为祟，笮不得去。

伏巽为鱼，下有离火，故曰"炙鱼"。震为捆斗。坎为夜，为鼠。艮止，故曰"伺"。震发，故曰"张"。言以炙鱼置捆斗之中，至夜引鼠而射杀之也。伏巽为臭，故曰"香味"。坎为机，为祟。震为发。艮止，故曰"笮"。笮音窄，狭也，迫也。

离 高飞不视，贪饕所在。臭腐为患，自害其身。

离为飞，为视。巽伏，故不视。兑口为食，正反兑，故曰"贪饕"。巽为臭腐，伏坎为患。艮为身。

咸 铅刀攻玉，坚不可得。单尽我力，胝胼为疾。

详《坤之豫》。

恒 方咮宣口，圣智仁厚。解释倒悬，家国大安。

详《小畜之噬嗑》。

遁 蜘蛛南北，巡行周署。杜季利兵，伤我心旅。

此用遇卦井象。巽为虫，故曰"蜘蛛"。离南坎北。离为网罟。艮为少，为木，故曰"杜季"。艮为刀剑，故曰"利兵"。坎为心旅。杜季，即杜伯。《史记正义》引周《春秋》云：宣王杀杜伯而无辜。后三年，宣王会诸侯田于圃。日中，杜伯起于道左，衣朱衣冠，操朱弓矢，射宣王，中心折脊而死。《国语》则云"于镐"。

大壮 公孙之政，惠而不烦。乔子相国，终身无患。

通观。艮为公孙，坤为政。乔，丁云：乔、侨通用，郑子产也。艮为乔木，故取象。坤为国，为终，为身，为患。艮安，故无患。

晋 弧矢大张，道绝不通。小人寇贼，君子塞壅。

坎为弧，为矢。艮为道路，坎陷，故不通。坤为小人，艮为君子。坎为寇贼，为壅塞。

明夷 藏戟之室，封豕受福。充泽肥腯，子孙蕃息。

坎为戟，为室；为隐伏，故曰"藏"。坎为豕，震为福；为大，故曰"封豕"。伏乾为肥腯。震为子，为蕃息。

家人 八子同巢，心劳相思，虽苦无忧。

伏震为子，巽数八，故曰"八子"。离为巢。坎为心，为劳，为忧。

睽 循理举手，举求取予。六体相摩，终无殃咎。

通蹇。艮为手。坤为理，二阳分居坤中，故曰"循理"。艮为举求，为取予。坎为体，坎数六，故曰"六体"。重坎，故曰"相摩"。艮为终。《左传·闵元年》：遇屯之比，曰六体不易。六体即谓坎也。

蹇 公子王孙，把弹摄丸。发辄有获，室家饶足。

详《比之小畜》。

解 井渚有悔，渴蜺为怪。不亟徙乡，家受其殃。

坎为井，为渚，为悔。震为蜺，下有离火，故曰"渴蜺"。坎为怪。《汉书·五行志》：上官桀谋废昭帝，立燕王。是时天雨，虹下属宫中，饮井水竭。《淮南子》：虹蜺者，天之忌也。故不避则受其殃。

损 郑会细声，国乱失倾。弘明早见，止乐不听。

《左传·襄二十九年》：吴季札聘鲁观乐，为之歌郑，曰，美哉！其细已甚，民弗堪也。是其先亡乎！自郐以下无讥焉。林全用其意。坤为郑。会，《左传》作郐，《毛诗》作桧，会盖其省字。震为声，坤柔，故曰"细声"。坤为国，为乱，为倾。艮为明。弘明犹弘通，谓季子也。震为乐，兑为耳，为听。艮止，故不听。

益 穿室凿墙，不直生讼。褰衣涉露，虽劳无功。

《诗·召南·行露篇》：厌浥行露。又云：谁谓雀无角，何以穿我屋？谁谓鼠无牙，何以穿我墉？艮为室，为墉。艮手，故曰"穿凿"。正反震，故曰"生讼"。坤为邪，故曰"不直生讼"。震为衣。坤为水，故曰"露"。艮手震行，故曰"褰衣涉露"。坤为劳，坤丧，故无功。

夬 脱卵兔乳，长大成就。君子万年，动有利得。

震为卵，今阳长至五，故曰"脱卵"。艮为乳，艮伏，故兔乳。乾为长大，为成就，为君子，为万年。

姤 五心乖离，各引是非。莫适为主，道路塞壅。

巽卦数五，伏坤为心，为乖离。乾为言，兑亦为言，兑背乾，故曰"各引是非"。《夬·九四》云：闻言不信。林用象所本也。震为侯，为主，为道路。震伏，故曰"莫适为主"。乾实，故壅塞。

萃 百柱载梁，千岁不僵。大愿辅福，文武以昌。

艮巽为梁柱，下坤为多，故曰"百柱"。坤为车，故曰"载"。坤为千岁，为僵。艮坚，故不僵。伏乾为大，为福。坤为文，伏震为武，为昌。

升 营城洛邑，周公所作。世逮三十，年历七百。福佑丰实，坚固不落。

坤为城邑，为世，为年。震为周，为公。数三，坤数十，故曰"世逮三十"。震数七，坤数百，故曰"年历七百"。伏乾为福佑，为宾。伏艮为圣。《左传》：周公城洛邑，卜世三十，卜年七百。

困 从叔旅行，食于东昌。嘉伯悦喜，与我芝酒。

通贲。艮为叔，震为从，为行旅，故曰"从叔行旅"。震为食，为东，为昌。东昌，齐地名。震为伯，为嘉，为喜。坎为酒，巽为芝，艮为我，故曰"与我芝酒"。此似有故实，俟考。

革 牛耳聋蔽，不晓声味。委以鼎俎，方始乱溃。

通蒙。坤为牛，坎为耳。坤闭，故耳聋。巽为味，震为声。坤闭，故不知声味。震为鼎俎。离为乱。

鼎 娵訾开门，鹤鸣弹冠。文章进用，舞韶和鸾。三仁翼政，国无灾殃。

详《坤之明夷》。

震 游魂六子，百木所起。三男从父，三女随母。至巳而反，各得其所。

震为游，为子。坎为魂，数六，故曰"游魂六子"。震为木，为百。数三，互坎艮皆男象，而震为父，为从，故曰"三男从父"。伏巽，互离兑，皆女象，巽为母，故曰"三女从母"。离卦数三也。巽居巳方。"至巳而反"者，言震巽相反复，震究为巽，与震相反也。

艮 南山兰茝，使君媚好。皇女长妇，多孙众子。

《左传》：郑文公有妾曰燕姞，梦天与之兰，曰兰有国香，人服媚之。艮纳丙，故曰"南山"。震亦为南。震伏巽，故曰"兰茝"。震为君，伏兑为媚好。伏巽为皇女，为长妇。艮为孙子，重艮，故曰"多"，曰"众"。

渐 黄虹之野，国君在位。管叔为相，国无灾殃。

巽为虹，互离，故曰"黄虹"。艮为野。伏震为贤君，为管。下艮，故曰"管叔"。管仲相齐伯天下。《孝经·援神契》曰：黄虹抱日，辅臣纳忠。又，《帝王世纪》：少昊母曰女节，见星如虹，下流华渚，梦感而生少昊。

归妹 穿凿道路，为君除舍。开辟福门，喜在我邻。

坎为穿。震为道路，为君，为喜。伏艮为门。《史记·吕后纪》：东牟侯兴居曰，诛吕氏无功，请得除宫。震为喜，为邻。

丰 商风数起，天下昏晦。旱魃为虐，九土兵作。

兑为秋，下互巽，故曰"商风"。互大坎，故曰"昏晦"。丰卦屡言日中见斗，林所本也。坎为鬼，下离，故曰"旱魃"。《诗·大雅》：旱魃为虐。《毛传》：魃，旱神也。震数九，伏艮为兵。

旅 自卫反鲁，时不我与。冰炭异室，仁道闭塞。

详《坤之颐》。

巽 春阳生草，夏长条肆。万物蕃滋，充实益有。

伏震为春阳，为生，为草。互离为夏，巽为枝条。震为万物，为蕃滋。《诗·周南》：伐其条肆。传：斩而复生曰肆。即嫩条

兑 六蛇奔走，俱入茂草。惊于长注，畏惧啄口。

互巽为蛇，伏坎卦数六，故曰"六蛇"。伏震为走。巽为入，为茂草。兑为口，坎为畏，艮为黔啄。蛇最畏鹳鹤之属，以其啄也。《易林》读黔喙为黔啄，此又一证也。

涣 明月照夜，使暗为昼。国有仁贤，君尊于故。

坎为夜，为月，故曰"明月照夜"。坎隐，伏艮光明，故曰"使暗为昼"。艮为国。震为仁，为君。

节 避蛇东走，反入虎口。制于爪牙，骨为灰土。

震为东，伏巽为蛇，坎隐伏，故曰"避蛇东走"。艮为虎。兑为口，为爪牙，为骨。坎为土。

中孚　倾迭不行，弱走善僵。孟絷无良，失其宠光。

巽为倾迭。震为走，兑折，故曰"弱走善僵"。震为孟，巽绳为絷，故曰"孟絷"。艮为良，为光。巽为伏，故曰"无良"，曰"失其宠光"。按《左传·昭七年》：卫襄公嬖人婤姶生孟絷。孟絷之足不良。孔成子曰，孟非人也，将不列于宗。后竟不得立。孟絷无良，即谓孟絷之足不良也。

小过　十羊俱见，黄头为首。岁美民安，国乐无咎。

兑为羊，数十，又为见，故曰"十羊俱见"。震为黄，艮为头，为首，故曰"黄头为首"。震为岁，为乐。艮为国，又为安。

既济　望风入门，来到我邻，铺吾养均。

此用遇卦象。

未济　登高车返，视天弥远。虎口不张，害贼消亡。

此仍用遇卦象，井通噬嗑。震为车，为返，为登，巽为高，故曰"登高车返"。艮为天，为虎。坎闭塞，故口不张。震为口也。巽为贼，风散，故消亡。

焦氏易林注卷十三

**兑上
离下 革**之第四十九

马服长股，宜行善市。蒙祐谐偶，获金五倍。

乾为马，巽为股，为长，故曰"马服长股"。服，犹驾也。乾为金。巽为市，为倍，卦数五，故曰"获金五倍"。

之乾 高原峻山，陆土少泉。草木林麓，喜得所蓄。

此用革象。伏艮，故曰"高原"，曰"峻山"。伏坤为陆土。坎为泉，坎伏，故曰"少泉"。震为草木，为喜。艮止，故曰"蓄"。

坤 一门二关，结缉不便。峻道异路，日暮不到。

此用遇卦革象。坤为门，伏坎数一，故曰"一门"。坎为关，坤数二，故曰"二关"。坤闭，故曰"结缉"。艮为道路，山高，故曰"峻道"。蒙二至上正反艮，故曰"异路"。艮为日，坤为暮。艮止，故不到。多用革伏象。关，门牡也。一门数关，故结缉不便。

屯 忧患解除，喜至庆来。坐立欢门，与乐为邻。

坎为忧患。震为解，为喜乐。艮为门，为坐。

蒙 殊类异路，心不相慕。牝牛牡豭，鳏无室家。

坤为类，艮为路，二至上正覆艮，故曰"殊类异路"。坎为心，二至上艮震相反，故不相慕。坤为牝牛，坎为牡豭。艮为鳏，为家，坎为室。言牛豕殊类，虽一牝一牡而不能配合，故无室家也。

需 太王为父，季历孝友。文武圣明，仁政兴起。旦隆四国，载福绥厚。

乾为王，为父，为始，故曰"太王"。伏艮为季。坤为孝友，为文。兑刚为武。乾为仁圣。互离为昼，故曰"旦"。坤为国，兑西方金，数四，故曰"四国"。

讼 临河求鲤，燕婉失饵。屏气摄息，不得鲤子。

通明夷。坤为水，为河，为鱼。坤柔顺，故曰"燕婉"。巽为饵，坎失，故燕婉失饵。震为气息，坤闭，故屏气摄息。震为子，坤鱼，故曰"鲤子"。坤丧，故不得。

师 买利求福，莫如南国。仁德所在，金玉为质。

坤为利。震为福，为南。坤为国，故曰"南国"。震为仁德。伏乾为金，震为玉。

比 白虎赤愤，窥观王庭。宫阙被甲，大小出征。天地烦溃，育不能婴。

革兑为虎，为西，故曰"白虎"。坎为赤，为忧愤。赤愤，犹丹愤也，袁高诗：茫茫苍海间，丹愤何由伸。盖与赤心同义。兹曰"赤愤"，言虎猛也。或疑愤当为幩。然虎无饰朱幩之理。或又疑为羵，羵为土中怪羊，不能出游也。离为观，为甲。坤为乱溃。乾为王。坎为宫室。伏震为征。乾为大。为天。坤为小，为地。革二至上正反兑巽，兑毁折，巽散乱。而伏艮震，艮为婴儿，震为覆艮，故婴不能育也。

小畜 子车针虎，善人危殆。黄鸟悲鸣，伤国无辅。

《秦风·黄鸟》诗，哀三良殉穆公葬。子车针虎，三良名也。伏震为子，为车，艮为虎，坎为针。故曰"子车针虎"。震为善，为人，坎危殆。艮为鸟，坤为黄，故曰"黄鸟"。震为鸣，坎为悲。坤为国。伤国无辅，言失贤人也。

履 两目失明，日暮无光。胫足跛曳，不可以行，顿于丘傍。

详《剥之萃》。

泰 罗网四张，鸟无所翔。征伐困极，饥寒不食。

坤为网罗。震卦数四，故曰"四张"。震为鸟，为翔，为征伐。坤为饥。乾为寒。兑口为食，坤闭，故不食。

否 伯夷叔齐，贞廉之师。以德防患，忧祸不存。

震为伯，震伏，故曰"伯夷"。艮为叔，互巽，故曰"叔齐"。余详《比之剥》。

同人 疾贫望幸，贾贩市井。开牢择羊，多得大牂。

详《否之坎》。

大有 南山之杨，其叶牂牂。嘉乐君子，为国宠光。

首二句，《陈风》诗。牂牂，《毛传》：盛貌。伏艮纳丙，故曰"南山"。艮为木，故曰"杨"。艮为君子，为光。坤为国。

谦 东壁余光，数暗不明。主母嫉妒，乱我事业。

震东，艮壁，艮又为光，故曰"东壁余光"。言烛在东壁。艮为明，互坎，故不明。坤母，震为主，故曰"主母"。坎为嫉妒，坤为事业，为乱。事详《谦之屯》。

豫 厌浥晨夜，道多湛露。濡衣濡裤，重难以步。

《诗·召南》：厌浥行露，岂不夙夜，谓行多露。传：厌浥，湿意。震为晨，坤坎皆为夜。震为道，坎为露。瀼，湿也。震为襦裤。坤为重，震为步，坎陷故难。

随 目瞤足动，嘉喜有顷，举家蒙宠。

详《乾之需》。

蛊 鹰鹯欲食，雉兔困急。逃头见尾，为害所贼。

艮为鹰鹯，震为兔。雉，鸡属，疑用巽象也。艮为头，为尾。艮在外，故曰"逃头"。三至五艮覆，故曰"见尾"。兑为见。为毁折，故为害。巽为贼。

临 鼻移在项，枯叶伤生，下朽上荣。家扰不宁，失其金城。

通遁。艮为鼻，乾为首。鼻在首下，故曰"移鼻在项"。震为叶，巽陨落，故曰"枯叶"，故曰"下朽"。乾为荣，故曰"上荣"。艮为家，为城。乾为金，坤消，故失其金城。

观 飞不远去，法为罔待，禄养未富。

乾为禄，为富。乾伏，故未富。

噬嗑 倒基败宫，重舌作凶。被发夜行，迷乱相误，亡失居止。

艮为基，为宫，正覆艮，故曰"倒基败宫"。伏兑为舌，正覆兑，故曰"重舌"。震为发，为行，坎为夜。正反震，故曰"迷乱相误"，而失居止也。

贲 亥午相错，败乱绪业，民不得作。

离居午，艮居亥。离为败乱，伏巽为绪。坎众为民。《诗汜历枢》云：卯酉为革政，亥午为革命。又，《汉书·翼奉传》：《易》有阴阳，《诗》有五际。孟康曰：五际，卯酉午戌亥，阴阳始终际会之岁，于此则有改变之政。

剥 野麋畏人，俱入山谷。命短不长，为虎所得，死于牙腹。

艮为麋，为山谷。坤为畏。为死，故曰"命短"。艮为虎。坤为腹，伏兑为牙。

复 秋冬探巢，不得鹊雏。衔指北去，媿我少姬。

详《观之屯》。

无妄 双凫俱飞，俱归稻池。经涉萑泽，为矢所射，伤我胸臆。

详《屯之旅》。

大畜 天门开辟，牢户寥廓。桎梏解脱，拘囚纵释。

详《小畜之泰》。

颐 尼父孔丘，善钓鲤鱼。罗网一举，得获万头，富我家居。

上艮，故曰"尼"，曰"丘"。下震，坤虚，故曰"孔丘"。《史记·孔子世家》：叔梁纥祷尼丘，生孔子，字仲尼。《左传·哀十六年》：孔丘卒，哀公诔之曰，呜呼哀哉尼父！无自律。坤为鱼，为罗网，为万。艮为首，故曰"万头"。艮为家。坤多，故曰"富"。

大过　彭生为豕，暴龙作灾。盗尧衣裳，桀跖荷兵。青禽照夜，三旦夷亡。

坎　华言风语，乱相诳误。终无凶事，安宁如故。

详《咸之颐》。

离　延颈见足，身困名辱。欲隐避仇，为害所贼。

伏艮为颈，震为足，离为见。艮为身，为名。二四艮覆，故曰"困辱"。伏坎为隐伏，为仇，为害贼。

咸　无足断跟，居处不安，凶恶为残。

详《夬之大遇》。

恒　三人俱行，北求大羘。长孟病足，倩季负粮。柳下之宝，不失我邦。

详《同人之丰》。

遁　退飞见祥，伤败毁坠。守小失大，功名不遂。

艮为飞，阴消阳，故曰"退飞"。"祥"，犹兆也。凡吉凶之兆先见者，皆曰祥。伏兑，故曰"见"。巽为陨落，故曰"伤败毁坠"。艮为守，阴小阳大。阴消阳，故曰"失大"。艮为名。《左传·僖十六年》：六鹢退飞，过宋都。宋襄公曰，是何祥也？注：祥，吉凶之先见者。后战于泓，不击半济，不杀二毛，襄公果败。故曰"守小失大"。

大壮　持心瞿目，善摇数动，不安其处。散涣府藏，利得无有。

伏艮为目，乾惕，故持心瞿目。震为动摇，震往，故曰"善摇数动，不安其处"。伏巽风，故曰"散涣"。坤为府藏。巽为利，坤亡，故无利。

晋　牵尾不前，逆理失臣，卫朔以奔。

明夷　禄如周公，父子俱封。

震为周，为公，为父，为子。

家人　君有八人，信允笃诚，为尧所举。

通解。震为君，为人。巽数八，故曰"八人"。坎为信，为诚笃。震为帝，故曰"尧"。

睽　久阴霖雨，泥涂行潦。商人休止，市空无宝。

详《夬之大过》。

蹇 无足断跟，居处不安，凶恶为残。

见前咸卦。

解 马蹄踬车，妇恶破家。青蝇污白，恭子离居。

详《观之随》。蹄音踶，足相蹩曰蹄。

损 噂噂所言，莫如我垣。欢喜坚固，可以长安。

详《乾之困》。

益 懿公浅愚，不受深谋。无远失国，为狄所贼。

详《比之家人》。

夬 骐骥绿耳，章明造父。伯凤奏献，衰续厥绪。佐文成伯，为晋元辅。

《史记·赵世家》：造父幸于周缪王，取骥之乘匹，骅骝、绿耳献之穆王。王使造父御，西巡狩，乃赐造父以赵城。十二世，生赵凤，事晋献公。凤之孙曰赵衰，事晋文公成伯业。乾为马，为父，为大明。"章明"者，言始显也。遇卦革。伏震为伯，坤为凤，艮手为奏，为献。奏，进也。"奏献"者，言进事献公也。巽为绪。离为文。震为晋。

姤 驾车入里，求鲜鲂鲤。非其肆居，自令后市。

通复。坤为车，为里，震为驾。巽为鱼，为市肆。震为后。言里非产鱼之地，故求之不得。

萃 求獐嘉乡，恶地不行。道止中返，喜还其床。

艮为麠，为乡。坤为恶，坤闭，故曰"恶地不行"。艮为道，为止，为床。伏震为反，为还。

升 杖鸠负装，醉卧道傍。不知何公，窃我锦囊。

坤文为鸠，互震，故曰"杖鸠"。《白帖》云：老人食多咽，刻鸠为杖，取鸠食不咽之义。震为装，为道。伏艮为卧，坤迷，故曰"醉卧"。震为公。巽为盗。坤为囊，坤文，故曰"锦囊"。

困 登昆仑，入天门。过糟丘，宿玉泉。同惠欢，见仁君。

详《比之姤》。三字句。

井 水为火牡，患厌不起。季伯夜行，与喜相逢。

《左传·昭七年》：水，火之牡也。卦水火相交，故曰"水为火牡"。坎为患，为夜。伏艮为季。震为伯，为行，为喜。

鼎 乌孙氏女，深目黑丑。嗜欲不同，过时无耦。

通屯。艮为乌，为孙，坤女。互大离，故曰"深目"。坤为黑，为丑。坎为嗜欲。艮时坤寡，故过时无耦。

震 子钮执麟，春秋作经。元圣将终，尼父悲心。

详《讼之同人》。

艮 灼火泉源，钓鲂山巅。鱼不可得，火不肯燃。

渐 天马五道，炎火久处。往来上下，作文约己。衣枲丝麻，相随笑歌，凶恶如何。

义不可晓，恐多讹字，故不释象。

归妹 鸱鸮破斧，冲人危殆。赖旦忠德，转祸为福，倾危复立。

详《否之蛊》。

丰 牡飞门启，忧患大解，不为身祸。

详《需之兑》。

旅 石门晨门，荷蒉食贫。遁世隐居，竟不逢时。

《论语》：子路宿于石门，晨门曰，奚自？又，子击磬于卫，有荷蒉而过孔氏之门者曰，有心哉，击磬乎？注：晨门、荷蒉，皆隐者。艮为石，为门。伏震为晨，为蒉。艮为荷，兑为食。离虚，故曰"食贫"。艮为世，巽伏，故曰"遁世隐居"。艮为时。

巽 兔聚东郭，众犬俱猎。围缺不成，无所能获。

详《蹇之坤》。

兑 三羊群走，雉兔惊骇。非所畏惧，自令劳苦。

兑羊，离卦数三，故曰"三羊群走"。离为雉，伏震为兔，为惊骇。伏坎为畏，为劳。

涣 羽翮病伤，无以为强。宋公德薄，败于水泓。

震为羽翮，坎为病，故曰"羽翮病伤"。震为公。《说文》：以木架屋曰宋。艮象也，故曰"宋公"。下坎，故曰"泓水"。《左传》：宋襄公与楚战，败于泓。

节 姬姜稚叔，三人偶食。论仁议福，以安王室。

震为姬，伏巽为姜。艮少，故曰"稚叔"。震数三，兑食，兑卦数二，故曰"三人偶食"。震为言，为仁，为王。坎为室。

中孚 精诚所在，神人为辅。德教之中，弥世长久。三圣乃兴，多受福祉。

震为精诚，为神，为人，为德教，为福祉。数三，故曰"三圣"。革互乾为圣，文武周公也。

小过　歧周海隅，独乐不忧。可以避难，全身保才。

震为周，艮山，故曰"歧周"。兑为海。震为乐，巽寡，故曰"独乐"。巽伏，故曰"避难"。艮为保全，为身。

既济　孤独特处，莫依为辅，心劳志苦。

详《益之艮》。

未济　顾望登台，意常欲逃。贾辛丑恶，妻不安夫。

离为顾望，为丑恶。坎夫离妻，卦离在上，故妻不安夫。《左传·昭二十八年》：魏献子谓贾辛曰，昔贾大夫恶，娶妻而美，三年不言不笑。

䷱ 离上 巽下 鼎之第五十

积德之君，仁政且温。伊吕股肱，国富民安。

伏屯。震为德，为君，为仁。坤为积，为政，为国，为民，为富。震为伊，巽为吕，为股肱。

之乾　倾筐卷耳，忧不能伤。心思古人，悲慕失母。

此用遇卦鼎象。伏震为筐。坎为耳，为忧，为心，为悲慕。坤为母。卷耳，草名。《周南》：采采卷耳，不盈倾筐。《毛传》谓，后妃思君子不在。兹谓失母，与《毛》异。

坤　郤叔贾贷，行禄多悔，利无所得。

此仍用鼎象。巽为退，伏艮为叔，故曰"郤叔"。震为商贾，为行，为路。坤为悔。巽为利，坤亡，故无得。晋郤氏贪而好货，数世不改，至成公十七年，果为厉公所灭。故林词云云。

屯　蹶足狂跛，怪碎不行。弃捐乎人，名字无申。

震为足，坎蹇，故曰"蹶"，曰"跛"。坎为怪，为破。坤闭艮止，故不行。坤为弃捐，震为人。为名，坤为文字。坤黑坎伏，故曰"无申"。申，明也。

蒙　文王四乳，仁爱笃厚。子畜十男，夭折无有。

见前《颐之节》。

需　容民蓄众，不离其居。

坎为众，为民。伏艮为居。

讼 三雏相逐，蝇坠釜中。灌沸淹殪，与母长决。

伏震为子，为行，故曰"三雏相逐"。巽为蝇。伏坤为釜，为水，为死，为母。

师 所望在外，鼎令方来。拭爵涤罍，灼食待之，不为季忧。

此兼用鼎象。离在外卦，故曰"所望在外"。震为鼎，为爵，为罍。伏艮，故曰"拭爵"。坎水，故曰"涤罍"。艮为待，为季。

比 陆居少泉，高山无云。车行千里，涂污尔轮，亦为我患。

坎为泉，坤艮皆为陆，故曰"少泉"。坎为云，艮为高山。坎隐伏，故无云。坤为车，为千里。坎为轮，为泥涂，故曰"涂污尔轮"。坎为患。

小畜 东家杀牛，闻臭腥臊。神背西顾，命衰绝周。亳社灾烧，宋人夷诛。

详《噬嗑之巽》。

履 长子入狱，妇馈母哭。霜降旬日，向晦伏法。

旁通谦。震为长子，坎为狱。坤为母。伏巽为入，为妇。兑口，故曰"母哭"。坤为霜。离日，坤数十，故曰"旬日"。坤为晦，为杀，故曰"伏法"。《隋书·刑法志》：圣王莫不先春风而播恩，后秋霜而动宪。是自古杀人，皆在霜降后。兹曰"向晦"，并用晦日也。

泰 温山松柏，常茂不落。凤凰以庇，得其欢乐。

详《需之坤》。

否 大屋之下，朝多君子。德施溥育，宋受其福。

艮为屋，上乾，故曰"大屋"。艮为朝，为君子。坤众，故曰"多"。《说文》：以木架屋曰宋。故艮为宋。

同人 罗张目抉，围合耦缺，鱼鸟生脱。

离为网罗，为目。抉、决通。兑毁，故目决。言网目毁也。离中虚，故曰"围合"。二人为耦。按，《周礼·天官》：掌次，射则张耦次。《疏》：凡射耦，皆两两俱升，南面而射。耦缺，则射者无。巽寡，故曰"耦缺"。巽为鱼，离为鸟。目抉耦缺，故鱼鸟得脱也。

大有 羔裘豹祛，高易我宇。君子维好，至老无忧。

兑为羊，离文为豹，乾为衣，故曰"羔裘豹祛"。伏艮为高，为宇，为君子。乾为老。坤为忧，坤伏，故不忧。羔裘，《唐风》篇名。《毛》谓晋人不恤其民，刺诗。兹云"君子无忧"，与《毛》异。

周易全书

谦 大头明目，载受嘉福。三雀飞来，与禄相得。

坎为大首，伏离为明目。震为载，为嘉福。数三，艮为雀，故曰"三雀"。

豫 销锋铸耜，休放牛马。甲兵解散，夫妇相保。

详晋林。

随 吉日车攻，田弋猎禽。反行饮至，以告嘉功。

详《履之夬》。

蛊 商人行旅，资无所有。贪贝逐利，留连王市。轘辕内安，公子何咎。

震为商旅。艮为贝，巽为利。艮止，故曰"留连"。巽为市，震为王，故曰"王市"。震为辕，为公子。艮为安。按《左传·襄二十一年》：栾盈被掠于周，周王使候出诸轘辕。又，《高祖纪》：因张良遂掠韩地轘辕。是轘辕为地名。而《管子》云：凡主兵者，必先审知地图轘辕之险。又《东京赋》：邪径捷乎轘辕。薛综注：轘辕十二曲道，将去复还，故曰轘辕。是轘辕为曲径，所以设险。故曰"轘辕内安，公子无咎"。盖艮震皆为道路，卦三至上艮震相反复，像轘辕也。

临 火入井口，扬芒生角。犯历天门，窥观太微。登上玉床，家易其公。

通遁。艮为星，为火。兑为井，为口。艮为角。火，荧惑也。言荧惑入井。艮为门，上乾为天。《内经》以戌亥为天门。乾艮皆位西北，故曰"天门"。艮为观。《天文志》：太微为五帝之庭，明堂之房。乾为帝，为玉。艮为床，故曰"玉床"。艮为家，震为公。言荧惑入井，芒角犯太微，国君将易也。

观 秋隼冬翔，数被严霜。甲兵充庭，万物不生。鸡釜夜鸣，民扰大惊。

通大壮。兑为秋，艮为隼，乾为冬，震为翔，故曰"秋隼冬翔"。坤为霜。艮为甲兵，为庭。坤为万物，坤杀，故不生。巽为鸡，坤为金，为夜，震为鸣，故曰"鸡釜夜鸣"。坤为民，震为惊。釜鸣，详《复之旅》。鸡夜鸣，言失时也。

噬嗑 东行西步，失其次舍。乾侯野井，昭君丧居。

震为东行。坎西，故曰"西步"。艮为次舍，坎为失，故曰"失其次舍"。震为诸侯，为君。上离，故曰"乾侯"，曰"昭君"。艮为野，伏兑为井。《左传·昭三十二年》：公薨于乾侯。野井，齐地名。《昭二十五年》，齐侯唁公于野井是也。

贲 肿胫病腹，陷厕污辱。命短时极，孤子哀哭。

震为胫，艮为节，故曰"肿胫"。肿，《说文》：廱也。离为腹，互坎，故曰"病腹"。坎为厕，为陷，为污。艮为时。伏巽为命，兑为折，故曰"短命"。震为子，坎孤坎悲，故曰"孤子哀哭"。伏兑为哭。《左传》：晋侯有疾张，如厕陷而卒。

剥 切肤近火，虎绝我须。小人横暴，君子何之。

艮为肤，为火，为虎，为须，为君子。坤为小人，重坤，阴盛销阳，故曰"横暴"。艮止坤闭，故曰"何之"。

复　女室作毒，为我心疾。和不能治，晋人赴告。

坤为女，为室，为毒，为心，为疾。《左传·昭元年》：女，阳物，而晦时，淫则生内热惑蛊之疾。故曰"女室作毒，为我心疾"。坤死，故和不能治。震为晋，为人，为告。言平公死，赴告列国也。

无妄　兵征大宛，北出玉门，与胡寇战。平城道西，七日绝粮，身几不全。

详屯林。此以巽为寇，余象皆同。

大畜　九子十夫，莫适与居。贞心不壹，自令老孤。

震数九，故曰"九子"。震为夫，兑数十，故曰"十夫"。艮为居，正反艮，故曰"莫适与居"，曰"贞心不壹"。艮为贞。乾为老。伏巽为寡，故曰"孤"。

颐　车行稻麦，遂至家国。乐土无灾，君子何忧。

震为车，为稻麦。坤为家国，为土，为灾，为忧。震为乐，为解，故无灾忧。

大过　作室山根，所以为安。一夕崩颠，破我饔飧。

详《贲之明夷》。

坎　六人俱行，各遗其囊。黄鹄失珠，无以为明。

详《临之师》。

离　伯蹇叔盲，莫为守装。失我衣裳，不离其乡。

伏坎。中爻震为伯，坎蹇，故曰"伯蹇"。艮为叔，中爻互大离，故曰"叔盲"，故曰"装"。艮守坎伏，故莫为守装。震为衣裳，上下坎，故曰"失"。艮为乡也。

咸　褒宠洒尤，败政倾家。覆我宗国，秦灭周室。

互乾为王，巽为母，有王母之象，故曰"褒"。"褒"，幽王后褒姒也。伏坤为尤。"洒尤"者，言龙漦洒于王庭也。伏坤为政。艮为家室，为国。兑毁，故曰"败倾"。艮为国，震为宗，震覆为艮，故曰"覆我宗国"。兑为秦，震为周，震伏，故曰"秦灭周室"。《诗》：赫赫宗周，褒姒灭之。林咏其事。

恒　诡言译语，仇祸相得。冰入炭室，消灭不息。

伏正反震，故曰"诡言译语"。伏坤为仇，为祸，为冰。艮为室，为火。火与坤连，故曰"冰入炭室"。坤消坤死，故曰"不息"。

遁　彭生为豕，暴龙作灾。盗尧衣裳，聚跖荷兵。青禽照夜，三日夷亡。

详《比之蒙》。此以巽为豕，为盗，为跛。

大壮 朝露白日，四马过隙。岁短期促，时难再得。

震为朝，为白。兑为露。乾为日，为马。震卦数四，故曰"四马"。伏巽为隙。乾为岁，伏艮为时期，伏观为消卦，故曰"岁短期促"也。《汉书·张良传》：人生如白驹遇隙。

晋 耳阙道丧，所为不成，求事匪得。

伏坎，故耳阙。艮为道。道丧，言无耳，丧失人道也。艮为求，坤为事。坤丧，故所为不成，求事不得也。

明夷 申公患楚，危不自安。重耳出奔，侧丧其魂。

震为申，为楚。坎为患危。坤为重，故曰"子重"。耳，讹字。震为出奔，为子。坎为邪，故曰"侧"。侧，子反名也。乾为魂，乾伏，故曰"丧魂"。坤为丧也。《左传·成七年》：子重请取于申、吕以为赏田。子反欲取夏姬。皆为申公巫臣所止。后巫臣自取夏姬奔晋，故子重、子反皆怨巫臣，而灭其族。巫臣遗二子书曰，余必使尔疲于奔命以死。后巫臣教吴伐楚，子重、子反于是乎一岁七奔命。重耳为子重之讹，然各本皆如此，不敢改也。

家人 南上泰山，困于空桑。左沙右石，牛马无食。

此用鼎象。伏震为南，艮为山。坎为困。巽为桑，离枯，故曰"空桑"。震左兑右，艮为沙，巽为石，故曰"左沙右石"。离牛乾马。兑为食，离虚，故无食。

睽 海隅辽右，福禄所在。柔嘉蒙礼，九夷何咎。

兑为海，为右。伏艮为东北，故曰"辽右"。遇卦鼎乾为福禄。伏坤为柔，为礼。震为嘉。数九，故曰"九夷"。坤为夷也。《论语》：子欲居九夷。

蹇 阳春生长，万物壮茂。垂枝布叶，君子比德。

此仍用鼎象。伏震为阳春，为生长，为壮茂。伏坤为万物，为枝叶。艮为君子，震为德。

解 低头窃视，有所畏避，行作不利。酒酸鱼败，众莫贪嗜。

坎为首，为窬，故曰"低头"。离为视，坎盗，故曰"窃视"。坎为畏，坎隐伏，故曰"畏避"。坎险，故曰"不利"。坎为酒，伏巽为鱼。巽木，木曲作酸，故曰"酒酸"。巽为臭，故曰"鱼败"。坎为众。

损 左辅右弼，金玉满堂。常盈不亡，富如廐仓。

详《师之归妹》。

益　坐朝垂轩，据德宰民。虞叔受命，六合和亲。

艮为坐。坤为朝，为轩，为民。震为德，艮手，故曰"据德"。艮官，故曰"宰民"。震为欢虞，艮为叔，故曰"虞叔"。巽为命。坤为合，伏乾数六，故曰"六合"。言虞舜坐朝堂，为天子也。

夬　东行西坐，丧其犬马。南求骓骝，失车林下。

此用鼎象。伏震为东，为行。伏坎为西，艮为坐，故曰"西坐"。艮犬震马，坤丧，故曰"丧其犬马"。震为南，为马，艮为求，故曰"南求骓骝"。坤为舆，震为林，坎失，故曰"失车林下"。坤为下也。

姤　砥德砺材，果当成周。拜受大命，封为齐侯。

此亦用鼎象。伏震为德，为材。艮为石，故曰"砥砺"。艮为果，震为周，艮为成，故曰"果当成周"。艮为拜。本卦巽为命，重乾，故曰"大命"。巽为齐，震为诸侯，故曰"齐侯"。"果当成周"者，言太公积德，果遇文王也。

萃　西逢王母，慈我九子，相对欢喜。王孙万户，家蒙福祉。

兑在西，坤母伏乾，故曰"王母"。伏震为子，数九，坤为慈，故曰"慈我九子"。伏象正反震相对，故曰"相对欢喜"。艮为孙，伏震为王，故曰"王孙"。坤为户，为万，故曰"万户"。艮为家，伏震为福祉。

升　安坐玉床，听韶行觞。饮福万岁，曰寿无疆。

伏艮为坐。震为玉，巽为床，故曰"玉床"。震为乐，为觞，兑为耳，故曰"听韶行觞"。震为福，为万岁。兑口，故曰"饮"。伏艮为寿，坤广，故曰"无疆"。

困　登高望家，役事未休。王事靡盬，不得逍遥。

详《夬之解》。

井　击鼓蹈陔，不得相逾。章甫文德，福厌祸消。

元刊注云：陔，阶次也。按《礼》有陔夏乐，有击鼓为登阶之节。故曰"不得相逾"。言登阶有节，不得乱也。伏震为鼓。艮为击，为陔。为冠，故曰"章甫"。伏离为文。震为福，坎为祸。厌，足也。

革　追亡逐北，至山而复。稚叔相呼，反其室庐。

震　老猾大猶，东行盗珠。困于噬敖，几不得去。

《山海经》云：尧光之山有兽，穴居而冬蛰，名曰猾。余峨之山有兽焉，见人则眠，名曰猰。猰即猶也。皆艮象。震为东，为珠；坎为盗，故曰"盗珠"。坎为困。噬敖，按《诗》：搏兽于敖。传：敖，地名。噬敖，疑亦地名也。

艮　禹召诸神，会稽南山。执玉万国，天下康安。

详《姤之临》。

渐　忉忉怛怛，如将不活。黍稷之恩，灵辄以存，获生保年。

详《蒙之损》。

归妹　侯叔兴起，季子富有。照临楚国，蛮荆是安。

元刊注：季氏富于周公。然下曰照临楚国，则上二句皆楚事也。按，《左传·文元年》：楚成王欲立商臣为太子。令尹子上曰，楚国之举，恒在少者。言楚君恒为少子也。又《昭十三年》：叔向曰，弃疾必有楚国。芈姓有乱，必季实立，楚之常也。首二句，言楚之兴起富有者，恒在叔季之子，与子上、叔向语同也。《左传·昭七年》：蓮启疆曰，将使衡父照临楚国。震为侯，为兴起，为荆楚。伏艮为叔季，为安。

丰　白马骏骦，更生不休。富我商人，利得如丘。

通涣。震为白，为马，故曰"白马骏骦"。震为生，二五正反震，故曰"更生不休"。震为商人。艮为丘，巽为利。

旅　灼火泉源，钓鲂山颠。鱼不可得，炭不肯燃。

详《革之艮》。

巽　避患东西，反入祸门。糟糠不足，忧动我心。

详《否之需》。

兑　成王多宠，商臣惶恐。生其祸心，使君危殆。

伏艮为成，震为王。兑为媚，为姬。重兑，故曰"多宠"。震为商，艮为臣。坎为恐，为心，为祸，为危殆。震为君。

涣　虎饥欲食，见猏而伏。禹通龙门，避咎除患，元丑以安。

艮为虎。伏离中虚，故曰"饥"。伏兑为食。坎为棘，为猏，为隐伏。《史记·龟策传》注：猏能伏虎。言虎将食，见猏而畏伏。震为龙，艮为门。震为帝王，故曰"禹"。《孟氏逸象》：坤为丑，此似以坎为丑。

节　按民呼池，玉杯文案。鱼如白云，一邑获愿。

"杯"者，杖之讹。《后汉书·礼仪志》：仲秋，县道接户比民，年七十者授以玉杖，八十九十礼有加文案。盖养老加礼也。坎为民，为池。艮为按。震为玉，为椀，为案。案，椀也。伏离，故曰"文"。伏巽，故曰"鱼"，曰"白"。坎为云，故曰"白云"。艮为邑，坎数一，故曰"一邑"。此亦有故事，为今所不能考。牟庭等便谓呼池改为安民县。在平帝二年，为焦氏所不及见。疑为崔篆所为。岂知安为按之讹字。《同人之豫》，宋本、元本、汲古皆作按呼，汲古且作湖。安得据此讹字，以致疑乎？多见其不考耳。丁晏卿谓，牟庭私改按为安，虽未必然，然按民呼池，与安民呼池，义孰为优，可不烦言而解。乃牟氏故作安民县解，固可疑也。

中孚　双凫鸳鸯，相随群行。南至饶泽，食鱼与梁，君子乐长。

艮为鸟，正反艮，故曰"双孚"，曰"鸳鸯"，曰"群行"。震为行，为南。兑为泽，为食。巽为鱼，为稻粱。艮为君子，震为乐，巽为长。

小过　蔡侯朝楚，留连江渚。逾时历月，思其君后。

详《豫之坤》。

既济　胶车驾东，与雨相逢。五楘解堕，颓杌独坐，忧为身祸。

详《大过之蛊》。

未济　螟虫为贼，害我稼穑。尽禾殚麦，秋无所得。

详《同人之节》。

☳震上
☳震下　震之第五十一

枯匏不材，利以济舟。渡逾河海，无有溺忧。

互艮为匏，伏巽，故曰"枯匏"。震为舟，为济，伏巽为利。坎为河海，为忧。震出，故无有溺忧。

之乾　陷涂溺水，火烧我履，忧患重累。

此用遇卦震象。震为大涂，坎为水，为陷溺。互艮为火，震在艮上，故曰"火烧我履"。坎为忧患。

坤　旦生夕死，名曰婴鬼，不可得祀。

详《小畜之升》。

屯　扬水潜凿，使石洁白。里素表朱，游戏皋沃。得其所愿，心志娱乐。

详《否之师》。

蒙　众鸟所翔，中有大怪，九身无头。魂惊魄去，不可以居。

详《否之同人》。

需　刖根枯株，不生肌肤。病在于心，日以焦枯。

此亦用震象。伏巽下断，故曰"刖根"。巽殒落，故曰"枯株"。艮为肌肤。本卦伏坤为死，故曰"不生"。坎为心病。离为日，为焦枯。

讼 府藏之富，王以振贷。捕鱼河海，笱芒多得。

详《坎之大过》。

师 一茎九缠，更相牵挛。宿明俯仰，不得东西。请谳当决，日午被刑。

坎为茎，数一，故曰"一茎"。震数九，故曰"九缠"。伏巽为绳，为缠。遇卦震互艮为牵，初至四正反艮，故曰"互相牵挛"。震为旦，故曰"宿明"。宿明，即黎明也。震东坎西，艮闭，故曰"不得东西"。震为请，为谳。坤杀，故"当决"，曰"被刑"。伏离，故曰"日午被刑"。《史记》：司马穰苴与监军庄贾，期旦日日中会于军门。及期，贾不至。召军正问曰，军法期而后至者云何？曰，当斩。乃斩之。

比 蠹老鲐背，齿牙动摇。近地远天，下入黄泉。

坤为老，为鱼。艮为背，故曰"鲐背"。《诗·大雅》：黄耇台背。《尔雅·释诂》：老人皮肤消瘠，若鲐鱼也。伏兑为齿牙，为毁折，故曰"动摇"。乾伏，故曰"远天"。坤为水，为黄，为下，为死，故下入黄泉。

小畜 羊舌叔虎，野心善怒。黩货无厌，以灭其身。

羊舌虎，叔向弟，襄公二十二年，以受贿为范宣子所杀。兑为羊，为口舌；伏艮为叔，为虎，故曰"羊舌叔虎"。坤为野，为心，震为怒，故曰"野心善怒"。坤为货财，为身。坤杀，故曰"以灭其身"。

履 讦疑八子，更相欺绐。管叔善政，不见邪期。

伏豫。震为子，坤卦数八，故曰"八子"。震为言，正反震，故曰"更相欺绐"。震为管，艮为叔，故曰"管叔"。坤为政，震为善，故曰"善政"。"管叔"者，管仲。言桓公死，诸公子为乱，管仲不及见也。

泰 绊跳不远，心与言反。尼丘顾家，茅筹朱华。

震为跳，伏巽为绳，故曰"绊跳"。坤近，故曰"不远"。坤为心。震为言，乾亦为言，震言与乾言相背，故曰"言反"。伏艮为尼丘，为家。巽为茅。兑为华，乾为大赤，故曰"朱华"。下二句，义未详，或有讹字。

否 蜉蝣戴盆，不能上山。摇推跌跋，顿伤其颜。

巽为虫，故曰"蜉蝣"。艮为戴，为盆，故曰"蜉蝣戴盆"。艮止，故不能上山。巽进退，故摇推跌跋。艮为颜，坤为伤。

同人 朝露不久，为恩惠少。膏泽欲尽，咎在枯槁。

通师。震为朝，坎为露。风散，故曰"不久"。震为恩惠，坎为膏泽。坤亡，故曰

"少"，曰"尽"。离为枯槁。

大有　河伯之功，九州攸同。载祀六百，光烈无穷。

此用震象。震为伯，互坎，故曰"河伯"。互艮为州，震数九，重震，故曰"九州攸同"。震为百，坎数六，故曰"六百"。离为光也。按《竹书纪年》：谓夏祀前后共四百七十一年。后儒疑之。兹谓九州攸同，确谓禹也。载祀六百，谓禹食报之久也，较《竹书》更多。

谦　三人北行，大见光明。道逢淑女，与我骥子。

震为人，数三，故曰"三人"。坎为北。艮为光明，为道。坤女，震为淑，故曰"道逢淑女"。震为马，故曰"骥子"。

豫　金精耀怒，带剑过午。徘徊高库，宿于木下。两虎相拒，弓弩满野。

详《噬嗑之泰》。《河图帝览嬉》：月者，金之精。又，虎亦为金精。艮为虎。"两虎相拒"者，言正反艮相背也。高库，地名。《吕氏春秋》：出高库之兵以赋民。《越绝书》：高库在安成里，勾践藏兵之所。

随　江河淮海，天之奥府。众利所聚，可以富有。乐我君子，百福是受。

详《乾之观》。

蛊　不虞之患，祸至无门。奄忽暴卒，病伤我心。

详《蒙之明夷》。

临　画龙头角，文章未成。甘言美语，说辞无名。

详《蒙之噬嗑》。

观　缺破不成，胎卵不生，不见兆形。

详《晋之益》。

噬嗑　旁行不远，三里复反。心多畏恶，日中止舍。

震为行，艮止，故不远。艮为里，震为反，数三，故曰"三里复反"。坎为心，为畏恶。离为日，艮为止，为舍。

贲　四隤不安，兵革为患。掠我妻子，家复饥寒。

震数四。《说文》：隤，队也，又坏也。司马相如《上林赋》：隤墙填堑。坎为破坏，故曰"四隤不安"。艮为兵革，坎为患。艮手为掠，震为子，伏巽为妻，故曰"掠我妻子"。艮为家。坎为寒，离虚，故曰"饥寒"。

剥　喜来如云，嘉福盈门。众才君子，举家蒙欢。

此兼用震象。震为喜，坎为云。震为嘉福。艮为门，为君子，为家。坎众，故曰"众才"。震乐，故曰"蒙欢"。

复 载金贩狗，利弃我走。藏匿渊底，折毁为咎。

详《随之革》。

无妄 日中为市，各抱所有。交易赀贿，函珠怀宝，心悦欢喜。

详《泰之升》。

大畜 日趋月步，周遍次舍。经历致远，无有难处。

乾为日，兑为月，震行，故日趋月步。震为周，艮为次舍。

颐 阳明失时，阴凝为忧。主君哀泣，丧其元侯。

艮为时，坤失乾伏，故曰"阳明失时"，曰"阴凝为忧"。坤为忧也。震为主，为君。震为乐，为歌，震反为艮，故曰"哀泣"。震为诸侯，为长，故曰"元侯"。坤为丧。

大过 年衰岁暮。精魂游去。形容销枯，哀子相呼。

乾为年岁，乾老，故曰"衰暮"。乾为精魂，大过死，故曰"精魂游去"。伏坤为形容，巽陨落，故销枯。伏震为子，坤忧，故曰"哀子"。兑口，故曰"呼"。正反兑，故曰"相呼"。

坎 少无功绩，老困失福。跂行徒倚，不知所立。

艮为少，又为老。震为功绩，坎困，故无功，故失福。震为行，为徒倚，为立。上下坎，故不知所立。

离 持心瞿目，善数摇动。自东徂西，不安其处。散涣府藏，无有利得。

伏坎为心。重离，故曰"瞿目"。《礼·玉藻》：视容瞿瞿。注：瞿瞿，惊遽不审貌。巽风，故摇动。离东兑西。风散，艮为府藏，艮伏，故曰"散涣府藏"。巽为利，兑折，故无。

咸 赍贝赎狸，不听我辞。系于虎须，牵不得来。

详《需之睽》。

恒 老狼白狋，长尾大胡。前颠却踬，无有利得。

通益。艮为狼，为狋。《玉篇》：韩狋，天下俊犬。艮为尾，与巽连，故曰"长尾"。艮为须，故为胡。胡，领肉下垂也。《诗·豳风》：狼跋其胡。《毛传》：老狼有胡，进则踬其胡。故曰"前颠后踬"。乾为前。巽为颠，为利。却，退也。坤丧，故无利。

遁 背地相憎，心志不同，如火与金。君猛臣慢，虎行兔伏。

艮为背。伏坤为地，为心志。艮火乾金，火烁金，申不同与相憎之故也。乾君艮臣。艮虎，震为兔。震伏，故曰"兔伏"。

大壮 夏台姜里，汤文厄处。鬼侯歜醢，岐人悦喜。

详《颐之复》。

晋 牙蘖生达，螳螂启户。幽人利贞，鼓翼起舞。

此亦兼用震象。震为萌芽，为生，故曰"牙蘖生达"。兑为斧，为螳螂。艮为户。震为人，互坎，故曰"幽人"。艮止，故曰"利贞"。震为翼，为鼓，为启舞。

明夷 烈女无夫，闵思苦忧。齐子无良，使我心愁。

坤为女，震为夫。坤丧，故无夫。坤坎皆为思，为忧。伏巽为齐子。《诗·齐风》：齐子居止。传：文姜也。与其兄襄公通，故曰"无良"。坤为我，坎为心，为愁。

家人 践履危难，脱厄去患。入福喜门，见我大君。

此用震象。互坎为危难，上震，故践履危难。震出，故曰"脱厄去患"。震为福喜，互艮为门。伏巽，故曰"入"。震为君。

睽 折臂接手，不能进酒。祈祀闲旷，神怒弗喜。

此仍用震象。互艮为臂，为手，坎为折，为矫轹，故曰"折臂接手"。手反接也，即反缚也。《史记·陈丞相世家》：至即命武士缚信，反接之。又《前汉·陈平传》：唫受诏，即反接槛车，诣长安。坎为酒，艮止，故不能进。震为言，故曰"祈祀"。坎隐伏，故曰闲旷。言旷绝不祀也。震为神，为怒。

蹇 蚁封穴户，大雨将集。鹊起数鸣，牝鸡叹室。相蕡雄父，未到在道。

此仍用震象。伏巽为蚁，艮为穴户。坎闭，故曰"封"。坎为雨，为集。震为鹊，为鸣。伏巽为鸡，艮为室。末二句，有讹字，故义未详。按，汉明帝祷雨，曾筮得此林，召沛献王辅诠叙其义。王，传京《易》者也。

解 胡俗戎狄，太阴所积。涸冰冱寒，君子不存。

古者以戎狄为阴物，故《易林》皆以坤象戎狄。卦有重坎，坎为月。月者，太阴之精，故亦象戎狄。重坎，故曰"积"。坎为冰，为寒。艮为君子。上卦艮覆，故曰"不存"。

损 翁翁辀辀，消颓崩颠。灭其令名，身不得全。

坤震皆为车，而震为声，故曰"翁翁辀辀"。皆车声也。坤消。二至四艮山覆，故曰"崩颠"。艮为名，震淑，故曰"令名"。坤丧，故灭其令名。坤为身，坤死，故不得全。

益 螟虫为贼，害我稼穑。尽禾弹麦，秋无所得。

详《坤之革》。

夬 三鸟飞来，自我逢时。俱行先至，多得大利。

伏艮为鸟，数三，故曰"三鸟"。艮为时，坤为我。

姤 龙马上山，绝无水泉。喉焦唇干，渴不能言。

详《乾之讼》。

萃 春生孳乳，万物蕃炽。君子所集，祸灾不至。

伏震为春，为生。坤为孳乳，为万物。坤为多，故曰"蕃炽"。艮为君子。坤为集，为祸灾。

升 王孙季子，相与为友。明允笃诚，升擢荐举。

震为王，艮为孙，为少男，故曰"王孙季子"。兑为朋友。言舜举八元、八恺也。

困 六明并照，政纪有统。秦楚战国，民受其咎。

坎卦数六，互离，故曰"六明并照"。巽为纪，为统。兑西为秦。伏震为楚，为战。上艮，故曰"战国"。坎为众，为民。六明指六国。

井 蟋蟀充侧，佞人倾惑。女谒横行，正道壅塞。

详《蛊之复》。

革 登昆仑，入天门。过糟丘，宿玉泉。同惠欢，见仁君。

三字句。详《比之姤》。

鼎 体重飞难，未能越关，不离空垣。

通屯。坤为体，为重。坎陷，故难飞。艮为关，为垣。坤虚，故曰"空垣"。

艮 玄黄虺颓，行者劳罢。役夫憔悴，逾时不归。

详《乾之革》。

渐 孔德如玉，出于幽谷，飞上乔木。鼓其羽翼，辉光照国。

详《同人之坎》。

归妹 火虽炽，在吾后。寇虽众，在吾右。身安吉，不危殆。

详《大有之需》。

丰 旄裘羶国，文礼不饰。跨马控弦，伐我都邑。

详《豫之需》。

旅 被发八十，慕德献服。边鄙不耸，以安王国。

巽为发,兑数十,艮数八,故曰"被发八十"。伏震为德,坎为慕。此似言太公八十归周也。艮为边鄙,为国。伏震为王,故曰"王国"。

巽 心得所好,口常欲笑。公孙蛾眉,鸡鸣乐夜。

伏坎为心,为夜。互兑为口。伏震为笑,为公。艮为孙,故曰"公孙"。巽为蛾,为鸡鸣。艮为眉。坎为夜。《诗·卫风》:螓首蛾眉。皆状美人之貌。《齐风》:鸡既鸣矣。《毛传》云:鸡鸣而夫人作,朝盈而君作。皆遵《诗序》,思贤妃之说。兹云"乐夜",与下匪鸡则鸣,苍蝇之声意合。然则焦谓此诗为荒淫乐夜之诗,与《毛序》异。

兑 马能负乘,见邑之野。并获粱稻,喜悦无咎。

伏震为马,为乘。艮为负,为邑,为野。巽为稻粱。兑悦。

涣 高飞视下,贪饕所在。腐臭为患,害于躬身。

艮为飞,上巽,故曰"高飞"。艮为视,坎为下。巽为臭腐。坎为患害。艮为身。

节 东行西步,失其次舍。乾侯野井,昭君丧居。

详《鼎之噬嗑》。

中孚 神鸟五彩,凤凰为主。集于王谷,使年岁有。

震为神,艮为鸟,巽卦数五,故曰"神鸟五彩"。震为主,艮为凤凰。艮为谷,震为王,故曰"王谷"。《一统志》:中条山有王官谷。卢思道《从驾玉照寺颂》:王谷虫篆。震为年岁。

小过 石门晨门,荷蒉食贫。遁世隐居,竟不逢时。

详《革之旅》。

既济 蛔蛔啮啮,贫鬼相责。无有欢怡,一日九结。

卦为三兑形,兑为牙齿,故曰"蛔蛔啮啮"。兑为口,故相责。坎为鬼。为忧,故不怡。离为日,数九。故一日九结。

未济 白日扬光,雷车避藏。云雨不行,各止其乡。

详《否之困》。

䷳ 艮上 艮下 艮之第五十二

君孤独处,单弱无辅,名曰困苦。

互震为君,坎为孤。艮一阳在上,故为鳏,为独,为单弱。坎为困苦。

之乾 忧惊已除，祸不为灾，安全以来。

艮中爻坎，坎为忧。中爻震，震为惊。今艮之乾，坎与震象皆不见，故曰"忧惊已除，祸不为灾"。乾为福，故曰"安全"。

坤 穿匏挹水，构铁然火。劳疲力竭，饥渴为祸。

艮为匏，今化坤，上爻拆，故曰"穿匏"。又艮卦坎为穿。坎水艮手，故曰"挹水"。艮为篝。篝，笼也。为铁，为火。夫穿匏挹水，构铁然火，皆不能之事，故劳疲无功。坎为劳，为祸。坤虚，故饥。艮火，故渴。

屯 蹇牛折角，不能载粟。灾害不避，年岁无谷。

坤为牛，艮为角，上坎，故曰"蹇牛折角"。坤为载。震为粟，为谷。坤为年岁。为灾害。故无谷也。

蒙 邑将为墟，居之忧危。

坤为邑，坎破，故为墟，为忧危。

需 根刖树残，华叶落去。卒逢火焱，随风僵仆。

此仍用艮象。伏巽下断，故曰"根刖"，曰"树残"。伏兑为华，震为叶，巽陨，故曰"华叶落去"。艮为火，重艮，故曰"焱"。焱，音艳，火华也。班固《东都赋》：焱焱炎炎。巽风坎陷，故仆。

讼 元后贪欲，穷极民力。执政乖互，为夷所覆。

乾为君，故曰"元后"。坎为心，故曰"欲"。为劳，故曰"穷极民力"。伏坤为政，为乖，为夷狄。坤丧，故曰"覆"。

师 北山有枣，使叔寿考。东岭多栗，宜行贾市。陆梁雌雉，所至利喜。

此仍用艮象。艮为枣栗。下艮与坎连，故曰"北山"。上艮与震连，故曰"东山"。艮为叔，为寿。伏巽为贾市。离为雉。

比 高原峻山，陆土少泉。草木林麓，嘉禾所炎。

艮为高原峻山。坤为陆土，坎为泉。坎下乘坤土、艮火，故曰"少泉"。坤为品物，故曰"草木林麓"，曰"嘉禾"。艮为火，故曰"炎"。

小过 辰次降娄，王驾巡狩。广施德惠，国安无忧。

通豫。艮居西北。"降娄"者，戌次，故曰"辰次降娄"。震为王，为巡狩，为德惠。坤为国，艮安。坤为忧，震出，故无忧。

履 輷輷辒辒，岁暮偏弊。宠名损弃，君衰于位。

通谦。震为车，为声，故曰"辎辎"。辎，车声也。而坤亦为车，故曰"辚辚"。辚，音雷，连属不绝也。坎为暮，坤为岁，故曰"岁暮"。巽为弊，故曰"偏弊"。艮为名，坤丧，故曰"损弃"。震为君，坤敝，故衰于位。艮为位也。

泰 放衔委辔，奔乱不制。法度无恒，君失其位。

互兑为衔，伏巽为辔。震出，故曰"放衔委辔"，曰"奔乱不制"。坤为乱也。乾君在下，故曰"失位"。

否 独坐西垣，莫与笑言。秋风多哀，使我心悲。

艮为坐，为垣。伏兑，故曰"西垣"。震为笑言，震伏，故莫与笑言。巽风，伏兑，故曰"秋风"。坤为心，为悲哀，为我。

同人 胫急股挛，不可出门。暮速群旅，必为身患。

伏震为胫，巽为股。巽风，故曰"急"。巽为绳，为系，故曰"挛"。挛，音恋，手足曲病也。乾为门，巽陷，故不可出门。坤为暮，为群，为身，为患。"暮速群旅"者，言使伴旅至暮戒备也。

大有 情伪难知，使我偏颇。小人在位，虽圣何咎。

通比。坎为心，又为隐伏，故曰"情伪难知"。坤为我。坎为邪曲，故曰"偏颇"。坤为小人，艮为位，故曰"小人在位"。坎为圣，为咎。

谦 黍稷醇醴，敬奉山宗。神嗜饮食，甘雨嘉降。庶物蕃茂，时无灾咎。

详《比之需》。

豫 公子王孙，把弹摄丸。发辄有获，室家饶足。

详《比之小畜》。

随 阴升阳伏，舜失其室。慈母赤子，相喂不食。

阴上阳下，故曰"阴升阳伏"。震为帝，故曰"舜"。艮为室，兑毁，故舜失其室。巽母，故慈。震子，艮纳丙，故曰"赤子"。震为食，正覆震，故曰"相喂"。以饭哺人曰喂。艮止，故不食。

蛊 七窍龙身，造易八元。法天则地，顺时施恩，利以长存。

详《谦之升》。

临 逐狐东山，水遏我前。深不可涉，失利后便。

详《蒙之蛊》。

观 衔命辱使，不堪其事。中坠落去，更为负载。

巽为命，伏兑，故曰"衔命"。坤为事。巽为陨落，故曰"中坠落去"。艮为负，坤车，故曰"载"。

噬嗑 温仁君子，忠孝所在。入闺为仪，祸灾不起。

震为温仁，艮为君子。坎为忠。伏巽为孝，为入。艮为闺，离为礼，故曰"入闺为仪"。离为祸灾，震解，故曰"祸灾不起"。

贲 春多膏泽，夏润优渥。稼穑成熟，亩获百斛。师行失律，霸功不遂。

震为春，离为夏。坎为膏泽，为优渥。震为稼穑。艮为成，为亩。震为斛，为百，故曰"亩获百斛"。师行二句，与上文不类，定为衍文。

剥 二女同室，心不聊食。首发如蓬，忧常在中。

艮为室，重坤，故曰"二女"。坤为心。兑为食，兑伏，故不食。艮为首，坤为忧。发象、蓬象，疑用坤。否则用遇卦艮象。艮中爻互震为蓬，为发。互坎，为中。

复 筑阙石巅，立基泉源。病疾不安，老孤为邻。

此用艮象。艮为阙，为石，重艮，故曰"筑阙石巅"。互坎为泉，震为基，在坎上，故曰"立基泉源"。坎为疾病，为孤。艮为寿，故为老。震为邻也。

无妄 欲避凶门，反与祸邻。颠覆不制，痛熏我心。

乾为门，巽陨，故曰"凶门"。巽伏，故曰"避"。伏坤，故曰"祸邻"。震为邻也。巽陨，故曰"颠覆"。坤为心，为痛，为我。《艮·九三》云：厉熏心。林所本也。

大畜 踧行窃视，有所畏避。狸首伏藏，以夜为利。

此用艮象。互震为行，艮为视。互坎为险，故曰"踧行"。踧，敬畏不安之貌也。互坎为盗，故曰"窃视"。坎为伏，故曰"畏避"。艮为狸，为首，互坎，故曰"伏藏"。坎为夜。言狸利夜动也。又，狸首，逸诗篇名。《周礼·春官》：钟师凡射，王奏驺虞，诸侯奏《狸首》。按，此言乐节。狸，《周礼》、《礼记》皆作貍。《庄子》、《史记》皆作狸。《广韵》：狸，貍俗字。

颐 人面鬼口，长舌为斧。斫破瑚琏，殷商绝后。

震为人，艮为面，坤为鬼，震为口，故曰"人面鬼口"。伏兑为舌，为斧，巽为长，故曰"长舌为斧"。艮为手，为坏。震为玉，故曰"瑚琏"。震为子，殷商子姓，而坤为杀为死，故曰"殷商绝后"。震为后也。

大过 和气相薄，膏泽津液，生我嘉谷。

兑悦，故曰"和"。正反兑，故曰"相薄"。兑水，故曰"膏泽津液"。巽为谷，乾为生。

坎 销金厌兵，雷车不行，民安其乡。

艮为金，艮火，故销金。艮为兵戈，艮止，故厌兵。震为车，为雷，艮止坎陷，故不行。坎为民，艮为乡，为安，故曰"民安其乡"。

离 秦仪机言，解其国患。说燕下齐，作相以权。

互兑为秦。离为礼，故曰"仪"。苏秦、张仪也。中爻正反兑，故曰"机言"。伏艮为国，坎为患，震为解，故曰"解其国患"。兑为说。说燕，指秦。下齐，指仪。兑为燕。巽为齐，为权。按，秦仪说齐燕，见《史记》。"作相以权"者，言秦为六国相，仪为秦相魏，皆权诈之事。下，犹服也。

咸 旦奭辅王，周德孔明。越裳献雉，万国咸康。

通损。震为旦，为奭，为王，为周孔。坤为裳，为雉，为万国。艮为安，故曰"咸康"。《史记》：周召秉政，越裳氏献白雉。

恒 弱足刖跟，不利出门。贾市无盈，折亡为患。

震为足，为跟。兑折，故弱足。初震爻下断，故曰"刖跟"。伏艮为门，足刖，故不利出门。巽为贾市。兑毁折，故不利也。

遁 坚冰黄鸟，常哀悲愁。不见白粒，但睹藜蒿。数惊鸷鸟，为我心忧。

详《乾之噬嗑》。

大壮 魂微惙惙，属纩听绝。豁然大通，复更生活。

详《明夷之恒》。

晋 阴生麚鹿，鼠舞鬼哭，灵龟陆处。

坤为阴。艮为麚鹿，为鼠。坤为鬼。震为笑歌，震反为艮，则哭泣矣。《中孚·六三》即如此取象也。离为龟，坤艮皆为陆，故曰"陆处"。

明夷 诸石攻玉，无不穿凿。龙体具举，鲁班为辅。麟凤成形，德象君子。

详《姤之大过》。诸石即监诸。

家人 山作天时，陆为海口，民不安处。

此用艮象。艮为天，为时，故曰"山作天时"。艮为陆，中爻坎为海，震为口。坎为民，坎陷，故不安。天时，疑皆讹。

睽 东风启户，隐伏欢喜。氓庶蒙恩，复得我子。

此仍用艮象。互震为东，伏巽，故曰"东风启户"。坎为隐伏，为氓庶。震为欢喜，为子。

蹇 华灯百枝，消暗衰微。精光欲尽，奄如灰糜。

详《随之大有》。

解 三十无室，寄宿桑中。上宫长女，不得乐同，使我失期。

《鄘风》：期我乎桑中，要我乎上宫。淫奔诗也。此仍取艮象。互震数三，伏兑数十，坎为室，坎伏，故曰"三十无室"。坎为宿，震为桑，故曰"寄宿桑中"。艮为上，为宫，巽为长女。巽伏，故曰"不得乐同"。坎为失，艮为期。

损 卵与石斗，糜碎无疑。动而有悔，出不得时。

震为卵，艮为石。震艮相对，故曰"斗"。兑毁，故曰"糜碎"。震为动，坤为悔。艮为时。

益 秦兵争强，失其贞良，败于殽乡。

伏兑为秦，坤为兵。正反震，故曰"争强"。艮为贞良，坤丧，故曰"失"。艮山，故曰"殽乡"。《左传》：秦穆公违蹇叔，使孟明伐郑，败于殽。

夬 虖除善疑，难为攻医。骥穷盐车，困于衔箠。

虖除，即篨蒢。篨、籧同。《尔雅》：籧篨，口柔。《诗·邶风》《毛传》云：籧篨，不能俯者。郭云：口柔之人，视人颜色，常亦不伏，因以为名。按《疏》：口柔之人，必仰面察人颜色而为辞，故曰善疑。虖除为生成之病，故不能攻治也。此仍用艮象。艮为虖除，互坎为疑。三至上正反艮，故曰"攻医"。坎陷，故难。互震为车，为马，兑为卤，故曰"盐车"，故曰"衔"。坎为困穷，故曰"骥穷盐车，困于衔箠"。箠，马策也。艮为小木，故曰"箠"。

姤 操笱搏狸，荷弓射鱼。非其器用，自令心劳。

此仍用艮象。艮为狸，艮手为操，为搏。伏离为笱，故曰"操笱搏狸"。艮为荷，坎为弓，震为射，伏巽为鱼。震为器。坎为心，为劳。笱，所以取鱼。弓矢，所以射狸。今施非物，故无功也。

萃 葵丘之盟，晋献会行。见太宰辞，复为还舆。

兑为华，艮山，故曰"葵丘"。兑为口，为巫，故曰"盟"。伏震为晋，为行。艮为官，故曰"太宰"。坤为舆，巽退，故曰"还舆"。按，《左传·僖九年》：会于葵丘。王使宰孔赐齐侯胙。既盟，宰孔先归，遇晋侯，曰，可无会也，晋将乱。晋侯乃还。

升 膑诈庞子，夷灶书木。伏兵卒发，矢至如雨。魏师惊乱，将获为虏，涓死树下。

刖足曰膑。巽下断，故曰"膑"。正反兑口，故曰"诈"。震为子，坤乱，故曰"庞子"。坤为夷，为釜，故曰"夷灶"。夷，平也。震为木，坤文，故曰"书木"。坤为兵，巽为伏，震出，故曰"伏兵卒发"。初四互坎，坎为矢，为雨。震为魏，为惊，坤为师，为乱，故曰"魏师惊乱"。震为主，为将。坤为死丧，巽为树。《史记·孙膑传》：膑率齐兵与魏鹿涓战，日减灶，佯退兵。至马陵，道设伏，并斫树使白大书曰，庞涓死此树下。涓追至，钻火视书，忽万弩齐发，果被射死。公子卬被虏。

困 南行出城，世得大福。王姬归齐，赖其所欲。

伏贲。震为南，为行。艮为城，为世。震为福，为王，为姬，为归。巽为齐。《左传·庄二年》：王姬归齐，鲁为主。

井 冬采薇兰，地冻坚难。利走室北，暮无所得。

巽为臭，为草莽，故曰"薇兰"。坎为冬，为冰，故曰"地冻"。伏艮为坚，故曰"坚难"。坎为室，为北，巽为利，伏震为走，故曰"利走室北"。坎为暮，离虚，故无得。

革 王乔无病，狗头不痛。亡屦失履，乏我送从。

革伏蒙。艮为寿，故为仙人。王子乔，古仙人也。艮为狗，为头。坎为病痛，艮在上，出险，故不病痛。互震为屦履。坤为亡失，为乏。

鼎 宛马疾步，盲师坐御。目不见路，中宵不到。

通屯。震为马，为步。坎为疾，故曰"疾步"。屯初至五大离，故曰"盲"。坤为师，艮为坐，为御，故盲师坐御。震为大涂，坤坎皆为黑，故目不见路。坤为夜，坎为中，艮止，故中宵不到。

震 求利难国，亡去我北。忧归其城，反为吾贼。

中爻艮为求，为国；坎为难，伏巽为利，故曰"求利难国"。坎为北，为忧。艮为城，震为反，故曰"归城"。坎为盗贼。

渐 比目四翼，安我邦国。上下无患，为吾喜福。

通归妹。互离，兑卦数二，故曰"比目"。震为翼，卦数四，故曰"四翼"。本卦艮为邦国，艮安，故曰"安我邦国"。艮山，故"上"。兑泽，故曰"下"。坎为患，震出，故曰"无患"。震为喜福，艮为吾。

归妹 八材既登，以成股肱。龙降庭坚，国无灾凶。

伏巽为股，艮为臂，为肱。震为鸣，为毛羽，故曰"龙"。龙，多毛犬也。伏艮为庭，为坚，为国。互坎为灾凶，震解，故无。八材象，或以震居东方。

丰 消弊穿空，家莫为宗。奴婢逃走，子西父东，为身作凶。

巽陨落，故曰"消弊"。伏坎为穿。离虚，故曰"空"。伏艮为家，震为主，为宗。风散，故莫与为宗。艮为奴婢，艮伏，故曰"逃走"。震为子，兑西，故曰"子西"。震为父，故曰"父东"。伏艮为身，巽陨，故凶也。

旅 鸟舞国城，邑惧卒惊。仁德不修，为下所倾。

艮为鸟，为舞，为国城，为邑。伏坎为惧。震为惊，为仁德。震伏，故曰"仁德不修"。兑为下，兑毁，故曰"倾"。

巽 五谷不熟，民苦困急。驾之南国，嘉乐有得。

巽为谷，卦数五，故曰"五谷"。巽陨落，故不熟。伏坎为民，为困急。伏震为南，艮为国。

兑 黄裳建元，福德在身。禄佑洋溢，封为齐君，富贵多孙。

遇卦艮，互震为裳，为黄，为元，为福德、禄佑。艮为身。互坎，故曰"洋溢"。震为君，本卦互巽，故曰"齐君"。艮为贵，为孙。

涣 齐东郭卢，嫁于洛都。俊良美好，利得过倍。

详《坤之坎》。

节 安床厚褥，不得久宿。弃我嘉宴，困于南国。投杼之忧，不成祸灾。

艮为床，伏巽为褥。坎为宿，兑毁折，坎险，故不得久宿。兑食震嘉，故曰"嘉宴"。坎为困，震南，震国，故曰"困于南国"。坎为机杼，为忧，为祸灾。《战国策》：有人与曾参同姓名，杀人。人告其母，不信。三告母，乃投杼而走。

中孚 内崩身伤，中乱无常。虽有美粟，不我得食。

卦中虚，故曰"内崩"。艮为身，兑为伤。巽为粟，震为嘉，故曰"美粟"。兑为食，上卦兑覆，故不得食。

小过 出门逢患，与祸为怨。更相击刺，伤我指端。

此仍用艮象。艮为门，震出。中爻坎为患，为祸，为怨。艮为击刺，三至上正覆艮相对，故曰"更相击刺"。艮为手，坎为伤。

既济 出入节时，南北无忧。行者函至，在外归来。

此仍用艮象。震出，伏巽为入，艮为时，故曰"出入节时"。震为南，坎为北，为忧。震为行，为归。艮为函。三至上震起，艮止，故曰"在外归来"。

未济 公孙驾骊，载游东齐。延陵说产，遗季紵衣。

此仍用艮象。震为公，艮为孙。震马，故曰"驾骊"。震为游，为东。伏巽为齐，故曰"东齐"。艮为山，为季子，故曰"延陵"。吴延陵季子也。震为生，为乐，故曰"悦产"。产，郑子产也。震为衣，为草莽，故曰"紵衣"。《左传》：吴季札至郑，见子产，如旧相识，与之缟带。子产献紵衣。

焦氏易林注

焦氏易林注卷十四

䷴ 巽上 艮下 **渐**之第五十三

别离分散，长子从军。稚叔就贼，寡老独居，莫为种瓜。

巽陨落，故别离分散。震为长子，为争战。震伏，故曰"长子从军"。艮为少男，故曰"稚叔"。艮坎连，故曰"就贼"。巽为寡，艮为老，坎为孤独，故曰"寡老独居"。艮为果蓏，故曰"瓜"。

之乾 旦种谷豆，暮成藿羹。心之所愿，志快意惬。

详前。以其为乾卦，故再释之。此用渐象。伏震为旦。巽为谷豆，为藜藿。坎为暮，为羹。旦种暮食，言其速也。坎为心志。兑悦，故曰"快"，曰"惬"。

坤 牡飞门启，忧患大解，不为身祸。

坎为牡，艮为门，渐变坤中虚，故曰"牡飞门启"。坎为忧患，变坤，故曰"忧患大解"。坤为身，为祸，风散，故不为身祸。

屯 东山西山，各自止安。虽相登望，竟未同堂。

详《姤之坤》。艮山，震东坎西。艮为止，为望，为堂。震为登。

蒙 众鸟所翔，中有大怪，九身无头。魂惊魄去，不可以居。

详《否之同人》。丁云：郭璞《江赋》，奇鸧九头。《御览》，《典略》云：齐园有九头鸟，赤色似鸭，九头皆鸣。又引《岭表录异》云：鬼车入人家，炼人魂气。又《酉阳杂俎》亦云：鬼车十首，后为犬嚼落一首。

需 交侵如乱，民无聊赖。追戎济西，敌人破阵。

通晋。坤为乱，为民。坤丧，故民无聊赖。坤为戎。坎为西，坎水，故曰"济西"。坎为破，坤为师，故曰"破阵"。《左传·庄十八年》：追戎于济西，不言其来，讳之也。

讼 麟凤所翔，国无咎殃。贾市十倍，复归惠乡。

互离为文，故曰"麟凤"。伏坤为国。巽为贾市，为倍，坤数十，故曰"贾市十倍"。坤为乡，震为归，为惠。

师 凿井求玉，非卞氏宝。身困名辱，劳无所得。

互震为宝玉。坎为井，为困辱，为劳。坤为身，艮为名。二四艮覆，故曰"名辱"。

比 文山鸿豹，肥腯多脂。王孙获愿，载福巍巍。

陆佃《埤雅》：引郭璞曰，鵁似雁，无后趾，毛有豹文，亦名鸿豹。《易林》文山鸿豹，谓此也。坤为文，艮为山，为鸿，为豹，故曰"文山鸿豹"。伏乾为肥，坎为膏，为脂。艮为孙，伏乾，故曰"王孙"。艮山形长，故曰"巍巍"。

小畜 周成之隆，刑措除凶。太宰费石，君子作人。

通豫。震为周，艮为成。坎为刑法，坤为凶，艮止，故曰"刑措除凶"。艮为官，为石，故曰"太宰费石"。按，《左传·庄八年》：反，诛屦于徒人费。鞭之，见血。出，遇贼于门。袒而示之臂，请先入。伏公而出，斗，死于门中。石之纷如死于阶下。费、石皆忠于襄公者，故下曰"作人"。艮为君子。

履 珪璧琮璋，执贽见王。百里宁戚，应聘齐秦。

详《需之井》。

泰 穿空漏彻，破坏残缺。陶弗能冶，瓦甓不凿。

伏巽为空漏，兑为破缺。伏艮为火，故曰"陶冶"。破缺，故不能陶冶。艮为瓦甓，坤虚，故不必凿。

否 鸿飞遵陆，公出不复，伯氏客宿。

详《损之蹇》。

同人 虾蟆群聚，从天请雨。云雷运集，应其愿所。

详《大过之升》。

大有 老弱无子，不能自理。为民所忧，终不离咎。管子治国，侯伯宾服。乘舆八百，尊我桓德。

通比。坤为老弱。三至五震覆，故曰"无子"。坤为民，为咎。坎为忧。艮为终。离同罹。后四句与上文意不属，定为崔篆、虞翻等林辞所窜入者。

谦 播梅折枝，与母别离，绝不相知。

详《讼之谦》。播，种也，言折枝种于他处。"与母别离"者，言此枝与母树分离也。震为梅，为枝，为耕种。坤为母。丁晏《释文》引《说苑》，执一枝梅事为解，皆由播讹为蟠之误也。

豫 盛中不绝，衰老复拙。盈满减亏，瘀瘰腯肥。郑昭失国，重耳兴起。

震为盛，坎为中。坤为老，为减亏。艮为节，故曰"癥瘰"，曰"肥腯"。坎为郑，艮为光明，故曰"郑昭"。坎为失，坤为国，故曰"失国"。坎为耳，坤为重，震起，故曰"重耳兴起"。

随　闻虎入邑，心欲逃匿。走据阳德，不见霍叔，终无忧慇。

艮为邑，为虎，巽为入，兑为闻，故曰"闻虎入邑"。《战国策》：夫市无虎明矣，然而三人言而成市虎。巽为隐伏，故曰"逃匿"。震为走，艮纳丙，为山阳，故曰"走据阳德"。艮为叔，为山，故曰"霍叔"。巽伏，故不见。艮为终。丁晏所释，至为牵强，不可从。阙疑可也。

蛊　随时逐便，不失利门。多获得福，富于封君。

艮为时，震为逐。巽为利，艮为门，故曰"利门"。震为福，为君。

临　禹作神鼎，伯益衔指。斧斤既折，憧立独坐。贾市不雠，枯槁为祸。

详《小畜之益》。

观　春鸿飞东，以马货金。利得十倍，重载归乡。

详《比之中孚》。

噬嗑　金齿铁牙，寿考宜家。年岁有余，贪利者得，虽忧无咎。

艮为金铁，为寿考。伏兑为齿牙。震为年岁，为有余。伏巽为利。坎为忧，震解，故无咎也。

贲　膏泽沐浴，洗去污辱。振除灾咎，更与福处。

互坎，故曰"膏沐"，曰"洗去污辱"。离为灾，震为福。

剥　履阶登墀，高升峻巍。福禄洋溢，依天之威。

坤形似阶墀，而一阳在上，故曰"履阶登墀，高升峻巍"。伏乾为福禄，为天。坤水，故曰"洋溢"。

复　坤厚地德，庶物蕃息。平康正直，以绥大福。

坤为庶物。震为生，故曰"蕃息"。坤为平，为直。震为福。

无妄　绝域异路，多所畏避。使我惊惶，思吾故处。

伏升。坤为域，兑决，故曰"绝域"。震为大涂，巽为歧，故曰"异路"。巽伏乾惕，故曰"畏避"。坤为我，震为惊。

大畜　襁褓孩幼，冠带成家。出门如宾，父母何忧。

详《遁之恒》。兹取象旁通萃。

颐 一寻百节，绸缪相结。其指诘屈，不能解脱。

八尺曰寻，坤卦数八，故曰"一寻"。艮多节，坤为百，故曰"一寻百节"。伏巽为结。艮为指。震为解脱。下卦艮反，故曰"其指诘屈"。

大过 鹰鹯猎食，雉兔困极。逃头见尾，为人所贼。

通颐。艮为鹰鹯，震为食。坤文为雉，震为兔。正反艮，故曰"困极"。艮为头。在上，故曰"逃"。而下为覆艮，艮为尾，故曰"见尾"。本卦兑为见。巽为贼，震为人，坤杀，故曰"为人所贼"。贼，害也。

坎 危坐至暮，请求不得。膏泽不降，政庚民忒。

艮为坐，为请求。坎为暮。坎失，故不得。坎为膏泽，艮止，故不降。坤为政，为民。坎折坤，故政庚民忒。

离 刚柔相呼，二姓为家。霜降既同，惠我以仁。

详《家人之损》。

咸 慈母念子，飨赐得士。蛮夷来服，国人欢喜。

伏损。坤为慈母，为思念。震为子，为士。兑时故曰"飨"。坤为夷狄，为国。震为人，为喜。

恒 良夫孔姬，胁悝登台。柴季不扶，卫辄走逃。

详《损之恒》。

遁 子长忠直，李陵为贼。祸及无嗣，司马失福。

互巽为长，为直，为桃李。艮山，故曰"李陵"。巽为贼。巽下断，故曰"无嗣"。乾为马，为福。阴消阳，故曰"司马失福"。谓司马子长因救李陵而被腐刑也。

大壮 节度之德，不涉乱国。虽昧无光，后大受庆。

伏艮为节。坤为乱，为国。坤伏，故曰"不涉乱国"。坤为黑，故曰"昧"，曰"无光"。震为后，乾为大。

晋 驱羊南行，与祸相逢。狼惊我马，虎盗我子，悲恨自咎。

伏兑为羊，离为南。中爻坎，故曰"与祸相逢"。艮为虎狼。坎为马，为盗。震为子，二至四震覆，故子为虎盗。坎为悲恨。

明夷 尼父孔丘，善钓鲤鱼。罗网一举，获利万头，富我家居。

震为陵，为父，为孔，为丘，故曰"尼父孔丘"。坤为鱼。离为罗网。坤为利，为万，坎为首，故曰"获利万头"。坎为室家，坤为富。

家人　本根不固，华叶落去，更为孤妪。

巽为枯，下断，故曰"本根不固"。伏震为华叶，巽陨落，故曰"华叶落去"。巽为寡，为妇，故曰"孤妪"。

睽　设罝捕鱼，反得屠诸。员困竭忠，伍氏夷诛。

此用渐象。互离为罔罝，巽为鱼，艮手为捕，故曰"设罝捕鱼"。坎为匕，为刺，故曰"屠诸"。言得屠者专诸也。坎为弓，为员，为忠。坎数五，巽颠陨，故曰"伍氏夷诛"。谓伍员也。《左传》：伍员进专诸于吴公子光。《吴越春秋》：专诸曰，王何好？光曰，好鱼炙。专诸乃去，从太湖学鱼炙。

蹇　敏捷亟疾，如猿集木。彤弓虽调，终不能获。

水流动，故曰"敏捷亟疾"。艮为猿，为木，坎为集，故曰"如猿集木"。坎为弓，为赤。故曰"彤弓"。艮为终。

解　冠带南行，与福相期。邀于嘉国，拜位逢时。

此用渐象。渐艮为冠，巽为带。互离，故曰"南行"。震为福，为嘉。艮为国，为拜，为时。

损　年丰岁熟，政仁民乐，禄入获福。

坤为年岁，为多，故曰"丰熟"。坤为政，为民。震为仁，为乐，为福禄。

益　筑阙石巅，立基泉源。疾病不安，老孤无邻。

详《艮之复》。

夬　逐狐东山，水遏我前。深不可涉，失利后还。

详《蒙之蛊》。

姤　麟子凤雏，生长嘉国。和气所居，康乐温仁，邦多圣人。

伏坤为麟凤。震为子，为雏，为生长。坤为国，为邦。震为乐，为仁。乾为圣人。

萃　西行求玉，冀得瑜璞。反得凶恶，使我惊惑。

兑为西，伏震为瑜璞，为玉，艮为求，故曰"西行求玉"。坤为凶恶，为忧惑。

升　心狂老悖，听视聋盲。正命无常，下民多孽。

坤为心，为老悖。《易》以兑为眇，二至四互兑，故曰"视盲"。初至四互大坎，故曰"听聋"。巽为命，巽进退不果，故曰"无常"。坤为民，为孽，为下，为多。

困　南国少子，才略美好。求我长女，贱薄不与。反得丑恶，后乃大悔。

详《比之渐》。此亦用渐象。

井 逶迤高原，家伯妄施，乱其五官。

伏艮为高原。伏震为伯，艮为家，故曰"家伯"。家伯，幽王臣，助王为虐者也。《诗·小雅》，家伯冢宰是也。离为乱，艮为官。互坎，卦数五，故曰"五官"。

革 谢恩拜德，东归吾国，欢乐有福。

震为恩德，艮为拜，为国。震为东，为反，故曰"东归吾国"。震为乐，为福。全用旁通象。

鼎 鸡鸣同兴，思配无家。执珮持凫，无所致之。

巽为鸡，为鸣，伏震为兴。艮为家，艮伏，故曰"无家"。艮为执持，为凫。震为玉，故曰"珮"。坤虚，故曰"无所致之"。《诗·郑风》：女曰鸡鸣，士曰昧旦。将翱将翔，弋凫与雁。又，知子之来之，杂珮以赠之。

震 凶重忧累，身受诛罪，神不能解。

坎为凶忧，为桎梏。艮为身，故曰"身受诛罪"。震为神，为解。坎陷，故不能解。

艮 虎豹熊罴，游戏山谷。仁贤君子，得其所欲。

详《谦之中孚》。

归妹 海隅辽右，福禄所至。柔嘉蒙祐，九夷何咎。

兑为海，为右。震居东北，故曰"辽右"。震为福禄，数九，故曰"九夷"。坎为夷也。

丰 华首之山，仙道所游。利以居止，长无咎忧。

详《谦之井》。

旅 甲乙戊庚，随时转行。不失常节，萌芽律屈。咸达生出，各乐其类。

详《噬嗑之坤》。

巽 跛踬未起，失利后市，不得鹿子。

伏震。震为起，坎塞，故跛踬。巽为利市，坎为失，震为后，故曰"失利后市"。震为鹿，为子，风散，故不得。

兑 怙恃自负，不去于下。血从地出，诛罚失理。

伏艮为负。二阳皆在上，故曰"不去于下"。言有所恃，不肯居下也。《诗》曰：无父何怙，无母何恃。坎为血，居重阴之间，故曰"血从地出"。坎为刑罚。

涣　江河淮海，天之都市。商人受福，国家饶有。

详《谦之小畜》。

节　节情省欲，赋敛有度。家给人足，且贵且富。

坎为情欲，艮止，故曰"节"，曰"省"。坎为聚，故曰"赋敛"。度，《说文》：法制也。坎为法，故曰"有度"。艮为家，震为人。艮贵震富。

中孚　绳池鸣呴，呼求水潦。云雨大会，流成河海。

巽为绳，兑为池，震为鸣呼。伏大坎为潦，为云雨，为河海。

小过　日月之涂，所行必到，无有患故。

艮为日，兑为月。震为大涂，为行。震乐，故无有患故。

既济　乘风而举，与飞鸟俱。一举千里，见吾爱母。

详《明夷之鼎》。

未济　阴配阳争，卧木反立。君子攸行，丧其官职。

卦三阳三阴，故曰"阴配阳争"。言阴盛与阳争也。昭帝元凤三年春，上林有柳树，枯僵自起生。故曰"卧木反立"。时眭孟言僵柳复起，将有匹夫为天子者，被诛。三四句亦似指其事。

䷵ 震上 兑下 归妹之第五十四

坚冰黄鸟，常哀悲愁。不见白粒但睹藜蒿。数惊鸷鸟，为我心忧。

详《乾之噬嗑》。

之乾　荆木冬生，司寇缓刑。威权在下，国乱且倾。

此仍用遇卦象归妹。上震为荆木，为生。坎为冬，故曰"冬生"。坎为寇，为刑。震生，故曰"缓刑"。伏艮为国，离为乱，故曰"国乱且倾"。

坤　喘牛伤暑，不能耕亩。草莱不辟，年岁无有。

《世说》：满奋曰，臣犹吴牛，见月而喘。盖吴牛畏暑，见月以为日，故喘也。又，《汉书·丙吉传》：见牛喘吐舌而问之。此用遇卦归妹象。离为牛，震声，故曰"喘牛"。离为夏，故曰"伤暑"。震为草莱，为年岁。坎折兑毁，故无有。

屯　鱼欲负流，众不同心，至德潜伏。

坤为鱼，艮为负，坎为流。坤上艮，艮上坎，故曰"鱼欲负流"。坤为众，坎为心。震起艮止，故不同心。震为德。坎隐，故曰"潜伏"。

蒙 春耕有息，秋入利福。献豜私豵，以乐成功。

互震为春，为耕，为生，故曰"有息"。伏兑为秋，伏巽为入，为利，震为福，故曰"秋入利福"。《诗·豳风》，言私其豵，献豜于公。传：豕一岁曰豵，三岁曰豜。坎为豕，艮手为献。艮为小，坎隐，故曰"私豵"。震为乐，为功，艮为成。

需 生有圣德，上配太极。皇灵建中，授我以福。

详《家人之需》。

讼 右抚琴头，左手援带。凶讼不已，相与争戾，失利而归。

此似用归妹象。兑为右，坎为首，震为乐，故曰"右抚琴头"。震为左，伏艮为手，为援，巽为带，故曰"左手援带"。兑口震言，故曰"讼"，曰"争"。巽为利。坎失，故曰"失利"。

师 炙鱼栖斗，张伺夜鼠。舌不忍味，机发为祟，筌不得去。

详《井之坎》。栖，依校。宋、元本作枯。汲古作拈。卦旁通同人。巽为鱼，下离，故曰"炙鱼"。坤为闭，故曰"栖斗"。震为斗也。

比 申酉脱服，牛马休息。君子以安，劳者得欢。

坤位申，坎位酉。服，犹驾也。坤为牛，坎为马。艮止，故脱服而休息也。艮为君子，为安。坎为劳，五统群阴，故曰"得欢"。

小畜 尧问尹寿，圣德增益。使民不疲，安无怵惕。

详《遁之随》。尹寿，人名。《新序》：尧学乎尹寿。

履 孤公寡妇，独宿悲苦。目张耳鸣，莫与笑语。

详《讼之归妹》。巽为寡。乾父，故曰"孤公"。

泰 外得好畜，相与嫁娶。仁贤集聚，咨询厥事。倾夺我城，使家不宁。

坤为养，为畜，在上，故曰"外得好畜"。震为嫁，为娶，为仁贤。为言，故曰"咨询"。坤为集聚。艮为城，为家。三五艮覆，故曰"倾城"，曰"家不宁"。按，《上六》"城复于隍"，即谓三至上艮覆也。

否 煎砂盛暑，鲜有不朽。去河千里，败我利市。老牛盲马，去之何悔。

艮为砂，为火，故曰"煎砂"。候卦乾在巳，巽后天亦居巳，艮火，故曰"盛暑"。巽为朽，为利市。坤为河，为千里，为我，为败，为老牛。乾为马，坤迷，故曰"盲马"。

同人　甲乙戊庚，随时转行。不失常节，萌芽律屈。咸达出生，各乐其类。

详《渐之旅》。

大有　衣宵夜游，与君相遭。除解烦惑，使心不忧。

乾为衣。《说文》：衣，依也。伏坤为帛，故曰"衣宵"。宵、绡同。《士昏礼》：宵衣。注：宵读为《诗》素衣朱绡之绡。绡，绮属也。又，《特牲馈食礼》：主妇宵衣南面。郑注：宵，绮属也。此衣染之以黑，其缯本名曰宵。《诗》有素衣朱宵，《礼》有玄宵衣。然则"衣宵夜游"者，即衣锦夜游也。伏坎为夜。乾为君。坎为心，为忧惑。坎伏，故解除。

谦　死友绝朋，巧言为谗。覆白污玉，颜叔哀暗。

艮为朋友，坤为死，故曰"死友绝朋"。正反震，故曰"巧言"，曰"谗"。震为白，为玉，坤黑，故曰"覆白污玉"。艮为颜，为少子，故曰"颜叔"。坎为悲哀。颜叔未详。

豫　逐利三年，利走如神。展转东西，如鸟避丸。

震为逐，伏巽为利。坤为岁，震数三，故曰"三年"。震为神，为东。坎位西，为丸，为隐伏。艮为鸟，故曰"如鸟避丸"。

随　堤防坏决，河水泛溢。伤害禾稼，君孤独宿，没溺我邑。

艮为堤防。兑附决，故曰"坏决"。互大坎，故曰"河水泛溢"。震为禾稼，兑毁折，故曰"伤害禾稼"。震为君，坎为孤，坤为寡，故曰"君孤独宿"。艮为邑。

蛊　阴阳隔塞，许嫁不答。旄丘新台，悔往叹息。

说《晋之无妄》。旄，无妄作宛。宛丘，陈诗。旄丘，卫诗。姑两存之。

临　伯夷叔齐，贞廉之师。以德防患，忧祸不存。

详《泰之乾》。

观　阳为狂悖，拔剑自伤，为身生殃。

详《明夷之井》。

噬嗑　进士为官，不若服田，获寿保年。

艮为官。震为士，为进，故曰"进士"。艮为田，为寿，为保。震为年。

贲　耕石不生，弃礼无名。缝衣失针，襦裤不成。

震为耕，上艮，故曰"耕石"。离为礼，艮为名，坎隐伏，故曰"弃礼"，曰"无名"。震为衣，坎为针，伏巽绳，故曰"缝衣"。坎失，故曰"失针"。震为襦，伏巽为裤。坎破，故不成。

剥 灵龟陆处，一旦失所。伊子复耕，桀乱无辅。

艮龟，处坤上，故曰"陆处"。

复 室当源口，漂溺为海。财产殚尽，衣食无有。

坤水，故曰"漂溺"。

无妄 鸡方啄粟，为狐所逐。走不得食，惶惧喘息。

巽为鸡。震为粟，为逐。艮为狐。乾惕，故曰"惶惧"。

大畜 家在海隅，桡短流深。岂敢惮行，无木以趋。

详《观之明夷》。

颐 他山之错，与璆为仇。来攻吾城，伤我肌肤，国家骚忧。

艮为山，为错。《禹贡》：厥贡磬错。注：治玉之石曰错。《诗·小雅》：他山之石，可以为错。惟错玉，故曰"与璆为仇"。璆亦玉也。坤为仇，为城，为国，为伤。艮手为攻，为肌肤，为家。坤为忧也。

大过 弊镜无光，不见文章。少女不嫁，弃于其公。

离为镜，卦上下皆半离，故曰"弊镜"。互大坎，故无光。坤为文章，坤伏，故曰"不见文章"。巽为少女。震为归，为嫁，为公。震伏，故曰"不嫁"，曰"弃于其公"也。《易·大过》以巽为少女，兑为老妇，故《易林》本之。

坎 大蛇巨鱼，相搏于郊。君臣隔塞，戴公庐漕。

详《噬嗑之讼》。

离 绝世无嗣，福禄不存。精神涣散，离其躬身。

艮为世，震为子。艮震皆伏，而兑为附决，故曰"绝世无嗣"，曰"福禄不存"。震又为福禄也。震为精神，互巽风，故曰"涣散"。艮为身，艮伏不见，故曰"离"。

咸 文君之德，养人致福。年无胎夭，国富民实。忧者之望，曾参盗息。

通损。坤为文。震为德，为君，为人，为福。坤为养，为年岁。震为胎，坤为死，为夭，震福故无。坤为国民，为富实。下二语有讹字，难解。

恒 合欢之国，喜为我福。东岳南山，朝隮成恩。

通益。坤为国，初至五正反震相对，故曰"合欢之国"。震为东，又为南，上艮，故曰"东岳南山"。震为朝，为隮，为恩德。案，《周礼·眡祲》，注云：隮，虹也。鄘风，朝隮于西，崇朝其雨。《疏》亦训隮为虹，言虹见于西方，则雨气应也。隮、跻同字。然《易林》数见，皆作跻。"朝隮成恩"者，言山岳虹见雨应，以成其恩泽也。

遁 忧人之患，履悖易颜，为身祸残。率身自守，与喜相抱。长子成老，封受福祉。

乾为畏惕，故曰"忧患"。伏震为履，坤为悖，艮为颜。坤为身，为祸。艮为守，为抱。震为喜，为长子。坤为老。后四句与前三句吉凶相反，定为衍文。本林至第三句而止。

大壮 太公避纣，七十隐处。卒逢圣文，为王室辅。

详《明夷之坤》。

晋 江汉上流，政逆民忧。阴代其阳，雌为雄公。

互坎为水，坤亦为水，为江汉，为流。坤为政，为民，逆行，故曰"政逆民忧"。坎为忧也。坤为阴，为雌。五阳位，阴居之，故曰"代阳"，曰"雌为雄"。

明夷 缩绪乱丝，举手为灾。越亩逐兔，丧其衣裤。

伏巽为绪，为丝。震为反，故曰"缩绪"。坤乱，故曰"乱丝"。坤为亩，为丧。震为兔，为越，为衣。伏巽为裤，坤丧，故曰"丧其衣裤"。

家人 臭蒉腐木，与狼相辅。亡夫失子，忧及父母。

巽为臭，坎豕，故曰"臭蒉"。巽为木，为腐。狼象未详。震为夫，为子，震伏，故曰"亡失"。坎为忧，巽为母，伏震为父。

睽 刲羊不当，女执空筐。兔跛鹿踦，缘山坠堕，谗佞乱作。

此用归妹象。上二句，《归妹·上六》意也。兑为羊，坎为刺，故曰"刲羊"。兑为女，震为筐，震虚，故曰"女执空筐"。震为兔，为鹿，互坎，故曰"跛踦"。伏艮为山，伏巽为坠堕。兑口震言，故曰"谗佞乱作"。

蹇 拔剑伤手，见敌不喜。良臣无佐，困忧为咎。

艮为剑，为手，坎为伤，故曰"拔剑伤手"。坎忧，上坎，中爻坎，坎遇坎为敌，故曰"见敌不喜"。离为见。坎病，故不喜。艮为臣，为佐，坎为孤，故曰"无佐"。坎为困忧。《艮·象传》云"上下敌应"，即以艮见艮为敌也。

解 三羿五羊，相随俱行。迷入空泽，循入直北。径涉六驳，为所伤贼。

详《无妄之观》。

损 争鸡失羊，亡其金囊，利得不长。陈蔡之患，赖楚以安。

详《恒之夬》。

益 三骊负衡，南取芷香。秋兰芬馥，盈满神医，利我仲季。

震为马，数三，故曰"三骊"。艮为负，为衡。巽为香，为兰芷。震为南，故曰"南取"。伏兑为秋，故曰"秋兰"。震为神，为匦。坤多，故曰"盈满"。巽为利，艮为季。

夬 孟夏己丑，哀呼尼父。明德讫终，乱虐滋起。

详《睽之恒》。

姤 履不容足，南山多叶。家有芝兰，乃无病疾。

震为履，为足。震伏，故不容足。乾为山，为南。巽为芝兰。坤为疾病，坤伏，故无。

萃 三足无头，不知所之。心狂睛伤，莫使为明，不见日光。

伏震，故曰"三足"。乾为头，乾伏，故曰"无头"。三至上正反震，故曰"不知所之"。坤为心，巽风，故曰"心狂"。兑为半离，《易·履》卦谓之眇，故此曰睛伤。艮为日，为光。互巽为伏。故曰"不见"。

升 戴尧扶禹，松乔彭祖。西过王母，道路夷易，无敢难者。

详《师之离》。

困 式微式微，忧祸相绊。隔以岩山，室家分散。

详《小畜之谦》。

井 灵龟陆处，一旦失所。伊子复耕，桀乱无辅。

详剥林。

革 仁德覆治，恩及异域。泽被殊方，祸灾隐伏。蚕不作室，寒无所得。

通蒙。震为恩德。坤为异域，为殊方。兑为恩泽。坤为祸灾，坎为隐伏。巽为蚕。坎为室，坎伏，故曰"不作室"。坎为寒。室，茧也。

鼎 夏麦蓁薿，霜击其芒。疾君败国，使年夭伤。

详《泰之贲》。

震 火虽炽，在吾后。寇虽多，在吾右。身安吉，不危殆。

详《大有之需》。

艮 辽远绝路，客宿多悔。顽嚣相聚，生我畏恶。

详《明夷之小畜》。

渐 悬悬南海，去家万里。飞兔腰褭，一日见母，除我忧悔。

详《晋之坎》。

丰 困而后通，难厄不穷。终得其愿，姬姜相从。

震为姬，巽为姜。

旅 西贾巴蜀，寒雪至毂。欲前不还，得反空屋。

详《家人之解》。

巽 新作初陵，烂陷难登。三驹摧车，蹎顿伤颐。

伏艮为陵。巽为烂，伏震为登，坎陷，故难登。震为驹，数三，坎破，故曰"三驹摧车"。伏坎为蹇，初至四互颐，故曰"蹎顿伤颐"。

兑 延颈望酒，不入我口，深目自苦。利得无有，幽人悦喜。

详《无妄之大畜》。

涣 仲春孟夏，和气所舍。生我嘉福，国无残贼。

坎为仲，互震，故曰"仲春"。对卦离为夏，震为长，故曰"孟夏"。坎为和。震出，故曰"舍"。震为生，为嘉福。艮为国。坎为贼，风散，故无贼。舍，发也。

节 张网捕鸠，兔罹其灾。雌雄俱得，为置所贼。

通旅。离为网，为鸠，艮为捕。震为兔，旅下卦震覆，故曰"兔罹其灾"。离、罹通用。艮为雄，互巽为雌，离置在上，故曰"雌雄俱得"。巽为贼也。

中孚 三人俱行，一人言北。伯仲欲南，少叔不得。中路分争，道斗相贼。

详《剥之巽》。

小过 然诺不行，欺绐误人。使我露宿，夜归温室。神怒不直，鬼击其目。欲求福利，适反自贼。

详《恒之观》。

既济 陈辞达诚，使安不倾。增禄益寿，以成功名。

详《明夷之晋》。

未济 火烧公床，破家灭亡。然得安昌，先忧重丧。

半艮为床。重离，故曰"烧"。坎为破，为忧。

䷶ 震上
离下 **丰之第五十五**

诸孺行贾，经涉山阻。与狄为市，不忧危殆，利得十倍。

孺，《说文》：乳子也。震为子，兑少。诸，《尔雅·释诂》：诸诸便便，辩也。震为言，故曰"诸孺"。震为商贾，故曰"行贾"。伏艮为山。兑为狄。按，《吕览》有西翟。翟、狄通用。《周语》，自窜于戎翟之间是也。《尔雅注》称，东夷、西戎、北狄。然观各书，戎狄于西北实不分。故林以兑西为狄也。巽为市。坎为忧，坎伏，故不忧不殆。巽为利，为倍。兑数十，故曰"十倍"。林意言诸孺行贾，当危殆而竟得利也。

之乾　鼎足承德，嘉谋生福。为王开庭，得心所欲。

详《晋之大壮》。

坤　曳纶江海，钓鲂与鲤。王孙列俎，以飨仲友。

此用丰卦。互巽为纶，兑为江海。巽为鱼，故曰"鲂鲤"。伏艮为王孙，伏震为俎。兑食，故曰"飨"。兑为朋友，伏坎，故曰"仲友"。

屯　东山皋落，叛逆不服。兴师征讨，恭子败覆。

艮山，震东。皋，亦小山，故曰"东山皋落"。皋落，赤狄别种。坤为叛逆，为师。震为征讨，为子。坤顺，故曰"恭子"。坤为败覆。恭子，太子申生也。《闵二年》：晋侯使太子申生伐东山皋落氏。后申生卒，被谮死。

蒙　千里骁驹，为王服车。嘉其丽荣，君子有成。

坤为千里，震马，故曰"千里骁驹"。震为王，为车，为荣。艮为君子，为成。为王服车，即为王驾车也。

需　二龙北行，道逢六狼。莫宿中泽，为祸所伤。

乾为龙，兑卦数二，故曰"二龙"。坎北，故曰"北行"。伏艮为道，为狼，坎数六，故曰"六狼"。坎为莫，为宿，兑为泽。坤为祸。

讼　天灾所游，凶不可居。转徙获福，留止危忧。

乾为天，离为灾凶。伏震为转徙，为福。坎陷，故曰"留止"。坎为危，为忧也。

师　狐狸雉兔，畏人逃去。分走窜匿，不知所处。

详《益之解》。

比　雨师娶妇，黄岩季女。成礼既婚，相呼南去。膏润田里，年岁大喜。

详《损之益》。

小畜　外栖野鼠，与雉为伍。疮痍不息，即去其室。

伏坎为鼠，离为雉。坎离夫妇，故曰"为伍"。伏艮为疮痍，坤死，故不息。坎为室，震为去。言将死而去其室也。

履　天命绝后，孤阳无主。彷徨两社，独不得酒。

乾天巽命，巽下断，故曰"绝后"。乾阳巽寡，故阳孤。震为主，震伏，故曰"无主"。伏坤为社，兑卦数二，故曰"两社"。元本注：春社、秋社也。坎为酒，坎伏，故不得酒。古者社祭饮食宴乐，故曰"得酒"。或谓周社亳社，亦为两社。然下曰得酒，似指春秋社祭也。

泰 鹄思其雄，欲随凤东。顺理羽翼，出次须日。中留北邑，复反其室。

详《需之离》。

否 螟蛇九子，长尾不殆。均明光泽，燕自受福。

巽为蛇，震数九，故曰"九子"。艮为尾，巽为长，故曰"长尾"。乾大明，艮光明，故曰"均明光泽"。伏兑为燕，乾为福。殆，音以。

同人 日走月步，趋不同舍。夫妻反目，君主失国。

详《小畜之同人》。

大有 定房户室，枯薪除毒。文德渊府，害不能贼。

通比。艮为星，艮止，故曰"定"。定，星名也。房、方通用。《诗·小雅》：既方既皁。《郑笺》：方，房也。定方者，离乾皆在南，坎坤皆在北。《鄘诗》：定之方中，作于楚宫。言定星中，四方定，可作宫作室也。艮为室。坤为毒，为薪，离为枯。"枯薪除毒"者，按《管子》：萩室熯造，注：熯，谓火干之也。三月之时，阳气盛发，易生瘟疫，楸树郁臭以辟毒气，故烧之于新造之室，以为禳祓。枯薪除毒即此事也。离为文。坤为渊，为府，为害。坎为贼。

谦 齐东郭卢，嫁于洛都。俊美良好，利彼过倍。

详《坤之坎》。

豫 病笃难医，和不能治。命终期讫，下即蒿里。

详《临之益》。

随 开廓绪业，王迹所起。姬德七百，报以八子。

定四年，武王之母弟八人。又，卜年七百。震为开廓。为王，为足，故曰"王迹"。震为姬，数七，故曰"姬德七百"。艮数八，故曰"八子"。

蛊 丰年多储，河海饶鱼。商客善贾，大国富有。

震为年，艮止，故曰"储"。巽为鱼，兑泽，故曰"河海饶鱼"。巽为商贾。艮为国，震为富。

临 鹄求鱼食，过彼射邑。缯加我颈，缴桂羽翼。欲飞不能，为羿所得。

震为鹄，为口，坤为鱼，故曰"鹄求鱼食"。坤为邑，震为射，故曰"射邑"。伏巽为缯缴，伏艮为颈。震为羽翼，为飞。坤闭兑折，故不能飞。坤恶，故曰"羿"。坤丧，故为所得。

观 望城抱子，见邑不殆。公孙上堂，文君悦喜。

艮为望，为城，为抱。坤为邑，为文。艮为孙，为堂。伏震为君，故曰"文君"。伏震为喜，兑为悦。

噬嗑 左指右庵，邪侈佁靡。执节无良，灵君以亡。

震左坎右，艮手为指庵。坎为邪淫，震富，故曰"佁靡"。艮为执，为节。震为君。坎为棺椁，故曰"亡"。灵君谓陈灵公，通夏姬，为夏微舒所弑也。

贲 日中为市，各持所有。交易资贿，函珠怀宝，心悦欢喜。

详《泰之升》。

剥 山没丘浮，陆为水鱼，燕雀无庐。

艮为山丘，在坤水上，故曰"山没丘浮"。艮为陆，坤为水，为鱼，故陆为水鱼。艮为庐，伏兑为燕雀。水大，故庐圮也。

复 马服长股，宜行善市。蒙祐谐偶，获利五倍。

震为马，伏巽为长，为股。服，犹驾也。巽为市。马而长股，必得善市。伏巽为市，为利，为倍。巽卦数五，故曰"获利五倍"。

无妄 三狸捕鼠，遮遏前后。死于圜城，不得脱走。

详《离之遁》。

大畜 鬼舞国社，岁乐民喜。臣礼于君，子孝于父。

伏坤为鬼，为国，为社，震为舞。乾为年岁，坤为民，震为喜乐。乾为君父，艮为臣，震为子。坤顺，故曰"孝"，曰"忠"。

颐 慈母望子，遥思不已。久客外野，我心悲苦。

详《咸之旅》。

大过 雨师娶妇，黄岩季女。成礼既婚，相呼南去。膏泽田里，年岁大喜。

坎 两狗同室，相啮争食。枉矢西流，射我暴国。高宗鬼方，三年乃服。

艮为狗，为室，中爻正反艮，故曰"两狗同室"。震为口，为食，正反震相对，故曰"相啮"，曰"争食"。坎为矢，为曲屈，故曰"枉矢"。枉矢，星名。《史记·天官书》：枉矢如大流星。坎位西，故曰"西流"。震为射。艮为国，震健躁，故曰"暴国"。震为宗，坎为鬼。震为年，数三，故曰"三年"。

离 早霜晚雪，伤禾害麦。损功弃力，饥无可食。

详《离之蛊》。

咸 腐臭所在，青绳集聚。变白为黑，败乱邦国。君为臣逐，失其宠禄。

巽为腐臭，为青蝇。青蝇，《小雅》篇名，戒王信谗也。伏坤为集聚。巽为白，为败乱。艮黔，故曰"黑"。艮为邦国，为臣。乾为君，在艮外，故曰"君为臣逐"。乾为宠禄，兑毁折，故曰"失"。

恒 牵羊不前，与心戾旋。闻言不信，误绐丈人。

兑为羊。震为后，故曰"不前"。伏坤为心。正反兑，故曰"戾旋"。戾旋，不合也。兑口为言，正反兑，故曰"不信"。兑为耳，故曰"闻"。《夬·九四》，闻言不信，以兑口与乾言背也。恒二至四，与夬体同也。不信，故曰"误绐"。震为丈人。

遁 甘忍利害，还相克贼。商子酷刑，鞅丧厥身。

互巽为利，巽陨落，故曰"害"。巽伏，故曰"贼"。言甘于利害，还自贼也。巽为商贾，故曰"商子"。伏坤为酷，坤杀，故曰"酷刑"。坤为身，为丧，故曰"鞅丧厥身"。言商鞅用酷刑，终自害也。巽为绳，为鞅。《说文》：鞅，颈系也。

大壮 刲羊不当，血少无羹。女执空筐，不得采桑。

晋 蛝蛝喈喈，贫鬼相责。无有欢怡，一日九结。

详《震之既济》。

明夷 两足四翼，飞入嘉国。宁我伯姊，子母相得。

详《贲之同人》。

家人 文山紫芝，雍梁朱草。生长和气，王以为宝。公尸侑食，福禄来处。

详《师之夬》。

睽 绝世游魂，福禄不存。精神涣散，离其躬身。

互坎为魂。兑决，故曰"绝"。震为福禄，为精神。兑折震，故曰"福禄不存"，曰"精神涣散"。艮为身，艮伏，故曰"离"。京房以七世卦为游魂卦。《系辞》云：精气为物，游魂为变。郑云：九六为游魂。

蹇 北辰紫宫，衣冠立中。含和建德，常受大福。

详《坤之解》。

解 伯蹇叔盲，莫为守装。失我衣裳，代尔阴乡。

详《鼎之离》。

损 两女共室，心不聊食。首发如蓬，忧常在中。

详《艮之剥》。

益 去辛就蓼，毒愈酷甚。避阱遇坑，忧患日生。

《说文》：蓼，辛菜。震为草莽，故曰"蓼"。震纳庚，巽纳辛，庚辛西方，味辛，故曰"去辛就蓼"。《诗·周颂》：自求辛螫。未堪家多难，予又集于蓼。坤为毒，为酷。兑为阱，兑伏，故曰"避阱"。坤为渊，故曰"坑"，曰"忧患"。震生，艮为日，故曰"日生"。

夬 初病终凶，季为死丧，不见光明。

通剥。坤为病，坤死，故曰"凶"，曰"丧"。艮为终，为季，为光明。坤黑，故不见。

姤 三鸟飞来，是我逢时。俱行先至，多得大利。

详《同人之大有》。

萃 鹿食山草，不思邑里，虽久无咎。

伏震为鹿，兑食，艮山，巽草。坤为思，为邑里。艮为久。

升 羊肠九萦，相推稍前。止须王孙，乃能上天。

详《履之师》。

困 管仲遇桓，得其愿欢。胶目启牢，振冠无忧。笑戏不庄，空言妄行。

井 桀跖并处，民困愁苦。旅行迟迟，留连齐鲁。

详《复之离》。

革 魂孤无室，衔指不食。盗张民馈，见敌失肉。

乾为魂，巽为寡，故曰"魂孤"。坎为室，坎伏，故无室。兑为衔，为食，伏艮为指。伏坤为闭，故不食。伏坎为盗，坤为民。民畏盗，故馈之。坎为肉，坤丧，故失肉。

鼎 谗言乱国，覆是为非。伯奇乖离，恭子忧哀。

详《巽之观》。

震 卫侯东游，惑于少姬。亡我考妣，久迷不来。

详《乾之升》。

艮 鸡鸣同兴，思配无家。执佩持匕，莫使致之。

详《渐之鼎》。

渐 义不胜情，以欲自萦。觊利危躬，摧角折颈。

详《坤之丰》。

归妹 臣尊主卑，权力日衰。侵夺无光，三家逐公。

详《升之巽》。

旅 叔仲善贾，与喜为市。不忧危殆，利得十倍。

通节。艮为叔，坎为仲。震为商贾，为喜。巽为市。坎为危殆，为忧。震解，故不忧。巽为利，为倍。兑数十，故曰"十倍"。

巽 六蛇奔走，俱入茂草。惊于长路，畏惧啄口。

详《井之兑》。

兑 水坏我里，东流为海。鼋鳖欢嚣，不得安居。

详《泰之兑》。

涣 飞不远去，卑斯内侍，禄养未富。

互震为飞，艮止，故飞不远去。互艮为斯。《旅·初六》云：旅琐琐，斯其所。注：斯，贱役也。故曰"卑斯"。

节 阴变为阳，女化为男。治道大通，君臣相承。

详《屯之离》。

中孚 践履危难，脱厄去患。入福喜门，见诲大君。

详《震之家人》。

小过 罟密网缩，动益蹶急，困不得息。

伏大离为网罟。缩，束缚也，卦象似之。互大坎，故曰"蹶"，曰"困"。

既济 负牛上山，力劣行难。烈风雨雪，遮遏我前，中道复还。

详《同人之无妄》。

未济 喁喁嘉草，思降甘雨。景风升上，沾洽时澍，生我禾稼。

此仍用丰象。兑口震言，故曰"喁喁"。喁，向慕之义。震为嘉草，为禾稼。巽风坎雨。坎伏，故曰"思降"。

☲ 离上
☶ 艮下 **旅之第五十六**

罗网四张，鸟无所翔。征伐穷极，饥渴不食。

详《革之泰》。

之乾 寄生无根，如过浮云。立本不固，斯须落去，更为枯树。

详《小畜之蛊》。此用旅象。以艮为寄生，象形。艮下阴，故无根。坎为云，互巽为枯。

坤 人无足，法缓隘。牛出蛇，走羊惊。阳不制阴，男失其家。

屯 众鸟所翔，中有大怪，九身无头。魂惊魄去，不可以居。

详《渐之蒙》。

蒙 封豕沟渎，灌溃国邑。火宿口中，民多病疾。

《史记·天官书》：奎曰封豕，为沟渎。《正义》曰：奎，一名天豕，亦曰封豕，主沟渎。故曰"灌溃国邑"。坎为豕，为沟渎。坤为国邑。火，荧惑也。箕为口舌。火宿口中，言荧惑守箕也。艮为火，震为口，艮止，故曰"火宿口中"。坤为民，坎为疾病。又案，艮为星，故林辞多即星言。

需 奋翅鼓翼，翱翔外国。逍遥徙倚，来归温室。

详《损之观》。

讼 秋蚕不成，冬种不生。殷王逆理，弃其宠荣。

巽为蚕，旅互兑为秋。兑毁，故不成。坎为冬，为种。震为生，震伏，故不生。震为王，为子，故曰"殷王"。殷，子姓也。伏坤为理，为逆。震为荣，震伏，故曰"弃"。

师 卫侯东游，惑于少姬。忘我考妣，久迷不来。

详《乾之升》。

比 鸟合卒会，与恶相得。鸥鹬相酬，为心所贼。

艮为乌，为鸥鹬。坤坎皆为聚，故曰"会合"。坤为恶。坎为心，为贼。

小畜 眇鸡无距，与鹊格斗。翅折目盲，为鸠所伤。

巽为鸡。兑半离，故"眇"。《说文》：目眦伤也。震伏，故曰"无距"。伏震为鹊，为斗，为翅。坎为折，故曰"翅折"。离为目，兑半离，《易》曰"眇"，故此曰"目盲"。离为鸠，兑毁故伤。

履 木内生蠹，上下相贼，祸乱我国。

巽为木，为蠹，为贼。乾上兑下，正反巽，故上下相贼。离为乱，伏坤为国。

泰 延陵适鲁，观乐太史。车辚白颠，知秦兴起。卒兼其国，一统为主。

详《大畜之离》。

否 辅相之好，无有休息。时行云集，所在遇福。

艮为时，坤为云，为集。乾为福。

同人 床倾箦折，屋漏垣缺，季姬不惬。

巽为床箦，巽陨，故倾折。巽为垣墉，伏坎为室，为屋。巽下缺，故曰"漏"。伏震为姬。《易林》本《大过》，每以巽为少，故曰"季姬"。

大有 东入海口，循流北走。一高一下，五邑无主。七日六夜，死于水浦。

详《睽之蹇》。

谦 群虎入邑，求索肉食。大人守御，君不失国。

正反艮，故曰"群虎"。伏巽为入，坤为邑。艮为求，坎为肉，故曰"求索肉食"。伏乾为大人。艮为守御，为国。震为君，故曰"君不失国"。

豫 四乱不安，东西为患。退身止足，无出邦域。乃得完全，赖其生福。

详《大有之睽》。

随 叔胖抱冤，祁子自邑，乘遽解患。羊舌以免，赖其生全。

详《蹇之乾》。

蛊 延颈望酒，不入我口。深目自苦，利得无有。

详《讼之益》。

临 仁政之德，参参日息。成都就邑，人受厥福。

震为仁德。坤为都邑。参参，多貌。束皙《补亡诗》：参参其稼。

观 牵头系尾，屈折几死。周世无人，不知所归。

详《升之大畜》。

噬嗑 教羊逐兔，使鱼捕鼠。任非其人，费日无功。

详《需之噬嗑》。

贲 生角有尾，张孽制家，排羊逐狐。张氏易公，忧祸重凶。

震为生。艮为角，为尾，为家。坎为孽，与震连，故曰"张孽"。《左传·昭十年》：蕴利生孽。注：孽，妖害也。震为羊，艮为狐。震为张，为公。上艮为反震，故曰"易公"。坎为忧祸，为凶。生，疑为牛之讹。

剥 去安就危，坠陷井池，破我玉螭。

坤为安，孤阳在坤上，故曰"去安就危"。坤为渊，故曰"井池"。震为玉，为螭。上卦震覆，故曰"破我玉螭"。

复 茹芝饵黄，涂饮玉英。与神流通，长无忧凶。

震为芝，为玄黄。震食，故曰"茹"，曰"饵"。黄，黄精也。二者皆延年益寿之草。震为大涂。为玉，为萌芽，故曰"玉英"。震为神，坤为忧凶。

无妄 体重飞难，未能越关，不离室垣。

详《震之鼎》。

大畜 巢成树折，伤我彝器。伯蹷叔跌，亡羊乃追。

艮为巢，为成。震木，兑毁，故曰"树折"。震为器，艮虎，故曰"彝器"。《书》：宗彝。《释文》引郑云：彝，虎也。兑毁，故伤。震为伯，艮为叔。兑折，故曰"蹷"，曰"跌"。兑为羊。震往，故曰"亡羊"，曰"追"。

颐 六人俱行，各遗其囊。黄鹤失珠，无以为明。

详《贲之噬嗑》。

大过 播梅折枝，与母分离，绝不相知。

详《大有之坤》。

坎 迎福开户，喜随我后。曹伯恺悌，为宋国主。

中爻震为福，艮为户，震为开，故曰"迎福开户"。震为喜，为后，为伯，为主。艮为宋，为国。元本旧注：宋以曹师杀公子游，立桓公。依此注：则国字似为立字方适。

离 既痴且狂，两目又盲。箕踞喑哑，名为无中。

巽进退不果，故曰"痴狂"。中互大坎，坎黑，故曰"目盲"。伏震为箕，兑为喑哑。

咸 金梁铁柱，千年牢固。完全不腐，圣人安处。

乾为金铁，艮为梁柱。乾为千年。艮坚，故曰"牢固"。互巽为腐。乾为圣人，艮止，故曰"安处"。

恒 裹糇荷粮，与跖相逢。欲飞不得，为罔所获。

巽为糇粮，艮为荷。巽为盗贼，故曰"与跖相逢"。震为飞，坤为网罟。

遁 彭生为豕，暴龙作灾。盗尧衣裳，聚跖荷兵。青禽照夜，三旦夷亡。

大壮 独夫老妇，不能生子，鳏寡居处。

震为夫，兑为老妇。震为子，兑折，故不能生子。伏巽为寡，故曰"独夫"。伏艮为鳏。

晋 鹡鸰窃脂，巢于小枝。摇动不安，为风所吹。心寒栗栗，常忧殆危。

明夷 素车木马，不任负重。王子出征，忧危为咎。

震为白，坤为车，故曰"素车"。震为木，为马。坤为重，下互坎，坎险，故不任负重。震为王子，为出征。坎为忧危。

家人 土陷四维，安平不危。利以居止，保有玉女。

未详。

睽 负牛上山，力劣行难。烈风雨雪，遮遏我前，中道复还。

详《讼之剥》。

蹇 金城铁郭，上下同力。政平民亲，寇不敢贼。

艮为金铁，为城郭。坎为平，为贼寇，为民。

解 清洁渊塞，为人所言。证讯诘情，系于枳温。甘棠听断，昭然蒙恩。

详《师之蛊》。

损 皋陶听理，岐伯悦喜。西登华首，东归无咎。

艮为山，为火，故曰"皋陶"。舜时士官，故曰"听理"。兑为耳，为听，坤为理也。震为伯，艮山，故曰"岐伯"。《本草经》：黄帝问岐伯。《汉书·人物表》：上古之时有岐伯，中古有扁鹊。盖与黄帝创制医药者。兑为西，艮山，故曰"华首"。震为东，为归。华，华山。首，雷首山，在蒲阪。

益 低头窃视，有所畏避，行作不利。酒酸鱼败，众莫贪嗜。

详《鼎之解》。

夬 十雉百雏，常与母俱。抱鸡捕虎，谁肯为侣。

此用旅象。旅互巽为鸡，兑数十，故曰"十鸡"。伏震为雏，为百，故曰"百雏"。巽为母，故曰"常与母俱"。艮为虎，为抱，为搏。巽为寡，故曰"无侣"。

姤 高阜山陵，陂陁颠崩。为国妖祥，元后以薨。

《左传·僖十四年》：沙麓崩，晋卜偃曰，期年将有大咎，几之国。次年，惠公被执。又九年，怀公杀于高梁。姤通复。艮为山陵，初至三艮覆，故曰"颠崩"。坤为国，为妖祥。为丧，故曰"薨"。震长，故曰"元"。震为君，故曰"元后"。

萃　六鹢退飞，为襄败祥。陈师合战，左股夷伤。遂以崩薨，霸功不成。

详《蹇之蛊》。

升　异国殊俗，情不相得。金木为仇，百贼擅杀。

困　鸦噪庭中，以戒灾凶。重门击柝，备忧暴客。

详《大过之涣》。《左传·襄十三年》：有鸟叫于宋太庙，曰嘻嘻出出。后果灾。

井　慈母念子，享赐得士。蛮夷来服，以安王室，侧陋逢时。

巽为母，巽顺，故曰"慈母"。坎为念，伏震为子，故曰"念子"。兑为享。伏震为土，为王。艮为室，为时。坎为侧陋。

革　迁延恶人，使德不通。炎旱为殃，年谷大伤。

鼎　躬履孔德，以待束帛。文君燎猎，吕尚获福。号称太师，封建齐国。

通屯。坤为躬，震为履，为德，为孔。孔，大也。本卦巽为帛。离为文，乾为君。文君，文王也。震为猎，艮火，故曰"燎猎"。言文王出猎，遇吕尚也。乾为福，为师。巽齐，坤国，故曰"封建齐国"。

震　征将止恶，鼓鞭除贼。庆仲奔莒，子般获福。

震为征，为鼓鞭。坎为邪，为恶，为贼。《月令》：仲夏命乐师修鼗鞞鼓。坎为仲，震喜，故曰"庆仲"。互艮为邑，震往，故曰"奔莒"。按《左传·庄三十二年》：共仲使圉人荦，贼子般于党氏。共仲即庆父。闵二年，奔莒。兹云"获福"，于事正反。疑福为偪之讹字。抑如丁晏说，般为谷之讹。谷，共仲孙。文十四年，鲁人立之。所谓谷也丰下，必有后于鲁国也。般、谷形近，疑丁说是也。

艮　良夫淑女，配合相保。多孙众子，欢乐长久。

艮为夫，伏兑为女，震为善，故曰"良夫淑女"。坎为合，艮为保，艮兑为夫妇，故曰"配合相保"。艮为孙，震为子，坎众，故曰"多孙众子"。震乐艮久。

渐　螣蛇四牡，思念父母。王事靡盬，不得安处。

渐上巽，巽为蛇，伏震为马，卦数四，故曰"螣蛇四牡"。坎为思念，震父巽母。震为王，巽陨落，故曰"王事靡盬"。盬，恶也。《前汉·息夫躬传》：器用盬恶。艮为安，坎险，故曰"不得安处"。按，林词皆《诗·小雅》语。

归妹　水坏我里，东流为海。龟凫欢嚣，不得安居。

详《泰之兑》。

丰　束帛戋戋，赙我孟宣。征召送君，变号易字。

巽为帛，伏艮为手，故曰"束帛"。戋戋，马云委积貌。《子夏传》作残。兹曰"贿我孟宣"，是焦义与马同也。伏震为孟，为宣，为君。事实未详。

巽 乾行天德，覆赡六合。呕煦成熟，使我福德。

二五皆阳，故曰"乾行天德"。"覆赡六合"者，言乾天覆徧六合也。赡，《说文》：给也。《玉篇》：周也。伏坎为合，数六，故曰"六合"。呕煦，犹吹嘘养育也。兑口，故曰"呕煦"。伏艮为成，为我。伏震为福德。

兑 秦晋大国，更相克贼。获惠质围，郑被其咎。

兑西为秦，伏震为晋，艮为国。互巽为贼，兑毁折，三至上正反兑巽，故曰"更相克贼"。伏震为德惠，艮为围守也。《诗·大雅》：孔棘我圉。《左传》：亦聊以固吾圉。惠，晋惠公。僖十五年为秦所获，后秦放惠公归，以子圉质于秦。伏艮，故曰"获"，曰"质"。伏坎为郑。庆郑也。庆郑以惠公违谏，不救惠公。及被释，杀庆郑而后入。

涣 晦昧昏冥，君无纪纲。甲午成乱，简公丧亡。

坎隐伏，故曰"晦冥"。震为君，巽为绳，为纪纲。艮为时，为甲。纳丙，故曰"甲午"。《春秋·哀十四年》：甲午，齐陈恒弑其君壬于舒州。壬，简公名也。陈恒，陈成子也。"甲午成乱"者，言成子作乱，弑简公也。震为简，为公。巽陨，故丧亡。

节 三足无头，莫知所之。心狂睛伤，莫使为明，不见日光。

详《小畜之复》。

中孚 长夜短日，阴为阳贼。万物空枯，藏于北陆。

详《谦之渐》。

小过 依宵夜游，与君相遭。除烦解惑，使我无忧。

详《归妹之大有》。

既济 逐鹿南山，利入我门。阴阳和调，国无灾残。长子出游，须其仁君。

此皆用半象。阴阳和调，谓阴阳爻相等而当位也。

未济 请聘左耳，啬不我与，驱我父母。

未详。

焦氏易林注卷十五

䷸ 巽上
巽下 **巽之第五十七**

温山松柏,常茂不落。鸾凤以庇,得其欢乐。

详《需之坤》。

之乾 采唐沫乡,要期桑中。失信不会,忧思约带。

详《师之噬嗑》。

坤 有鸟飞来,集于宫树。鸣声可恶,主将出去。

详《屯之夬》。

屯 仁政之德,参参日息。成都就邑,日受厥福。

详《旅之临》。

蒙 他山之错,与璆为仇。来攻吾城,伤我肌肤,邦家搔忧。

详明夷。

需 赍贝赎狸,不听我辞。系于虎须,牵不得来。

详《否之革》。

讼 一簧两舌,佞言谄语。三奸成虎,曾母投杼。

详《师之乾》。

师 魁行摇尾,逐云吹水。污泥为陆,下田宜稷。

详《同人之渐》。

比 天门九重,深内难通。明登至莫,不见神公。

艮居戌亥,故曰"天门"。《内经》以戌亥为天门,辰巳为地户是也。坤为重,数九,故曰"天门九重"。《汉上易》谓,坤纳癸,自乙至癸,故数九也。重坤,故曰"深"。坤闭,故曰"难通"。艮为光明,坎为莫。震为神,为公。三五震覆,又坎为隐,故不见也。《后汉·郎𫖮传》:神在天门,出入听候。言神在戌亥,司候帝王兴衰得失。

小畜 暗目失明，耳阔不聪。陷入深渊，灭顶忧凶。

二至四兑，《易》以兑为眇，故曰"暗目失明"。又离为目，伏坎，故曰"暗目"也。伏坎为耳，为塞，故曰"耳阔不聪"。阔，音遏，壅塞也。伏坤为渊，坎陷。艮为顶，坤为灭，为凶，故曰"灭顶忧凶"。坎水，坤水，故有此象。

履 雾露早霜，日暗不明。阴阳孽疾，年谷大伤。

伏坎为雾露，坤为霜。离为日，伏坎，故不明。但林词似全用旁通。艮亦为日，与坎连体，故曰"不明"也。坎为疾。震为谷，坤为年岁，为丧，故曰"年谷大伤"。

泰 三阶土廊，德义明堂。交让往来，享燕相承。箕伯朝王，锡我玄黄。

《汉书·东方朔传》注：泰阶者，天之三阶也。上阶为天子，中阶为诸侯、公卿、大夫，下阶为士、庶人。坤为阶，震数三，故曰"三阶"。艮为廊，为明堂。兑为燕享。震为伯，为箕，乾为王。天玄地黄，故曰"锡我玄黄"。

否 争鸡失羊，利得不长。陈蔡之患，赖楚以安。

巽为鸡。兑为羊，兑伏，故失羊。巽为利，为长，坤丧，故曰"不长"。震为陈，为蔡，为楚。坤为患，艮为安。《史记》：孔子厄于陈蔡，楚昭王发兵救之，得免。

同人 天旱水涸，枯槁无泽，未有所获。

火在天下，故曰"天旱"。坎伏，故曰"水涸"。离为枯槁。

大有 陶朱白圭，善贾息赀。公子王孙，富利不贫。

乾为大赤，离火，故曰"陶朱"。乾为玉，乾金色白，故曰"白圭"。遇卦巽为商贾，为利，故曰"善贾息赀"。伏震为公，为子，为王，艮孙，故曰"公子王孙"。重巽，故曰"富利不贫"。

谦 龟厌江海，陆行不止。自令枯槁，失其都市，忧悔无咎。

详《泰之节》。

豫 黄鸟采蓄，既嫁不答。念吾父兄，思复邦国。

《诗·小雅·黄鸟篇》：言旋言归，复我诸兄，复我诸父。《我行篇》：言采其蓫，尔不我畜，复我邦家。皆刺礼教不行，妇中道见弃之诗。蓫，《释文》云：本又作蓄。今《易林》即作蓄，是《焦》与《毛诗》异读也。震为黄，艮为鸟，为采，震蓄。蓄，冬菜也。震为嫁。二至四震反，故云不答。坎为思念，伏乾为父，震为兄。坤为吾，为邦国。震反，故曰"复"。

随 田鼠野鸡，意常欲逃。拘制笼槛，不得动摇。

详《需之随》。

蛊 平国不君，夏氏作乱。乌号窃发，灵公殒命。

详《临之晋》。

临 巨蛇大鳅，战于国郊。上下闭塞，君主走逃。

详《剥之艮》。

观 谗言乱国，覆是为非。伯奇流离，共子忧哀。

详《丰之鼎》。

噬嗑 郁映不明，为阴所伤。众雾集聚，共夺日光。

详《噬嗑之艮》。

贲 望城抱子，见邑不殆。公孙上堂，大君欢喜。

离为望，艮为城，为抱，震子，故曰"望城抱子"。艮为邑，坎为殆。震解，故不殆。艮为孙，为堂，震为公，故曰"公孙上堂"。震为君，为喜。殆音以。

剥 三虫为蛊，划迹无与。胜母盗泉，君子弗处。

详《观之困》。

复 车驰人趋，卷甲相求。齐鲁寇战，败于犬丘。

详《坤之兑》。

无妄 欲访子车，善相欺绐。桓叔相迎，不见所期。

初至四正反震，故曰"期绐"。艮为叔，为木，故曰"桓叔"。《说文》：桓，邮亭表也。其事未详。

大畜 争雉失羊，亡其金囊，利得不长。陈蔡之患，赖楚以安。

详《恒之夬》。

颐 岁莫花落，阳入阴室。万物伏匿，利不可得。

坤候卦为亥，故曰"岁暮"。兑为华，兑伏不见，故曰"花落"。乾本居亥，坤行至亥，阴牝阳，故曰"阳入阴室"。艮为室。即《文言》所谓阴凝于阳也。坤为万物所藏，故曰"伏匿"。巽为利，巽伏，故曰"利不可得"。

大过 晨风文翰，大举就温。昧过我邑，羿无所得。

详《小畜之革》。

坎 时鹊抱子，见蛇何咎。室家俱在，不失其所。

详《否之鼎》。

离 隐隐大雷，滂霈为雨。有女痴狂，惊骇邻里。

伏震为雷。重坎，故曰"滂霈为雨"。巽为女。巽进退，故曰"痴狂"。伏震为惊骇，艮为里。

咸 无足断跟，居处不安，凶恶为患。

详《革之蹇》。

恒 破筐敝筥，弃捐于道，不复为宝。

震为筐筥，为道，为宝。兑毁，故破敝，故弃捐。

遁 三鸡啄粟，十雏从食。饥鸢卒击，亡其两叔。

详《中孚之颐》。

大壮 乘车七百，以明文德。践土葵丘，齐晋受福。

详《兑之剥》。

晋 百足俱行，相辅为强。三圣翼事，王室宠光。

详《屯之履》。

明夷 典策法书，藏阁兰台。虽遭溃乱，独不遇灾。

详《坤之大畜》。

家人 西诛不服，恃强负力。倍道趋敌，师徒败覆。

详《需之屯》。

睽 春阳生草，夏长条肆。万物蕃滋，充实益有。

详《井之巽》。

蹇 碅磳秃白，不生黍稷。无以供祭，祗灵乏祀。

此用遇卦巽象。巽为白，寡发，故"秃白"。艮山，故曰"碅磳"。碅磳，山田小石也。巽为黍稷，兑毁，故不生。震为祭，为神，故曰"祗灵"。震伏，故乏祀。

解 牵衣涉河，水深渍罢。幸赖舟子，济脱无他。

详《坤之萃》。

损 宜行贾市，所求必倍。戴喜抱子，与利为友。

详《大过之恒》。

益 兄征东夷，弟伐辽西。大克胜还，封居河间。

震为兄，为东，为征。互坤，故曰"东夷"。伏兑为西，坤水，故曰"辽西"，曰"河间"。艮为封。

夬 初虽惊惶，后乃无伤。受其福庆，相孝为王。

乾为福庆，为王。相孝为王，言辅相秦孝公，使秦称王也，似指商鞅。兑西，故曰"商"。

姤 随风乘龙，与利相逢。田获三倍，商旅有功。憧憧之邑，长安无他。

巽风，乾龙，故曰"随风乘龙"。巽为利，为三倍，伏震为田，故曰"田获三倍"。巽为商旅。伏坤为邑，为安。巽为长，故曰"长安"。他、蛇古通。巽为蛇。中孚初爻有他不燕，即以巽为蛇。林本《易》也。

萃 鱼扰水浊，寇围吾邑。城危不安，惊恐狂惑。

坤巽皆为鱼，而坤为水。坤黄，故曰"水浊"。风散，故曰"鱼扰"。坤为吾，为邑，巽为寇，故曰"寇围吾邑"。艮为城，风陨，故曰"城危"。坤为忧惧，为迷，故曰"惊恐狂惑"。

升 虽塞复通，履危不凶，保其明功。

坤为闭塞。震为通，为履。互大坎为危，故曰"履危"。坤为凶，震解，故不凶。

困 坤厚地德，庶物蕃息。平康正直，以绥大福。

巽为庶物。伏震为蕃鲜，故曰"蕃息"。伏坎为平，为正直。震为大福。

井 山水暴怒，坏梁折柱。稽难行旅，留连愁苦。

详《咸之豫》。

革 使燕筑室，身不庇宿。家无聊赖，濈我衣服。

兑为燕。伏艮为室，为筑，为身，为庇。艮伏，故曰"身无庇宿"，曰"家无聊赖"。坎为宿，艮为家也。伏震为衣，坤水，故曰"濈我衣服"。濈，湿也。

鼎 矢石所射，襄公疕剧。吴子巢门，伤病不治。

通屯。坎为矢，为射，艮为石。震为公，为辅佐，故曰"襄公"。疕，病也。按，宋襄公与楚战，伤股而病。坤死，故曰"疕剧"。震为子，为言，故曰"吴子"。《说文》：吴，大言也。《诗·周颂》：不吴不敖。《鲁颂》：不吴不扬。传：吴，哗也。故震为吴。坤为门，艮为巢，故曰"巢门"。襄二十五年，诸樊伐楚，门于巢。巢牛臣射之，卒。坤死，故曰"伤病不治"。

震 日月运行，一寒一暑。荣宠赫赫，不可得保。颠陨坠堕，更为士伍。

详《中孚之晋》。

艮 宫门悲鸣，臣围其君，不得东西。

艮为宫门。互坎为悲。震为鸣，为君。艮为臣。上艮下艮，震君在中，故曰"臣围其君"。震东坎西，坎陷艮止，故曰"不得东西"。

渐 戴盆望天，不见星辰。顾小失大，福逃墙外。

详《贲之蒙》。

归妹 天之所明，祸不遇家。反目相逐，终得和美。

小畜以离为反目，兹二至四互离，故亦曰反目。

丰 天阴霖雨，涂行泥潦。商人休止，市无所有。

详《夬之大过》。

旅 嘉门福喜，增累盛炽。日就有德，宜其家国。

艮为门。伏震为福喜，为盛炽。离为日，艮为家国。

兑 南山之阳，华叶将将。嘉乐君子，为国宠光。

详《革之大有》。此皆用旁通象。

涣 画龙头颈，文章未成。甘言美语，诡辞无名。

详《蒙之噬嗑》。

节 婴儿孩子，未有知识。彼童而角，乱我政事。

详《损之大畜》。以震为孩子，可证明夷五爻非箕子也。

中孚 阴作大奸，欲君勿言。鸿鹄利口，发其祸端。荆季怀忧，张伯被患。

通小过。坎为奸，互大坎，故曰"大奸"。震为君，为言，艮止，故曰"勿言"。震为鸿鹄。兑为口，互巽，故曰"利口"。震为荆，为张伯。艮季，为忧患。

小过 德之流行，利之四乡。雨师洒道，风伯逐殃。巡狩封禅，以告成功。

详《益之复》。

既济 禹将为君，装入昆仑。稍进阳光，登见温汤，功德昭明。

坎为汤，下离，故曰"温汤"。离为阳光，为昭明。余皆用半震半艮。

未济　五岳四渎，含润为德。行不失理，民赖恩福。

详《颐之明夷》。

䷹ 兑上 兑之第五十八
兑下

班马还师，以息劳疲。役夫嘉喜，入户见妻。

详《观之既济》。

之乾　践履危难，脱厄去患。入福喜门，见诲大君。

详《震之家人》。

坤　子锄执麟，春秋作经。元圣将终，尼父悲心。

屯　夹河为婚，期至无船。摇心失望，不见所欢。

详《屯之小畜》。

蒙　天孙帝子，与日月处。光荣于世，福禄祉祉。

详《解之临》。

需　三羊争雌，相随奔驰。终日不食，精气劳疲。

讼　禹召诸侯，会稽南山。执玉万国，天下康安。

师　早霜晚雪，伤害禾麦。损功弃力，饥无所食。

详《比之遯》。

比　嵩融持戟，杜伯荷弩。降观下国，诛逐无道。夏商之季，失福逃走。

艮为山，为戟，艮手，故曰"嵩融持戟"。翟云升云：《国语》：祝融降于崇山。崇即嵩字。按下文曰"诛逐无道"，其事必与杜伯相类。翟说非也。《墨子·非攻下》云：汤之时，有神来告曰：夏德大乱，往攻之，予必使汝大堪之。予既受命于天，天命融隆火于夏之城。疑融隆即嵩融。又《国语》云：夏之亡也，以回禄。回禄仍火神也。是《墨子》说与林词诛除无道，夏商之季合。与《国语》亦合。惟《墨子》不言持戟，或焦氏别有所据。若其事，则无疑也。且嵩融与融隆皆音近字转。又按《楚辞》云：吾令丰隆乘云兮。王逸注：云师。《淮南子》云：季春三月，丰隆乃出。许慎注：雷师。吴挚父先生云：《墨子》之融隆，即丰隆。依许注，则雷师也。《墨子》所谓"火其城"，以雷火烧其城也。然则融隆为雷师，而非祝融，尤与《国语》合。以《国语》夏之兴也，祝融降；其亡也，以回禄。明回禄非祝融也。艮为弩，为负何。杜伯似用覆震象。艮为观，为国。坤杀，故曰

"诛"。伏离为夏，兑为商，艮为季。坤凶，故曰"失福"。《国语》：杜伯射王于镐。注：宣王杀杜伯，而非其罪。后王猎，杜伯起于道左，以朱弓矢射王，中心而死。

小畜　生有圣德，上配太极。皇灵建中，授我以福。

详《家人之需》。

履　下田陆黍，万华生齿。大雨霖集，波病溃腐。

通谦。坤为下田，艮为陆，震为黍。兑为华，为齿，坤多，故曰"万华生齿"。坤水，坎水，故曰"大雨霖集"。坎为波，为病，巽为腐。

泰　子畏于匡，困厄陈蔡。明德不危，竟得免害。

详《大过之晋》。

否　有两赤鹬，从五隼噪。持矢无筈，趋释尔射。扶伏听命，不敢动摇。

艮为鹬，为隼，乾为大赤，故曰"赤鹬"。坤数二，故曰"两"。巽卦数五，故曰"五隼"。艮为矢，艮手为操。筈，矢末受弦处也。按卦象，兑应为筈。兑伏，故曰"无筈"。震为射，震覆，故曰"趋释尔射"。言矢既无筈，应释矢不射，而扶伏听命也。巽为命。艮手在地，故曰"扶伏"。扶伏，匍匐也。《说文》：伏地也。《诗·大雅》：诞实匍匐。传，以手行也。《前汉·霍光传》：扶服叩头。扶伏，扶服，义皆同也。艮止，故不动。动亦有去声，与命为韵。动摇，应作摇动。

同人　当得自知，不逢凶灾。衰者复兴，终无祸来。

离为灾，乾福，故不逢，故无祸。

大有　朽根刖树，华叶落去。卒逢火焱，随风僵仆。

详《屯之坎》。惟此用遇卦兑象，须知。

谦　葛生衍蔓，绣络为愿。家道笃厚，父兄悦喜。

震为葛，为蕃鲜，故曰"衍蔓"。坤为帛，为绣络，为愿。艮为家，为笃厚。震为公，故曰"父"。为兄，为喜。《诗·周南·葛覃篇》：为绣络为绤，服之无斁。

豫　东行求玉，反得弊石。名曰无直，字曰丑恶，众所贱薄。

详《家人之否》。

随　瞻白用弦，弩屏恐怯。任力堕劣，如獧见鹊。偃视恐伏，不敢拒格。

互大坎，故曰"恐怯"，故曰"獧"。震为鹊。巽伏，故曰"偃"。巽为弦，为白。然首句恐有讹字。

蛊　疮痍多病，宋公危殆。吴子巢门，陨命失所。

艮为节，故曰"疮痍"。艮为宋，震为公。巽为病，正反巽，故曰"多病"，曰"危殆"。宋襄公战泓伤股。震为吴，为子。艮为巢，为门。巽为命，为陨落，故曰"陨命"。详《巽之鼎》。

临　东山西岳，会合俱食。百喜送从，以成恩福。

伏艮为山岳，震东兑西，故曰东山西岳。兑为食。坤为会，为百。震为喜福。

观　舞非其处，失节多悔，不合我意。

巽进退，故曰"舞"。舞在山上，故曰"非其处"。艮为节，坤为亡，故曰"失节"。坤为悔，为意。

噬嗑　南循汝水，伐树斩枝。过时不遇，怒如周饥。

离为南。互坎，故曰"汝水"。震为树，二至四互艮，艮为刀剑，故曰"斩枝"。《诗·周南》：遵彼汝坟，伐其条枚。未见君子，惄如调饥。艮为时，坎隐伏，故不遇。惄，思也，忧也，坎象也。离虚，故曰"饥"。周，《毛诗》作调。传云：朝也。丁晏云：周，《释文》作辀。周即辀之省文。按，震为周，为旦。是焦《诗》与《毛》异文，犹《韩诗》惄作溺也。

贲　公孙驾骊，载游东齐。延陵说产，遗季纻衣。

详《艮之未济》。

剥　乘舆八百，以明文德。践土葵丘，齐晋受福。

详《巽之大壮》。

复　雄处弱水，雌在海滨。别离将食，悲哀于心。

详《剥之同人》。

无妄　结网得鲜，受福安坐，终无患祸。

巽为绳，故曰"结网"。巽为鱼，故曰"得鲜"。乾为福，艮为坐。

大畜　秋南春北，随时休息。处和履中，安无忧凶。

兑为秋，震为春，乾南坤北。艮为时，艮止，故曰"休息"。兑悦，故曰"和"。震足，故曰"履"。坤为忧凶，坤伏，故无。

颐　启户开门，巡狩释冤。夏台羑里，汤文悦喜。

坤为门户。震为启，为巡狩。坤为忧，为冤，震解，故曰"释冤"。艮为台，纳丙，故曰"夏台"。坤为里。震为帝，故曰"汤文悦喜"。

大过　符左契右，相与合齿。乾坤利贞，乳生六子。长大成就，凤言如母。

详《大畜之未济》。大过通颐。艮节震符，震为左，兑为右，故曰"符左契右"。兑为齿，正反兑，故曰"合齿"。大过为亥月卦，坤与乾相遇于亥，阴牝阳，故曰"乾坤利贞"。艮为乳，震为生，为子。乾数六，故曰"六子"。巽为风，震为言。巽亦为母，故曰"如母"。《坤·上六》：龙战于野，其血玄黄。即林所言之义。详《焦氏易诂》。

坎 饥蚕作室，丝多乱绪，端不可得。

详《豫之同人》。

离 东壁余光，数暗不明。主母嫉妒，乱我事业。

详《谦之屯》。

咸 白茅缩酒，灵巫拜祷。神嗜饮食，使君寿考。

详《小畜之坎》。

恒 范公陶朱，巧贾货资。东之营丘，易字子皮。抱珠载金，多得利归。

巽为虫，故曰"范"。震为公。乾为大赤，伏艮火，故曰"陶朱"。巽为利，为商贾，故曰"巧贾货资"。震为东。伏艮，故曰"营丘"。坤为字，艮为皮，震为子。坤艮皆伏，故曰"易字子皮"。言陶朱公范蠡后适齐，改名曰鸱夷子皮，隐居贸易也。事见《史记》。震为珠，艮为金。艮手，故曰"抱珠"。震车，故曰"载金"。巽为利，震为归。

遁 三羖五牂，相随俱行。迷入空泽，循谷直北。经涉六驳，为所伤贼。

详《同人之蒙》。

大壮 雄鹄延颈，欲飞入关。雨师洒道，灙我袍裘。车重难迁，侍者稽首。

震为鹄，为飞。伏艮为关。兑为雨，震为道，故曰"雨师洒道"。乾为衣，故曰"袍裘"。坤为车，为重。艮止，故难迁。艮为斯役，故曰"侍者"。艮为首，艮止，故曰"稽首"。末二句皆伏象。

晋 中年蒙庆，今岁受福。必有所得，荣宠受禄。

互坎为中，坤为年岁。艮为荣，伏乾为福禄。

明夷 禄如周公，建国洛东，父子俱封。

详《革之明夷》。

家人 安床厚褥，不得久宿。弃我嘉宴，困于东国。投杼之忧，不成灾福。

详《家人之睽》。

睽 蓄积有余，粪土不居。

蹇 心愿所喜，乃今逢时。得我利福，不离兵革。

坎为心愿。艮为时，为兵革。

解 目不可合，忧来搔足。怵惕危惧，去其邦族。

详《萃之睽》。

损 福德之士，欢悦日喜。夷吾相桓，三归为臣，赏流子孙。

震为福德，为上，为欢悦。艮为桓。桓，木表也。言管仲相齐桓公也。艮为台，为臣，故曰"三归为臣"。震为归，数三，三归亦震象。《论语》曰：管氏有三归，官事不摄，焉得俭？"朱注：三归，台名。后儒不知朱注本《说苑》，颇讶与古注异。今《易林》以艮为三归，是亦以三归为台也。

益 夏姬附耳，心听悦喜，利以博取。

巽为夏，震为姬，伏兑为耳。坤为心，震为喜。巽为利。

夬 叔迎伯兄，遇巷在阳。君子季姬，并坐鼓簧。

此用兑象。伏艮为叔，伏震为伯兄。艮震相对，故曰"迎"。艮为君子，兑为季姬。重兑，故曰"并坐"。震为鼓簧。

姤 徙巢去家，南遇白乌。东西受福，与喜相得。

此仍用兑象。伏艮为巢，为家。伏震为南。艮为乌，互巽，故曰"白乌"。震为东，为喜福，兑为西。

萃 舜登大禹，石夷之野。征诣王庭，拜治水土。

详《乾之中孚》。

升 江河淮海，天之都市。商人受福，国家富有。

坤为江河淮海，为都。巽为市，伏乾，故曰"天之都市"。震为商人，为福。坤为国家，为富有。

困 隐隐填填，火烧山根。不润我邻，独不蒙恩。

详《贲之蹇》。

井 暗昧不明，耳聋不聪。陷入深渊，灭顶忧凶。

详《巽之小畜》。

革 鸟鸣喈喈，天火将下。燔我馆舍，灾及妃后。

详《屯之晋》。

鼎 十雄百雏，常与母俱。抱鸡搏虎，谁肯为侣。

详《旅之央》。

震 营城洛邑，周公所作。世建三十，年历八百。福祐盘结，坚固不落。

详《井之升》。

艮 三人俱行，别离将食。一身五心，反复迷惑。

详《坤之贲》。

渐 三虎搏狼，力不相当。如鹰格雉，一击破亡。

艮为虎狼，纳丙，故曰"三虎搏狼"。艮为鹰，离为雉。格，敌也。《史记·张仪传》：驱群羊，攻猛虎，不格明矣。注：格，敌也。坎为破，艮为击。

归妹 养虎畜狼，还自贼伤。无事招祸，自取灾殃。

详《井之蛊》。

丰 后时失利，不得所欲。

旅 雉兔之东，以野为场。见鹰惊走，死于谷口。

离为雉，伏震为兔，为东。艮为野，为场。兑为见，艮为鹰，伏震，故曰"见鹰惊走"。兑毁，故曰"死"。兑为口，艮为谷。

巽 秋蛇向穴，不失其节。夫人姜氏，自齐复入。

详《临之损》。

涣 鸟鸣葭端，一呼三颠。摇动东西，危魂不安。

详《复之井》。

节 命夭不遂，死多鬼祟。妻子啼暗，早失其雄。

伏巽为命。兑毁，故曰"死"。坎为鬼。兑为妻，震为子。兑口为啼，啼失声曰暗。坎失，故曰"啼暗"。震为雄。

中孚 茆屋结席，崇我文德。三辰旌旗，家受其福。

巽为茅，互艮，故曰"茆屋"。互震为席，巽为结。艮为崇，为我，震为德，故曰"崇我文德"。震为旗，为辰。数三，故曰"三辰"。艮为家，震为福，故曰"家受其福"。

小过 罗网四张，鸟无所翔。征伐困极，饥穷不食。

巽为绳，故曰"罗网"。震为张，卦数四，故曰"四张"。艮为鸟，止于网下，故曰"鸟无所翔"。震为征伐。互大坎为劳，故曰"困极"。伏大离，离虚，故曰"饥"。兑为食，艮止，故不食。

既济　天成地安，积石为山。润洽万里，人赖其欢。

乾坤爻皆当位，故曰"天成地安"。三半艮，故曰"积石为山"。坎为润洽。半震为欢。

未济　铜人铁柱，暴露劳苦。终月卒岁，无有休止。

此用兑象。伏艮为铜铁，为柱。伏坎为劳苦。艮为终，为时，故曰"终月卒岁"。艮为休止，艮伏，故曰"无"。

☴上
☵下　**涣**之第五十九

望幸不到，文章未就。王子逐兔，犬踦不得。

详《谦之既济》。

之乾　焱风阻越，车驰揭揭。弃古追思，失其和节，忧心惙惙。

详《需之小过》。

坤　蛇得泽草，不忧危殆。

此用涣象。巽为蛇。震为草，草在坎中，故曰"泽草"。坎为危殆，震解，故不危。

屯　两犬争斗，股疮无处。不成仇雠，行解郤去。

互艮为犬，正反艮，故曰"两犬争斗"。艮为节，为疮，巽为股，巽伏，故曰"股疮无处"。坎为仇，巽为隙。震解，巽伏，故曰"不仇"，曰"解隙"。

蒙　因祸受福，喜盈其室，求事皆得。

坤为祸，震为福喜。艮为室，坤多，故曰"喜盈其室"。

需　江有宝珠，海多大鱼。亟行疾去，可以得财。

乾为江河。为玉，故曰"宝珠"。伏坤为海，为鱼，为疾，为财。

讼　三牛生狗，以戌为母。荆夷上侵，姬伯出走。

详《坤之震》。

师　安息康居，异国穹庐。非吾习俗，使伯忧惑。

详《蒙之屯》。

比　行触天罡，马死车伤。身无聊赖，困穷乏粮。

《参同契》：二月榆落，魁临于卯，八月麦生，天罡据酉。注：天罡即北斗。《睽之渐》曰：魁罡所当，初为败殃。是天罡所指之处亡也。艮为星，故曰"天罡"。艮卦数七，北斗七星象尤切也。坤为车马，为死伤，为身，为穷乏。震为粮，震覆，故曰"乏粮"。

小畜　裸裎逐狐，为人观笑。牝鸡司晨，主母乱门。

详《大有之咸》。

履　为季求妇，家在东海。水长无船，不见所欢。

详《屯之蹇》。

泰　男女合室，二姓同食。婚姻孔云，宜我多孙。

乾男坤女。伏艮为室，乾坤交，故曰"合室"。坤为姓，兑为食，兑卦数二，故曰"二姓同食"。震为嫁，故曰"婚姻"。伏艮为孙。

否　太微帝室，黄帝所直。藩屏周卫，不可得入。常安长在，终无祸患。

太微即紫微。《史记·天官书》：中宫天极星，其一明者，太一常居也。注云：紫微，大帝室。"太微帝室"者，言紫微垣为天帝之中宫也。《天官书》又云：填星，中央土。主季夏，日戊、己。黄帝，主德。兹曰"黄帝所直"，黄帝即轩辕星。言黄帝直中宫，中宫即中央。"藩屏周卫"者，《天官书》：太一旁，三星三公。后句四星，末大星正妃，余三星后宫之属。环之匡卫十二星，藩臣。皆曰紫宫。言各星藩卫太微，周环紫宫，故曰"不可入"也。否互艮为星，而与乾连。乾为帝，艮为室，故曰"帝室"。坤为黄，为直，故曰"黄帝所直"。艮为屏藩，为卫。艮坚，故不得入。

同人　赍金观市，欲置骊子。猾偷窃发，盗我黄宝。

乾为金。互巽为市，下离，故曰"观市"。乾为马，伏震为子，故曰"骊子"。巽为盗，为偷窃。离为黄，乾为金玉，故曰"黄宝"。

大有　三思俱行，欲归故乡。望邑入门，拜见家亲。

此用涣象。震为人，数三，故曰"三人"。震为行，为归。艮为乡邑，为门，为拜，为家。为观，故曰"望"。

谦　娶于姜吕，驾迎新妇。少齐在门，夫子悦喜。

详《否之涣》。

豫　伯仲旅行，南求大𦍪。长孟病足，倩季负粮。柳下之宝，不失我邦。

震为伯，坎为仲。为众，故曰"旅行"。旅，众也。震为南，艮为求。伏兑为羊，故曰"大𦍪"。震为长，为孟，为足。互坎，故曰"病足"。《家语》：叔梁纥取施氏生九女，其妾生孟皮，孟皮病足。长孟即谓孟皮也。艮为季，为负。伏巽为粮，故曰"负粮"。季，季路也。《家语》：子路为亲负米百里之外。震为柳，坤下，故曰"柳下"。艮为邦。

事详《同人之丰》。

随 洁身白齿，衰老复起。多孙众子，宜利姑舅。

艮为身，兑为齿，巽白，故曰"洁身白齿"。艮为寿，故曰"衰老"。下卦艮覆为震，故曰"衰老复起"。艮为孙，震为子。巽为姑，震为舅。

蛊 独宿憎夜，嫫母畏昼。平王逐建，荆子忧惧。

巽为寡，巽伏，故曰"独宿"。互大坎为夜，为憎。巽为母，兑鲁，故曰"嫫母"。互大离，故曰"畏昼"。坎为平，震为王，为逐，为建。言楚平王逐太子建也。震为子，为草莽，故曰"荆子"。

临 追亡逐北，至山而得。稚叔相呼，反其室庐。

观 鸟飞无翼，兔走折足。虽欲会同，未见其功。

震为翼，为足，为兔。震覆，故无翼，故折足。艮为鸟。由此证明夷初爻之垂其翼，以六四震为翼。诸家以离为翼，皆非。

噬嗑 抱空握虚，鸮惊我雏，利去不来。

详《离之家人》。

贲 山作大池，陆地为海。

艮为山，为陆地。坎为池，为海。

剥 为虎所啮，泰山之阳。众多从者，莫敢救藏。

艮为虎，伏兑为啮。艮为山，纳丙，故曰"山阳"。坤为众多。丁云：事见《檀弓》。按《檀弓》记孔子过泰山，谓苛政猛于虎，于此亦不甚合。

复 逶迤四牡，思归念母。王事靡盬，不得安处。

详《旅之渐》。

无妄 狝猴所言，语无成全。误我白马，使干口来。

艮为狝猴，震言。乾马，巽色白，故曰"白马"。震为口，艮火，故曰"干危"。

大畜 飞不远去，卑斯内侍，禄养未富。

详《丰之涣》。

颐 大尾细要，重不可摇。阴权制国，平子逐昭。

艮为尾，震为大，故曰"大尾"。坎为腰，今中爻皆阴，故曰"细腰"。《庄子》：细要者化。谓蜂也。坤为重。震为摇，艮止，故不可摇。坤为国，伏巽为权，故曰"阴权制国"。坤为平，震为子，为逐。震为光明，故曰"平子逐昭"。

大过 旦生夕死，名曰婴鬼，不可得祀。

详《小畜之升》。

坎 子畏于匡，困于陈蔡。明德不危，竟免厄害。

坎为畏。艮邑，故曰"匡"。坎为困。震为陈，为蔡，为德。艮为光明，故曰"明德"。坎为困厄，震解，故曰"免"。

离 畏昏潜处，候时昭朗。卒逢白日，为世荣主。

详前。

咸 白鸟衔饵，鸣呼其子。旋枝张翅，来从其母。

详《晋之震》。

恒 宫商角徵，五音和起。君臣父子，弟顺有序。唐虞龙德，国无灾咎。

伏坤，故曰"宫"。兑秋，故曰"商"。巽居巳，故属夏。《乐书》：徵配夏。《月令》：孟春之月，其音角。故震为角。宫商角徵，皆卦象也。震为音，巽卦数五，故曰"五音"。震为君，伏艮为臣，乾父震子，故曰"君臣父子"。巽顺，故曰"悌"。震为帝，故曰"唐虞"。伏坤为国。

遁 季姬踟蹰，望孟城隅。终日至暮，不见齐侯。

详《同人之随》。

大壮 鬼哭于社，悲伤无后。甲子昧爽，殷人绝祀。

详《大过之坤》。

晋 天之所予，福禄常在，不忧危殆。

详《小畜之遁》。

明夷 比目四翼，相恃为福。姜氏季女，与君合德。

离为目，坤偶，故曰"比目"。震为翼，卦数四，故曰"四翼为福"。伏巽为姜。坎为合，震为君，为德。《左传·桓九年》：纪季姜归于京师，为桓王后。

家人 翕翕輷輷，稍崩坠颠。灭其令名，长没不全。

详《泰之谦》。

睽 折若蔽目，不见稚叔。三足孤鸟，远去家室。

详《师之蒙》。

蹇 羊肠九萦，相推稍前。止须王孙，乃能上天。

详《履之师》。

解 坤厚地德，庶物蕃息。平康正直，以绥大福。

详《泰之解》。

损 有莘外野，不逢尧主。复归穷处，心劳志苦。

震为莘。莘，草名也。坤为野。震为主，为帝，故曰"尧主"。震为归。坤为心志，为劳苦。鲧取有莘氏女，本在野之人，后尧用以治水。倘鲧不逢尧，则穷老于有莘之野耳。

益 昌长景行，来观柘桑。土伯有喜，都叔允藏。

昌，为邑之讹字。《礼·檀弓》：以吾为邑长于斯也。震为长，为行，为柘桑。艮为观，故曰"来观柘桑"。言邑长出巡也。震为伯，互坤，故曰"土伯"。土伯，即《周礼·地官》之土训。土训，掌辨地物而原其生。震乐，故曰"有喜"。坤为都，艮为叔，故曰"都叔"。都叔，盖都士、都则之属。

夬 周师伐纣，战于牧野。甲子平旦，天下大喜。

详《谦之噬嗑》。

姤 逾江求橘，并得大栗。烹羊食豕，饮酒歌笑。

乾为木果，故曰橘，曰栗。乾为河，为江。为大，故曰"大栗"。伏震为羊，巽为豕。震为歌笑。

萃 敝笱在梁，鲂逸不禁。渔父劳苦，焦喉干口，虚空无有。

升 生有阴孽，制家非阳，遂送还床。张氏易公，忧祸重凶。

困 绝域异路，多有畏恶。使我惊惧，思吾故处。

详《渐之无妄》。

井 迷行失道，不得牛马。百贾逃亡，市空无有。

坎为失，为隐伏，故曰"迷行失道"。伏震为行，为道也。艮为牛，震为马，艮震伏，故不得。巽为市贾。离虚，故曰"空"。

革 雌鹭生雏，神异兴起。乘云龙腾，民戴为父。

通蒙。艮为鹭。震为生，为雏，为神，为起。坤为云。震为龙，为乘，为腾，为父。坤为民，艮为戴。

鼎 叠叠累累，如歧之室。畜一息十，古公治邑。

详《恒之小过》。

震 疮疡疥瘑，孝妇不省。君多疣赘，四牧作去。

互艮多节，故曰"疮疡疥瘑"。瘑，亦疮也。巽为妇，巽顺，故曰"孝妇"。巽伏，故曰"不省"。艮为疣赘，震君，故曰"君多疣赘"。震为马，卦数四，故曰"四牧"。震往，故曰"去"。

艮 羊头兔足，羸瘦少肉。漏囊败粟，利无所得。

详《剥之恒》。

渐 孳蔑徒靡，空无谁是。言季不明，乐减少解。

归妹 妹为貌热，败君正色。作事不成，自为心贼。

震为嫁，兑为妹，伏艮为须。以女而有须，故曰"貌热"。《庄子·田子方》：老聃新沐，被发而干，热然似非人。热，音慑，言可怖也。坎为畏惧，故曰"热"。震为君。兑毁，故曰"败"，曰"不成"。艮为成，艮伏，故不成。坎为心，为贼。

丰 四马共辕，东上太山。骈骊同力，无有重难，与君笑言。

详《剥之解》。

旅 阴变为阳，女化作男。治道得通，君臣相承。

详《比之离》。涣之旅中四爻，艮为兑，震为巽。震为巽，亦巽为震，故曰"女化男"。《左传》，震之离亦离之震，是其例也。"君臣相承"者，言阳为君，阴为臣。卦形上一阴承一阳，下二阴承二阳也。

巽 南国少于，材略美好。求我长女，贱薄不与。反得丑恶，后乃大悔。

详《比之渐》。

兑 昭公失常，季氏悖狂。逊齐处野，丧其宠光。

详《遁之蛊》。

节 文山紫芝，雍梁朱草。生长和气，王以为宝。公尸侑食，福禄来处。

详《同人之剥》。

中孚 牵羊不前，与心戾旋。闻言不信，误给丈人。

兑羊，艮手，故曰"牵羊"。艮止，故曰"不前"。兑为耳，中爻正反震，故曰"闻言不信"，曰"误给丈人"。震为丈人。

小过 东山西山，各自止安。心虽相望，竟未同堂。

详《姤之坤》。艮为望，为堂。正反艮，故曰"相望"，曰"未同堂"。

既济 鹿求其子，虎庐之里。唐伯李耳，贪不我许。

详《随之否》。

未济 三虎上山，更相喧唤。心志不亲，如仇与怨。

详《姤之小过》。首二句，用半象。

䷻ 坎上 兑下 节之第六十

海为水王，聪圣旦明。百流归德，无有叛逆，常饶优足。

详《蒙之乾》。

之乾 虎豹怒咆，慎戒外忧。上下俱搔，士民无聊。

此用节象。艮为虎豹，震怒。坎为忧。艮为上。震为下，为士。坎为民。

坤 探穴得雏，鸠鹊俱来，使我心忧。

此仍用节象。艮为巢，艮手，故曰"探巢"。震为鹊，为雏。坎为心忧。

屯 日望一食，常恐不足，禄命寡薄。

艮为日，为望，震为食。坤虚，故不足。乾为禄，巽为命，坤为寡，坎为薄。乾巽伏，故曰"禄命寡薄"。

蒙 良马疾走，千里一宿。逃难它乡，谁能追复。

震为马，为走。下坎，故曰"疾走"。坤为千里，为宿。坎数一，故曰"一宿"。坎为难。坤为乡，为蛇，放曰"它乡"。它、蛇同字。蛇乡有毒。故不能追复。震为追，为归，故曰"追复"。

需 鹊巢鸠成，上下不亲。外内乖畔，子走失愿。

互离为巢，为鸠。《诗》：维鹊有巢，维鸠居之。"鹊巢鸠成"者，言鹊营巢成，为鸠居也。坎水性下，乾阳上升，故曰"不亲"。

讼 云龙集会，征讨西戎。招边定众，谁敢当锋。

坎云，乾龙。坎为积，故曰"集会"。伏震为征讨。坤为戎，坎为西，故曰"西戎"。坤为边，为众。坤安，故曰"定"。坎为矢，故曰"锋"。

师 春多膏泽，夏润优渥。稼穑成熟，亩获百斛。

详《临之明夷》。

比 僮妾独宿，长女未室，利无所得。

详《豫之益》。

小畜 四野不安，东西为患，退身止足。无出邦域，乃得全完，赖其生福。

详《大有之睽》。

履 长宁履福，安我百国。嘉宾上堂，与季同床。

通谦。震为履，为福；坤为安，为百国，故曰"安我百国"。震为宾。艮为堂，为季，为床。

泰 骐骥绿耳，章明造父。伯夙奏献，衰续厥绪。佐文成霸，为晋元辅。

详《革之夬》。

否 张陈嘉谋，赞成汉都。主欢民喜，其乐休休。

伏震为张，为陈，为嘉。坤为谋。为都，为水，故曰"汉都"。坤为民。震为主，为欢乐。言张良、陈平主张都关中也。

同人 大面长头，来解君忧。

乾为头，互巽，故曰"长头"。

大有 畏昏不行，待旦昭明。燎猎受福，老赖其庆。

详《夬之损》。

谦 伯去我东，首发如蓬。长夜不寐，辗转空床。内怀惆怅，忧摧肝肠。

详《姤之遁》。

豫 朽条腐索，不堪施用。安静候时，以待亲知。

伏巽为索，为腐，故曰"朽条腐索"。艮为时，坤为安。艮止，故曰"候时"。

随 比目四翼，相倚为福。姜氏季女，与君合德。

详《涣之明夷》。

蛊 履阶升墀，高登崔嵬。福禄洋溢，依天之威。

艮为阶墀。震为履，为登。巽为高。震为福禄。艮为天。

临 奢淫吝啬，神所不福。灵祇凭怒，鬼瞰其室。

坤多，故曰"奢"。坤闭，故曰"吝啬"。震为神，为福，为灵祇，为怒。坤为鬼，伏艮为室，为观，故曰"鬼瞰其室"。

观 大步上车，南到喜家。送我狐袭，与福载来。

伏震为步，坤为车。震为南，为喜。坤为家，为狐。

噬嗑 南行西步，失次后舍。乾侯野井，昭公失居。与彼作期，不觉至夜。

震为东，坎为西。震为后，艮为舍，坎失，故曰"失次后舍"。震为诸侯，上离，故曰"乾侯"。坎为井，艮为野，故曰"野井"。震为公，上离，故曰"昭公"。坎为夜。言昭公为季氏所逐，次于乾侯野井也。

贲 喜乐踊跃，来迎名家。鹊巢百两，以成嘉福。

震为踊跃，为乐。艮为名，为家，故曰"名家"。震为鹊，艮为巢。震为车，故曰"百两"。《诗·周南》：维鹊有巢，维鸠居之。之子于归，百两御之。艮为成，震为嘉福。

剥 非理所求，谁敢相与。往来不获，徒劳道路。

艮为求，坤为理。艮止，故不与。艮为道路。离虚，故不获而徒劳也。坤役万物，故亦曰劳。

复 北虏匈奴，数侵边境。左衽为长，国犹未庆。

坤为北，为夷，故曰"匈奴"。坤为境。震为侵，为左，为衽，为长。坤为国。末句疑有讹字。

无妄 狂不以理，伐乃无名。纵获臣子，伯功不成。

震为征伐，为子，为伯。艮为臣，为拘系，故曰"获"。

大畜 景星照堂，麟游凤翔。仁施大行，颂声作兴。

详《豫之节》。

颐 文明之世，销锋铸耟。以道顺民，百王不易。

坤为世，为文，艮为明，故曰"文明之世"。艮为锋，为耟，艮火，故曰"销锋铸耟"。坤为民，为顺，震为大涂，故曰"以道顺民"。震为王，坤为百。艮止，故不易。

大过 鸟飞无羽，鸡斗折距。徒自长嗟，谁肯为侣。

震为鸟，为飞。巽寡发，故曰"无羽"。巽为鸡，震为距。震伏不见，故曰"折距"。巽为长，兑口为叹。巽寡，故无侣。

坎 群队虎狼，啮彼牛羊。道路不通，妨农害商。

互艮为虎狼，正反艮，故曰"群队"。伏兑为啮，离为牛，兑为羊。震为道路，坎塞，故不通。震为商旅，坎为害。

离　商伯沉酒，庶兄奔走。游女荡夫，仁德并孤。

伏震为商，为伯，坎为酒，故曰"商伯沉酒"。震为兄，坎为众，故曰"庶兄"。庶，众也。震为奔走。言商纣沉湎于酒，庶兄微子抱祭器奔周也。兑为媚，正反兑，故曰"淫女"。谓妲己也。伏坎为夫，坎水，故曰"荡夫"。谓纣也。震为仁德，坎为孤。

咸　三狸搏鼠，遮遏前后。当此之时，不能脱走。

通损。震为狸，数三，故曰"三狸"。艮为鼠，故曰"三狸搏鼠"。艮为前，震为后。二至上正反艮，艮止，故曰"遮遏前后"，"不能脱走"。

恒　陶叔孔圉，不处乱国。初虽未萌，后受福庆。

陶叔，谓陶朱公去越适齐，以避勾践。孔圉，未详。按《史记·孔子世家》：孔防叔畏华氏之乱，奔鲁。疑圉或防叔之名。恒通益。艮为叔，艮火，故曰"陶叔"。震为孔，艮止，故曰"孔圉"。坤为国，为乱。震为福庆，为后。萌，疑为明字。

遁　奋翅鼓翼，翱翔外国。逍遥北域，不入温室。

伏震为翼。坤为国，为北。本卦艮为室，艮火，故曰"温室"。

大壮　德音孔博，升在王室。八极蒙祐，受其福禄。

震为德，为音，为孔，为升，为王。伏艮为室。伏坤数八，故曰"八极蒙祐"。乾为福禄。

晋　当变立权，摘解患难。涣然冰释，大国以安。

详《升之震》。

明夷　羽动角，甘雨续。草木茂，年岁熟。

坎为冬，故曰"羽"。《月令》：冬月，其音羽。震为春，故曰"角"。《月令》：春月，其音角。"羽动角"者，言羽音发动以后，角音继之，至春而有甘雨也。坎为雨。震为草木。坤为年岁。三字句。

家人　天所佑助，福来祸去，君王何忧。

此用节象。艮为天。震为福，在内，故曰"福来"。坎为祸，在外，故曰"祸去"。震为君王，坎为忧。祸去，故不忧。

睽　方喙宣口，圣智仁厚。释解倒悬，唐国大安。

详《小畜之噬嗑》。

蹇　葛藟蒙棘，华不得实。谗佞乱政，使恩壅塞。

详《师之中孚》。

解 皇母多恩，字养孝孙。脱于襁褓，成就为君。

损 积冰不温，北陆苦寒。露宿多风，君子伤心。

详《暌之巽》。

益 伯夷叔齐，贞廉之师。以德防患，忧祸不存。

详《革之否》。

夬 一雌三雄，子不知公。乱我族类，使吾心愦。

此用节象。下兑为一雌，上坎、互艮、震为三雄。震为子，为公。坎隐，故不知。坎为心。

姤 主安多福，天禄所伏。居之宠昌，君子有光。

详《剥之观》。

萃 千岁槐根，身多斧瘢。树维枯屈，枝叶不出。

详《家人之乾》。

升 周师伐纣，胜殷牧野。甲子平旦，天下大喜。

详《谦之噬嗑》。

困 日走月步，趋不同舍。夫妻反目，主君失礼。

详《小畜之同人》。

井 宣发龙叔，为王主国。安土成稷，天下蒙福。

巽为发，为白，故曰"宣发"。宣，明也。《说卦》：巽为寡发。《释文》云：本又作宣。黑白杂为宣发。《易林》遇巽多谓秃，是读为寡。兹曰"宣"，是兼读也。伏震为龙，艮为叔，故曰"龙叔"。震为王，为主。艮为国，为土，为稷。言筑土立稷以祭也。《左传·昭二十九年》：共工氏有子曰勾龙，为后土，后土为社。又曰：有烈山氏之子曰柱，为稷。自夏以上祀之。周弃亦为稷，自商以来祀之。龙叔即勾龙。言勾龙为社稷神，筑土为坛祀之，而天下蒙福也。艮为天，震为福。

革 讽德诵功，美周盛隆。奭旦辅成，光济冲人。

详《明夷之蒙》。

鼎 三夜不寝，忧来益甚。戒以危惧，弃其安居。

通屯。坤为夜，震数三，故曰"三夜"。坤为寝，震动，故不寝。坎为忧惧，为险，故曰"弃其安居"。

震 思愿所之，乃今逢时。洗濯故忧，拜其欢来。

详《暌之艮》。

艮 噂噂嗫嗫，夜作昼匿。谋议我资，来窃吾室。空尽己财，几无以食。

三至上正反震，故曰"噂噂嗫嗫"。噂、嗫，对语也。坎为夜，与震连，故曰"夜作"。对象离为昼，与巽连，故曰"昼匿"。巽为伏也。坎为谋议，为窃，为室。

渐 骍牛无子，鸣于大野。申复阴征，还归其母，说以除悔。

离为牛，坎赤，故曰"骍牛"。震伏，故曰"无子"。《左传》：介葛卢来朝，闻牛鸣，曰，是生三牺，皆用之矣。艮为大野，震巽同声，故曰"鸣于大野"。三四句，或谓申者申后，先为幽王所废，后平王立后，复还。然第三句终难解，疑有讹字。又《比之蹇》有申生见母之语。盖自《虞初志》亡后，故事多遗失，故莫定其是非也。

归妹 王良善御，伯乐知马。周旋步骤，行中规矩。止息有节，延命寿考。

详《遁之豫》。

丰 释然远咎，避患害早。田获三狐，以贝为宝。

详《贲之谦》。

旅 仁兽所处，国无凶咎。市贾十倍，复归惠里。

艮为兽，互巽，故曰"仁兽"。艮为国。巽为市贾，为倍。兑数十，故曰"十倍"。艮为里，伏震为归，为仁，故曰"复归惠里"。

巽 六目俱视，各欲有志。一言不同，乖戾生讼。

互离为目，数六，故曰"六目"。伏坎为心志。兑为言，初至四正反兑，故曰"一言不同，乖戾生讼"也。

兑 傅说王良，骖御四龙。周径万里，无有危凶。

傅说、王良，皆星名。《庄子》：傅说相武丁，奄有天下。骑箕尾，上比于列星。故张衡《周天六象赋》云：天江为太阴之主，傅说奉中闱之祠。《史记·天官书》：天驷旁一星，曰王良。王良策马，车骑满野。故下云"骖御四龙"。惟《星经》云：傅说一星在尾后，主子嗣。兹与王良并言，似亦与天驷有关。抑以傅说骑箕尾，箕主风，喻马行之神速欤？兑通艮，艮为星。互震为龙，为骖驾，为周，为万。艮为里，故曰"万里"。互坎为危，震解，故不危。

涣 伯仲叔季，日暮寝醉。醉醒失明，丧其贝囊，卧拜道旁。

详《谦之蛊》。

中孚　江有宝珠，海多大鱼。亟行疾至，可以得财。

详《涣之需》。

小过　远视千里，不见所持。离娄之明，无益于耳。

艮为视，艮手为持。艮为光明，兑为耳。伏巽，故不见所持。

既济　弱足刖跟，不利出门。市贾无赢，折亡为患。

详《乾之鼎》。

未济　利尽得媒，时不我来。鸣雌深涉，寡宿独居。

似用半象。而语特难解。